湖南省社会科学基金重大项目
"记住乡愁——湖南十村十记"
（14WTA45）

湖南省社会科学成果评审委员会课题
"湖湘艺术的文化传播及创意再生产研究"
（XSP17YBZZ138）

中南大学哲学社会科学学术成果文库

湖湘传统村落文化艺术研究
——以湘西花垣县板栗村为例

王 伟 著

中国社会科学出版社

图书在版编目（CIP）数据

湖湘传统村落文化艺术研究：以湘西花垣县板栗村为例/王伟著.
—北京：中国社会科学出版社，2019.7
（中南大学哲学社会科学学术成果文库）
ISBN 978-7-5203-4284-1

Ⅰ.①湖⋯　Ⅱ.①王⋯　Ⅲ.①村落文化—文化研究—花垣县
②民间艺术—研究—花垣县　Ⅳ.①K296.44②J12

中国版本图书馆 CIP 数据核字（2019）第 068425 号

出 版 人	赵剑英
责任编辑	郭晓鸿
特约编辑	王　潇
责任校对	杨　林
责任印制	戴　宽

出　　版	中国社会科学出版社
社　　址	北京鼓楼西大街甲 158 号
邮　　编	100720
网　　址	http://www.csspw.cn
发 行 部	010-84083685
门 市 部	010-84029450
经　　销	新华书店及其他书店
印　　刷	北京明恒达印务有限公司
装　　订	廊坊市广阳区广增装订厂
版　　次	2019 年 7 月第 1 版
印　　次	2019 年 7 月第 1 次印刷
开　　本	710×1000　1/16
印　　张	23.25
插　　页	2
字　　数	322 千字
定　　价	88.00 元

凡购买中国社会科学出版社图书，如有质量问题请与本社营销中心联系调换
电话：010-84083683
版权所有　侵权必究

《中南大学哲学社会科学学术成果文库》和《中南大学哲学社会科学博士论文精品丛书》出版说明

在新世纪，中南大学哲学社会科学坚持"基础为本，应用为先，重视交叉，突出特色"的精优发展理念，涌现了一批又一批优秀学术成果和优秀人才。为进一步促进学校哲学社会科学一流学科的建设，充分发挥哲学社会科学优秀学术成果和优秀人才的示范带动作用，校哲学社会科学繁荣发展领导小组决定自 2017 年开始，设立《中南大学哲学社会科学学术成果文库》和《中南大学哲学社会科学博士论文精品丛书》，每年评审一次。入选成果经个人申报、二级学院推荐、校学术委员会同行专家严格评审，一定程度上体现了当前学校哲学社会科学学者的学术能力和学术水平。"散是满天星，聚是一团火"，统一组织出版的目的在于进一步提升中南大学哲学社会科学的学术影响及学术声誉。

中南大学科学研究部
2017 年 9 月

目　　录

绪论　湘西花垣县排碧乡板栗村概述 ·· 1

第一节　地理自然环境 ··· 1

第二节　历史人文环境 ··· 5

第三节　经济社会环境 ·· 16

第一章　板栗村的原住民与自然环境 ·· 23

第一节　板栗村原住民的构成 ·· 23

第二节　板栗村的婚姻、家庭与生育 ·· 33

第三节　板栗村的医疗卫生 ·· 48

第四节　板栗村的生态地貌与人口发展 ·· 59

第二章　文化视野下的板栗村堪舆规划、建筑营造与

　　　　传统村落保护 ·· 72

第一节　堪舆规划 ·· 72

第二节　建筑营造 ·· 80

第三节 传统村落保护：问题与对策 …………………………… 91

第三章 板栗村村民的家居及日常器用 …………………………… 98

第一节 室内空间与布局 …………………………………………… 99

第二节 日常器用 …………………………………………………… 114

第三节 从传统到现代 ……………………………………………… 133

第四章 板栗村地域文化圈的宗教信仰与精神世界 …………… 136

第一节 巫楚遗风 …………………………………………………… 136

第二节 板栗村的宗教信仰 ………………………………………… 150

第三节 板栗村的人文精神 ………………………………………… 160

第五章 板栗村的道德教化与乡贤文化研究 …………………… 168

第一节 道德教化 …………………………………………………… 168

第二节 板栗村的乡贤文化 ………………………………………… 179

第三节 现代教育 …………………………………………………… 192

第四节 法律与社会 ………………………………………………… 206

第六章 板栗村的民俗文化与非物质文化遗产 ………………… 217

第一节 民俗风情 …………………………………………………… 218

第二节 苗族医药 …………………………………………………… 259

第三节 苗族武术 …………………………………………………… 268

第七章　板栗村的民俗艺术与非物质文化遗产 ………………… 277
第一节　造型类民俗艺术 ……………………………………… 278
第二节　表演类民俗艺术 ……………………………………… 302
第三节　口承类民俗艺术 ……………………………………… 308

结语　湖湘传统村落文化艺术的当代发展与对策 ………………… 340
第一节　湖湘传统村落文化艺术的当代发展 ………………… 340
第二节　现代性与湖湘传统村落文化艺术的出路 …………… 348

参考文献 …………………………………………………………… 355

后　记 ……………………………………………………………… 365

绪论　湘西花垣县排碧乡板栗村概述

第一节　地理自然环境

"对任何一个民族来说，他一定占有一片特定的自然空间，这片空间中所有的自然特性则构成了该民族的自然生境。"① 地区文化的发展会受所处的自然地理环境所影响，同时人们会在活动中逐步改造自然，达到一种与自然环境和谐共处的稳定状态。想了解板栗村就离不开对其所处地域环境、民族文化等大背景的理解，从而循序渐进地拨开其神秘的面纱。

"湘西"，顾名思义，指的是湖南省的西部地区，也是湖南、贵州、重庆的交界地带，又被人称作"一脚踏三省""湘楚西南门户"。湘西内有武陵山脉中段穿过，整体地势特点是东面、南面、西面地势较高，北部地势较低，在湘西中部地区形成了高山台地、丘陵地带、沿河平川三个地貌带，远远望去整体呈现三级台阶状。湘西植被丰富，大片的原始森林和原始次森林分布其中。在110多个国家的保护树种当中，湘西就达到了20多

---

① 张庭硕等：《民族文化与生境》，贵州人民出版社1992年版，第1页。

种，向世人骄傲地展现其生命历程。湘西境内动物资源丰富，25种国家保护的珍贵动物在湘西都有自己的栖息地。金丝猴和猕猴、鼯鼠、黑熊、灵猫、大鲵等动物都能在湘西发现它们生活的足迹。

花垣县处于湘西土家族苗族自治州，相邻的地区有贵州省松桃县和重庆市秀山县，其范围内含有8个镇、10个乡、200个村落以及19个社区居委会，总面积达1109.35平方公里，耕地24.65千公顷。花垣县平均海拔500米，县内多山，地形特征是以山原地貌为主，其中分布有数条溪流。近年来花垣县人口增长呈上升趋势，2014年，总人口达30.9万，苗族占78.29%。在地质结构上，花垣县"位于东部新华夏系构造三个一级隆起带、南西端武陵山二级隆起地带的中段，为构造中常区，以断裂构造为主，褶皱平缓。其中，影响本县较大的构造运动有雪峰运动、加里东运动和燕山运动。燕山运动产生了北北东、北东向的褶皱，形成县境地质构造的基本骨架，以后的历次运动在此种基本骨架的形迹上继续发展"①。"花垣境内有大型矿床2处，小型矿床4处，矿点28处、矿化点15处。已知矿藏有铁、锰、钒、铅、镉、钼、铜、汞、磷、滑石、石煤、黏土（陶土）、石灰岩、白云岩、方解石、重晶石等十多种。"②花垣县内矿产资源丰富，近年来采矿业迅速发展极大地促进了花垣县经济的繁荣，提升了人们的物质生活水平。

排碧乡位于花垣县东南部，距县城34公里，距州府吉首市36公里，东接排料乡，南临补抽乡和矮寨镇，西依吉卫镇，北界麻栗场镇和董马库乡。排碧乡总面积54.85平方公里，耕地面积15785亩，水田8990亩。属于丘陵山区，地势山高谷深，群峰叠峦，云雾缭绕，飞瀑流泉，洞穴神秘，岩向单一，年平均气温14℃，最高气温可以达到40.5℃，最低气温则低至-3.7℃，年降水量1400毫米，无霜期250天。气候独特，物产丰富，种类繁多，地质优良，石灰石、方解石储藏量多。209国道、319国道和吉

---

① 花垣县志编纂委员会：《花垣县志》，生活·读书·新知三联书店1993年版，第73页。
② 同上书，第75页。

茶高速横穿而过。境内有全球寒武纪地层首枚"金钉子"——寒武纪芙蓉统排碧阶地质公园、小龙洞瀑布风景区、莲台山万亩生态林场、十八洞、板栗民族民俗文化村（见图0-1）等著名景点。

图0-1　板栗村景观

　　湖南省花垣县排碧乡具有特殊的"金钉子"地质结构，这个地质结构在2002年7月受到了国际地层委员会批准，成为全球地层年表寒武系的第一枚金钉子。排碧"金钉子"的确定，是中国科学院南京古生物研究所彭善池研究员和他的同事们在20多年研究的基础上，并与美国科学家合作，对排碧乡的寒武系地质剖面进行生物地层学、岩石地球学、古生物学等多种学科的综合研究取得的重大成果。金钉子是一种剖面和点位。人类地理历史形成49亿年以来，科学家把这49亿年形成的"地球层"年表按照宙、代、纪、世、期五个不同时间单位来划分，每个时代形成的地层相应地叫作宇、界、系、统、阶五个不同的单位，这个单位也就是"金钉子"。

板栗村位于花垣县排碧乡北面，平均海拔670米，也位于"寒武系"统界线排碧阶"金钉子"国家地质公园（见图0-2）内部。板栗村离319国道约1公里，吉茶高速公路从村边经过，交通十分便利；南面12公里处是矮寨公路大桥和德夯旅游区；西南面是小龙洞和大龙洞风景区。板栗村处于亚热带季风山地湿润气候区，属于亚热带季风气候，有冬暖夏凉，四季分明，冬夏长春秋短的气候特点。1月平均气温普遍在0℃以上，7—8月为高温月，最高气温可达39—40℃；降水丰沛，年降水量一般会超过1000毫米，降水量夏季最多，春天其次，秋天更少，常有秋旱发生。

图0-2　排碧阶（芙蓉统）"金钉子"国家地质公园一角

　　一方水土养一方人，湘西奇艺灵秀的自然生态环境是湘西人民生存发展的物质基础。湘西景色饱满，充满生机，有古老峥嵘的树木森林、活跃灵动的林间鸟兽、峻秀叠起的山峦高峰。这些顽强存活的生命，同时影响着湘西人民，让他们性格坚忍顽强，对生命充满了不一样的爱与执着。在山水环绕的湘西，人们因地制宜地开展各项经济文化活动。湘西人民有着追求自然，追求和谐，追求人与环境相适应的性格特点。湘西人民在这样山水环绕、风景秀美的环境中生长，创造出属于他们独特的地域民族文化，闪耀着独具一格的湘西文化艺术。虽然清朝时期，湘西涌入了大量的汉人，当地人开始接触中原汉族的文化，但还是保留了许多本地区苗族的风俗传统。其相对封闭的地理形势条件，使古老湘西人民创造的民俗文化能够较好地留存并传承。湘西原汁原味的生活、文化风俗，不被外界风云变幻、瞬息变幻的外部世界侵扰同化，让"湘西"成为世人眼中一个古老、美丽、神秘的存在。

第二节　历史人文环境

板栗村作为一个纯苗村寨，随着花垣县县制改革，历经几番沧桑、几多风雨，才发展至如今面貌。

一　花垣县历史沿革

（一）花垣县建制概述

今花垣所在地，唐虞时统称"西南蛮夷"之邦，又称"三苗地"。三苗，古部落名，九黎的后裔，其中包括了苗族先民4000多年前在长江中下游建立起强大的三苗国，凭借"左洞庭，右彭蠡"的地理优势先后与尧、舜、禹部落联盟展开了多次大规模的战争，后被禹所灭。夏商时期均属荆州域，周代属黔中地。在战国前，属于古夜郎国之地；春秋战国时，属于楚国的五溪蛮地，后又属牂牁郡。《后汉书》记载：秦朝时，秦昭王派大将白起带兵侵略楚国，占领了西南蛮夷这块地方，设置黔中郡加以管辖。西汉时，属武陵郡管辖范围，东汉为五溪地。晋恢复设为武陵郡，南朝宋、齐属郢州，梁属沅陵郡，隋属辰州，唐为溪州地，宋

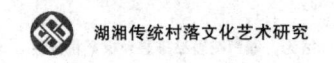

属奖锦地,治所当在今常德、沅陵一带。

"到了元朝(1280),花垣地方划为六里苗地,并在今吉卫镇老卫城村设置崇山卫长官司一级的机构加以统辖,明朝(1368)改为崇山军民千户所,隶属湖广土司。清朝雍正八年(1730)设六里同知,雍正十年(1732)置永绥厅(相当于县一级)于今吉卫镇吉多坪,直接隶属湖广省。嘉庆二年(1797)升置永绥直隶厅。"① 中华民国元年(1912),改直隶厅为行政厅。次年,改永绥厅为永绥县,属辰沅道。

1949年10月1日中华人民共和国成立,永绥县在同年11月获得解放,属于沅陵专区。在1953年更名为花垣县,属湘西土家族苗族自治区管辖。

(二)花垣县排碧乡历史沿革

清雍正八年(1730),六里同知在排谷美(今花垣县)设有巡检守备一员,并驻有兵营,同时修建了兵米粮仓,同年把六里分为12里,排碧乡属"上十里",又称"上武定里",其管辖的是今排碧乡和董马库乡的大部分村寨(今董马库乡的敏腊、黄土坪,原来是桃花乡),其余都是排碧乡。今麻栗场的排达鲁也属排碧乡,今排碧的岩锣村1949年前也属桃花乡(今排料乡)。1947年,排碧乡在排达鲁的龙仕芳成为乡长之后,改名为卧龙乡,合并原来的16个保为6个保。

1949年11月至1951年,花垣县分设四个区,排碧乡属于四区管辖,排碧乡仍然管辖原来卧龙乡的村寨和人口。1953年,通过土地改革组织了农会后,排碧乡划分为四个小乡,属四区管辖。桃花乡的岩锣划归排碧乡。1956年,四个小乡又合并成立了排碧乡。1958年实行人民公社化,排碧乡改为万能人民公社,并将排碧乡划出了大部分归董马库乡,另外组建

---

① 石邦本、石兴正:《花垣文史资料·第一辑》,花垣县政协文史资料研究委员会,1986年,第1—2页。

了光辉人民公社。1984年，排碧人民公社改为排碧乡人民政府，原来的大队改为村，生产组改为组。目前，全乡有岩锣、排碧、四新、板栗、小洞冲、毛坪、红英、马安、十八洞、张刀、双龙11个行政村，32个自然寨。

（三）板栗村历史沿革

板栗村始建于清初，是湘西具有代表性的传统古村落。板栗村苗族有着古老的历史，5000多年前苗族先民就有被记载在古老中国典籍中。从湘西整个历史时期的背景来看，板栗村在清代是一个偏远封闭的苗族古村落。他们的先民开山破石，不畏艰辛，终于将一片荒瘠的石山打造成今日近3000亩的田土。这个美丽悠久的古寨里，聚居着土生土长的苗族人。勤劳智慧的苗家儿女经过不断努力，总人口由南宋末期的几家几户繁衍至如今的300多户，1300余人，人丁兴旺。板栗村1961年为排碧公社板栗大队，1982年更名为板栗寨大队。撤社后称板栗村至今。目前，全村共5个自然寨，10个村民小组，1356人，全部是苗族。土地面积1115亩，其中水田1028亩，旱土87亩，以农作物种植为主。

二 苗民的四次大迁徙

（一）第一次大迁徙

花垣苗族是湘西苗族整体不可缺少的一部分，他们自称"果雄"，明清以后多称其为"六里红苗"。"六里"是始于明代的行政区划名，辖境与今县境基本相同，"红苗"则是苗族的一支，因"衣带尚红"而得名。[①]据史料记载，"苗人，古三苗之裔也"（田汝成《炎徼纪闻》卷4）。然而，三苗的族源最早应追溯至九黎。《国语·楚语》有记述道，"三苗，九黎之

[①] 花垣县民族事务委员会、花垣县政协文史委员会编：《花垣苗族》，湖南省保靖县印刷厂，湘州文准字（1993）第34号，1993年，第11页。

后也"。我国远古时期的大部落联盟"九黎",在江淮和黄河下游一带地区开始兴起,三苗是其部落之一。九黎的首领叫蚩尤(见图0-3),是一位叱咤风云的"英雄"人物。他的相貌十分特别,相传蚩尤"铜头铁额""四目六手""耳鬓如剑戟,头有角""食沙石,制五兵器,变化云雾",兄弟81人(另说为72人,实为部落数)。蚩尤在后来与当时的另外两大部落——炎帝部落和黄帝部落联盟的战争中败于黄帝部落,在涿鹿(今河北涿鹿)一战中被杀害于黎山之丘,掷械于大荒之中,宋山之上。其械"化为枫木之林"。之后,蚩尤残存的部下开始离开,去往江淮地区和长江中下游地区,这也是苗族历史上的第一次大迁徙。

图0-3 蚩尤像

(二) 第二次大迁徙

在苗族第二次大迁徙过程中,无疑有更多的苗族先民跟随。根据花垣民间流传,在此期间,苗族整体队伍中有十余支苗族分支的先民,开始从鄱阳湖、洞庭湖出发,沿着沅水和武溪而上,最终来到了花垣,定居后过上了稳定的生活。在此之后，随着自然的变化、国家的动荡、社会的变迁，苗族人逐渐适应了花垣的生存环境，习惯了在花垣生活，不愿意做出很大的改变，始终坚守着花垣这个"花园"。

苗族先民涌入花垣还有一说是"（舜）放驩兜于崇山"（《尚书·尧典》）。驩兜，亦作驩头，传说中是为苗族先民的首领，象征着是一个具有5000多年渊源的古老部族。《山海经·大荒南经》对驩兜有进一步的描述，"驩头人面鸟喙，有翼，食海中鱼，杖翼而行"①。可见，他又是一位长相奇异、神通广大的枭雄。他被舜放逐于崇山。崇山，在古籍《太平御览》（四十九）中有记载"崇山，在澧阳县（今湖南澧县）南七十五里"。自明初始，花垣既有"崇山"之称，但非确指某山，而是泛指境内的崇山峻岭。《永绥厅志》卷三中对"山川"的描述是"崇者魁伟之象"。鉴于花垣县古来便是苗乡，且苗族石姓自称为"仡驩"，明白无误地表示自己是驩兜的后裔，所以确定流放驩兜的崇山在今花垣县，或许更符合史实。

（三）第三次大迁徙

春秋战国时期，在苗族先民"华族"与夏族的战争中，夏族赢得了战争，之后部分华族融入夏族中，整体成为"华夏族"。一部分华族从黄河中下域南迁，无处可去，只能进入丛林，开荒辟地，成为传说中的"楚人""楚客""楚蛮"。他们带着老人和小孩，居住在不毛之地、深山丘陵。留在长江中下游和中原的三苗后裔被统称为"南蛮"，居住汉水中下游的，被称为"荆楚蛮夷"。荆楚蛮夷中不乏聪明先进分子，他们建立了楚国，甚至诞生了"春秋五霸""战国七雄"之一。当然，楚国人当中并不全是苗族人，楚国只是以苗民为主体的国家，"楚人"就是夏人（汉人）对苗民的称呼。一些不认同楚国文化的苗族先民就继续迁徙到今天的湖

---

① 《尚书·尧典》："流共工于幽州，放驩兜于崇山，窜三苗于三危，殛鲧于羽山：四罪而天下咸服。"可见，舜把驩头视作罪犯。

南、重庆、贵州、广西、湖北、云南等邻近的山区，今天东部和中部的苗族大多来源于此。在秦灭楚后，作为楚国主体的苗族向西向南迁逃，一部分苗族迁入武陵、五溪等地，被称为"武陵蛮""五溪蛮"；另一部分到了广西，还有少数去了海南岛。

岁月变迁，在县制不断的改革中，从秦汉至唐代，苗族先民总共有第三次大迁徙，其主要是从武陵、五溪地区进入川南和贵州，有的则继续迁往云南、广西，而花垣县的苗族相对稳定，无多迁出。

秦汉至唐宋时期，封建王朝视"武陵蛮""五溪蛮"为战败的阶下之囚，继续采取大加讨伐之势，掠夺他们的财产，占据他们的家园，使得苗族人民陷入无尽的血泪之中。据彝文史籍记载，唐代长庆、大中、咸通年间（821—873），有数万名苗族和仡佬族的人民被俘虏，成为云南南诏军队的奴隶。这个阶段是苗族先民们最惨痛的历史。在此种情形下，苗族先民势力不如从前，人数也减少许多，更加应战无力，只能继续逃亡，向西南等地迁徙，湘西的苗民们则进入川南和贵州大部分地区，有的进入黔南、黔东南，还有的进入云南、湘西南和广西。

元明清时期，随着中央王朝势力的深入，统治者为了巩固其政权，民族压迫愈加增大，对苗族继续采取肆杀侵略，苗族人民的起义也逐渐增多，如天顺元年至三年（1457—1459），苗族首领干把珠领导的起义，嘉靖十七年至三十年（1538—1551）龙许保领导的苗族起义，时间长达14年之久。清代苗族起义中规模最大的有三次，分别是1735—1736年发生的"雍乾起义"，1795—1796年发生的"乾嘉起义"，以及1855年发生的持续了18年的"咸同起义"。苗族民间有"三十年一小反，六十年一大反"的俗语，正好这次年的起义间隔都是60年。在这段漫长的历史时期中，受到战乱和天灾等因素的影响，苗族仍然处于不断的迁徙之中。在此期间，湘西苗族要求"改土归流"，将少数民族原有的土司制改为流官制。改土归流又称土司改流、废土改流，早在明代中后期就开始了，当时在今花垣县吉卫设置崇山卫，又在现在吉首市的区域里设置镇溪千户所。苗族居民受到了土司与流官的双重压迫，并没有过上富足安稳的生活，这导致了苗族人民不断抗争，以争取自己的权利。为了抵挡这些反抗势力，朝廷采取了一系列措施，修建了百里边墙加以封锁。到了清康熙、雍正时期（1662—1735），苗族才完成改土归流，此时，朝廷才正式设置流官管理。刚开始的时候，用"以汉治苗"的管理方式，在清乾嘉湘黔苗反之后，改用了"以苗治苗"政策，并授予苗族人中小官职。

从元明至清前期，苗族经历了史上第四次大迁徙，主要流向是继续从武陵、五溪迁往贵州、广西及云南等地。但花垣苗族仍无多迁出。

（四）第四次大迁徙

尽管无多迁出，但亦有迁入。爆发在贵州省的两次苗民大起义，使得部分贵州苗族为避免战乱而迁入花垣县境内居住，并从此安定下来。根据《永绥厅志》卷六"苗峒"记载，境内除"衣带尚红"的红苗外，还迁入了来自贵阳的"青苗"，贵州都匀八寨的"黑苗"，贵定的"白苗"和"平伐苗"，龙里的"白苗"，施秉、凯里等地的"九鼓苗"，台拱的"黑山苗"和"黑脚苗"，清江的"黑脚苗"，黎平、古州等地的"车寨苗"，遵义的"杨宝苗""吴家苗"，等等。他们的迁入，增加了花垣苗族的人口，增添了花垣苗族的风采。[①]

经历了四次大迁徙，苗族人民生活逐渐安稳下来。辛亥革命的成功一举推翻了封建王朝的统治。民国初立，全国改革，苗族人民以为从此再也不用过被驱赶逃亡的生活，从此站起来了。没有想到的是，袁世凯夺权，国民党专政，想继续沿袭清朝的封建专权统治，对苗族人民用上无所不用其极的压迫手段，苗族人民再次跌入痛苦的深渊，甚至造成

---

① 花垣县民族事务委员会、花垣县政协文史委员会编：《花垣苗族》，湖南省保靖县印刷厂，湘州文准字（1993）第34号，1993年，第17页。

"苗变"事件。所以，出现了苗族人民不断地反抗起义，国民党派兵镇压、大肆虐杀的景象。民国时期的苗族人民在湘西军阀统治下，苗区内仍然采取"以苗治苗"的管理模式。在国共合作的北伐战争中，贵州苗族部分人民被编为国民革命军第九军、第十军两军的黔军，他们在战争中多次打败劲敌，获得了良好的抗战成果。在抗日战争期间，国民党统治残暴，1942年黔东清水江流域的苗侗两族发动了"黔东事变"，表达对国民党统治的不满；次年，贞丰苗族联合布依起义；在中国共产党的帮助下，望谟苗族、布依族在熊亮臣领导下，在麻山乡一带开展一系列的游击战争；解放战争时期，滇黔边区的游击团中，都有许多苗族青年的身影。此外，松桃苗族人民成立的"边胞支队"，也在松桃和湘西展开了革命游击战争。苗族人民在推翻国民党统治的斗争过程中，涌现了一大批革命英雄，做出了许多贡献。

古往今来，苗族奉蚩尤为祖先，花垣及周边的广大苗族地区，在几千年来依然保存着憧憬和思念先祖的习俗。中华人民共和国成立后，在中国共产党领导下，苗族人民终于结束了长达数千年的流亡与漂泊，血与泪的惨痛生活终于得以结束。苗族人民成立了今天的湘西苗族自治区，后改为湘西土家族苗族自治州。自置村以来，花垣县排碧乡的板栗村现已成为著名的苗族民俗文化村，坐落在排碧寒武纪世界地质公园的旁边，安静地栖息在五座梅花型小山的怀抱中，得天独厚，人杰地灵。

三 今日板栗村

今日板栗村（见图0-4）村口，还有几棵百年以上的板栗树，是板栗村的象征。板栗村的三大主要姓氏为吴、石、龙，全为土生土长的苗族人。板栗村的建筑营造大都是依山而排，一片片一排排错落有致，鳞次栉比。古时候大户人家建造的一栋栋木结构吊脚楼穿插其间。板栗村中有几座古老的四合院，据说是明清时期建造的，有着雕梁画栋的装饰，仿佛可见当年百姓家中子孙满堂、富裕美满的生活。

图0-4 板栗村大门

改革开放以来,板栗村以其美丽的自然环境(见图0-5)和淳朴古老的民风习俗,以"走出去,请进来"的方式吸引着海内外一批批远道而来的客人。

图0-5 今日板栗村鸟瞰

从 1991 年村里组建的苗族艺术协会开始，板栗村有了自己的苗族艺术团，已陆续承办了多次大型的苗族传统节会活动。此外，板栗村艺术团还参加了中韩围棋大赛的开幕表演、长沙世界之窗的演出、山西榆次的中国第六届民间艺术节和福建泉州的民间文化艺术节等系列活动。"1993 年板栗村接待了法国巴黎东方博物馆馆长班巴诺先生以及香港等地专家学者的来访，举办了大型的椎牛祭祖仪式和苗族传统武术及文艺表演，受到各界高度评价，多家新闻媒体争相报道。"①

板栗村民族传统文化积淀深厚，有省级非遗文化保护项目赶秋节（见图 0-6）和绺巾舞、州级非遗项目太阳会、县级非遗项目苗绣等。板栗村有一位省级赶秋节传承人，一位绺巾舞传承人，若干位县级传承人。纺织、刺绣、服饰、蜡染、剪纸、美术、诗歌以及各种民间文化活动都得到发展，尤其是原生态文化太阳会、定鸡、吃碗、摸油锅、踩犁铧等节目，

图 0-6　板栗村赶秋节（2015 年 8 月 8 日）

---

① 中国人民政治协商会议花垣县委员会文史资料研究委员会编：《神奇的花垣·地名篇》，花垣县贵发印刷厂，湘州新出准字（2010）第 16 号，2010 年，第 582 页。

反响很大，评价很高，受到媒体和社会的广泛关注。中央电视台、省市地方电视台曾频频播报，省报和地方刊物也多次报道。

板栗村以巫傩文化为代表的宗教历史文化在"巴代"的继承下，衍生了各种各样的苗族传统舞蹈，如绺巾舞、师刀舞、农耕舞等，以及上刀梯、踩铧口、吃碗、吞竹筷、椎牛等具有苗族特色的武术绝技。一年一度的赶秋节，可谓是苗族人民盛大欢庆的节日。每逢节日，板栗村里热闹非凡，板栗村村民会敲锣鼓、舞狮龙，来表达心中的喜悦和期盼。乡贤吴海深被评为非物质文化遗产赶秋节传承人，由他策划并导演了这一以"赶秋"为主题的文化庆演，展现了这古老、神秘的巴代文化以及民俗节庆精彩内容。

2005年，板栗村由于其保存较为完整的苗族文化以及文明整洁的乡村村容、淳朴善良的乡村风气，获得"湖南省民族团结进步模范集体"荣誉称号；同年9月，板栗村入选"全国古老民族村寨"。为呼吁保护民俗文化艺术遗产，2015年花垣县拍摄了首部苗族微电影《寂寨》，讲述了一位苗家姑娘（见图0-7）远离村寨去到大城市谋生，最终因为对家乡父老乡亲的思念，回到家乡，跟随爷爷学唱苗歌。爷爷去世后，坚守苗寨，将苗

图0-7 板栗村苗家女子

歌传承下去的动人故事。电影在板栗村实地取景,剧中人物对话采用纯苗语,整部剧的演员来自板栗村普通群众。影片以现代影视元素艺术化地反映了随着时代发展,村落传统文化艺术逐渐式微的现实生境,充满了深切的人文关怀和艺术感染力,唤起了更多人对苗族传统文化艺术的挖掘与保护、传承与发展,从而更好地记住"乡愁"。

第三节 经济社会环境

一 经济发展

板栗村是排碧乡的大村,是纯苗族聚居村,有着悠久的农耕文化传统,农业经济一直是全村经济的主导,历史上拥有得天独厚的板栗树资源。板栗村的粮食作物以水稻、玉米、红薯、小麦为主,其中水稻种植面积最大有928亩,占到全村耕地面积的90%以上,但由于板栗村的平均海拔达到670米,所以只能种植一季稻。经济作物有烟叶、西瓜、油菜、花生、辣椒等,除烟叶是近几年为增加村民收入在乡政府的引导下发展起来的,其他经济作物主要是自给自足,如有剩余才会拿到集市上去交易。畜牧养殖基本上家家户户都有,主要有牛、羊、猪、鸡、鸭等。村落内生物资源丰富,森林覆盖率达40.3%,宜于杉、松、樟、竹等多种用材林木和经济林生产。

自20世纪90年代始,板栗村每年的粮食产量已经能达到十几万斤,产量很高,销往县内甚至省外。近十多年来,板栗村在乡政府和上级有关部门帮助和扶持下,调整产业结构,增加农民收入,推行了"村支两委+基地+农户+公司",扩大烟叶种植面积。自2003年以来,开始以部分村作引导示范,向全乡扩种。截至2014年,全乡平均种植烟叶200公顷,年均交售烟叶8100担(405千克)。随着烟叶生产的发展,排碧乡党委、政府为适应烟叶种植的实际需要修建了烟站。该站建设投资120万元，占地面积3800平方米，于当年建成并投入使用，为排碧全乡烟农和吉首市矮寨镇片区的烟农种植烟叶提供种烟技术、后勤保障及烟叶收购等一系列服务，成为排碧乡和矮寨镇片区烟农发财致富的组织指导服务站。和谐社会的发展成果，使村民的生活得到了改善（见图0-8），村民们的生产积极性得到很大提高。

图0-8　放牧回家途中的村民

近年来，花垣县采取多项措施实施"文化强县"战略，不断开拓文化富民渠道。先后举办"湘黔渝三省边区联谊会暨苗族服饰、民间工艺品、苗族特色饮食展示会""苗族鞋垫刺绣大赛""苗族祭龙活动"等民俗文化活动，引领农民发展旅游、文化等产业。该县民间工艺美术厂分别在广东、云南、贵州等地设立办事处，苗绣壁挂、挎包等文化旅游产品远销东南亚、美国、日本及澳大利亚。板栗村肢残人石杰忠，每年在家自制、批发蜡染商品300多幅，一幅12米长的《苗家纺织图》把苗族纺织的全过程用蜡染的艺术形式生动地变现出来，每幅售价在1500元左右。传统的手工艺品生产也将成为板栗村苗族村民增加收入的新途径。

二 社会治理

近年来，板栗村优美的自然风光和淳朴的民俗文化逐渐被外界所了解，越来越多的人开始关注板栗村的民俗文化。2014 年，习近平总书记对毗邻板栗村的十八洞村扶贫指导，提出的"实事求是、因地制宜、分类指导、精准扶贫"16 字方针同样对板栗村具有巨大的辐射和指导作用。板栗村按照排碧乡的统一部署，坚持以"人与自然和谐相处、建设与原生态协调统一、建筑与民族特色完美结合"为总原则，以"把农村建设得更像农村"为理念，努力把板栗村建设为"中国最美乡村"。社会治理包括以下三个方面。

（一）环境治理

板栗村处于国道线中，董马库、排料两乡通往吉首的交会点，车流人流较多。这里发展也快，由于生活水平的提高，食品包装和其他物品包装随地乱扔，这里的卫生状况也就成了一个问题。为了改善人民的生活环境，从 2010 年开始，按照州里提出的"一年重点整治，二年初见成效，三年长效机制"的总体要求，按照"实用、协调、节约、美观、个性"相结合的原则，认真开展农村"五改"。组织并致力完成房屋主屋改造、竹板墙特色改造、改厕、偏房维修、改圈、改浴、改厨，筹建沼气池，村间道路和入户道路及房前屋后青石板改造，建设田园式篱笆。同时加强村内及周边环境治理，不断改善村居环境。

为了加强对板栗村传统村落文化艺术的保护，2015 年板栗村获批了湖南省环保厅中国传统村落农村环境保护专项，项目资金 104 万元。根据实施方案，该项目主要用于板栗村环境综合整治工作，建设内容为农村生活污水处理、生活垃圾处理、饮用水源保护、畜禽污染防治等四个方面。该项目的实施进一步提高了板栗村的环境整治，特别是加强了垃圾池等基础设施建设，实现了垃圾集中清运处理，与之前垃圾就地掩埋的方式相比，综合环境卫生"脏、乱、差"现象明显扭转。目前板栗村的路面整洁，生活有章可循，村民习惯良好，大家发挥主人翁精神，发扬互帮互助的优良村风，自觉维护村内的环境，营造了一个文明、干净、卫生的板栗村。

(二) 社会保障

近年来，花垣县把精准提供民生服务作为助推扶贫攻坚的重要抓手，并列入全县绩效考核重要内容，不断建立和完善社会保障体系，制定和落实一系列惠民政策，最大限度让贫困群众享受到精准扶贫带来的丰硕成果，有力地促进了农村经济发展和社会和谐稳定。在这个过程中，板栗村抓住发展机遇，充分发挥自然文化优势，不断加强基层社会治理，从村民的切身利益出发，把保障和改善民生作为社会治理的重点，进一步加强了板栗村的发展活力，促进了板栗村的和谐稳定发展，实现了"群众得实惠、政府得民心"。

2007—2012 年，排碧乡对原来的砂石路面进行了硬化改造，将进村的简易公路全部铺成水泥路面。从此，板栗村告别了艰难行走的砂石泥巴路。为了让广大村民用上平价电、安全电、放心电，2015 年花垣县启动了新一轮农网改造工程，对全县 34 个尚未实施农网改造的村进行改造，其中就包含了板栗村。从此，板栗村告别了"低电压"和供电"卡脖子"的问题。冰箱、彩电、洗衣机等家用电器的普及率也不断提高，甚至有的村民家里拥有了碾米机、磨粉机等小型机械，村民的生活质量明显改善（见图 0-9）。此外，板栗村的旅游基础设施不断完善，安装了旅游标识牌、景点导览图、太阳能路灯等，村容村貌焕然一新，并全力打造古民居保护群、民间石门、民间蜡染、民间银铺等文化特色景点，吸引了越来越多的游客前来体验苗族文化风情（见图 0-10）。

图0-9　板栗村一景

图0-10　赶秋节宣传横幅，以及太阳能板节能路灯

（三）文教体卫

板栗村苗族文化底蕴丰厚，传承下来的苗族古文化有苗鼓、苗歌、苗绣、苗蜡染、编花带、狮刀舞、绺巾舞、接龙舞、上刀梯、踩铧口、吃碗、定鸡等文化绝技。在"文化大革命"时期，许多民俗文化活动被当作封建迷信、牛鬼蛇神来对待，并加以禁止，文物文化记载资料被烧毁，大量有价值的石碑石墓被砸烂，损失了大批的文化文物遗产资料和实物资源。"文化大革命"后期虽然建立了广播站、文化站及电影队，但政治性太强，内容单调，文化活动受到政治的诸多约束。自改革开放以后，才逐步恢复民俗文化各项活动。

板栗村全村都是清一色的石板路，民俗民风和传统工艺及文化在"文化大革命"劫难之后得以继承发扬。绝大多数妇女仍然热爱织布、织锦、绣花，村里的文艺团队在挖掘、整理、继承、发展的基础上，以古朴典雅的表演风格，得到了国内外人士的好评，吸引了一批又一批远道而来的客人。花垣县城每次的苗族传统文化艺术大型活动中，都能见到板栗村富有才艺的村民担当主角。

近年来板栗村的社会治理确保了村民安居乐业，社会安定有序，并增强了板栗村可持续发展的综合能力。但同时还存在一些不足，如教育设施还较为落后，村图书室等设施缺乏；村民参加体育健身活动的积极性还不高，且健身场地没有硬化，地面已长草；村卫生室的条件还是较为简陋，设施设备还需进一步改善；贸易商业金融设施还是空白；等等。在《花垣县排碧乡板栗村传统村落保护规划（2014—2030 年）》中，对板栗村的行政管理、教育机构、文体科技、医疗保健、商业网点等七类公共设施进行了全面规划，如保留板栗村村委会，在原址上对建筑进行修缮、整饰，塑造符合整体村庄形象的建筑风格（见图 0 - 11）；建设一个幼儿园，位于板栗村中心地带，第 3 组处，占地面积约 500 平方米，并加强文化活动中心和体育活动设施建设；适当扩大卫生室规模，并完善各类配套设施；增加邮政储蓄所、湖南省信用社等金融设施；建设其他公共设施如无线局域网、垃圾站以及公共厕所等。以这个规划为建设蓝本，我们相信板栗村的明天会更好。

图 0-11　板栗村旅游导视图

第一章 板栗村的原住民与自然环境

第一节 板栗村原住民的构成

一 苗族板栗村的三大姓氏

(一) 三大姓氏的历史源流

吴、龙、廖、石、麻,这五个姓氏是湘西苗族最多的。这是因为这五个姓氏在当年逃亡湘西的时候,由于部落多而强,经济文化也特别优越,自然而然地就在社会上成为有名的大姓,俗称"五姓财苗"。在姓氏之下又分了许多支系,如"禾孝"(ghaob xot)、"禾弄"(ghaob hlongb)隶属吴姓的分支;禾篾(ghaob miel)隶属龙姓的分支;禾瓜(ghaob ghueas)隶属石姓和廖姓的分支;禾卡(ghaob khad)隶属时姓(石姓)、麻姓的分支;禾扁隶属隆姓(龙姓)的分支。① 在花垣县吉卫镇葫芦坪,有100多户居民,其中麻姓占了大半,说明葫芦坪是以麻姓为主的村寨。在这五个姓氏中,吴、龙、石是板栗村的三大姓氏。据说,板栗村除了少数住户是个别姓氏之外,其余的都是当时势力强大的吴、龙、石三大部落分散到这

---

① 石启贵:《湘西苗族实地调查报告》,湖南人民出版社2002年版,第172—173页。

里居住的。板栗村是湘西地区较为偏僻古老的地方，山清水秀，空气清新。这里的人们祖祖辈辈都在这里居住，不受外界打扰，少有外来迁入人员，也不排斥异姓杂居，他们通常是在村内异姓通婚，结成亲上加亲的关系。他们的关系也非常之好，情同手足。所以，板栗村的姓氏一直以吴、龙、石三大姓氏为主，当然，现代交通发达了，板栗村的人也开始与外界通婚，但这丝毫不影响三大姓氏在板栗村的地位。

拿吴姓来说，在上古时代就已经存在吴姓了，历史给我们流传下四个来源。其一，说是为舜帝的后代。舜，名重华，字都君，上古时代部落的首领，被后世之人尊称为"舜帝"。有传说他是中国原始社会父系氏族社会后期部落的联盟首领，历来被列入"五帝"之中，奉为华夏至圣，又称"虞帝"。"虞帝"创立的国家名字叫作"虞"，因为"虞"与"吴"的读音相近，所以在舜帝之后便有了许多姓"吴"的人。其二，说是颛顼帝时代的后人。颛顼是中国上古部落联盟首领，也是"五帝"之一，号高阳氏。传说颛顼是黄帝的孙子，昌意的儿子。在口耳流传下来的神话传说当中，颛顼是主管北方的天帝，称"玄帝"。那时候有个叫吴权的人，他的子孙都沿用他的"吴"姓，所以在颛顼帝之后也出现了很多姓"吴"的人。其三，传说在夏朝少康帝时，有一位著名的神箭手名叫吴贺，仰慕崇拜他的人纷纷改作吴姓，所以在吴贺之后便有了"吴"这个姓氏。其四，是目前最为可信的吴姓来源。传说吴姓出自姬姓，姬姓以国号为姓氏，是黄帝轩辕氏的直系后裔。商朝时，黄帝的第12世孙古公亶父（周太王）建立了周部落。太王有三个儿子，其中最小的那个儿子季历很有才能，他生下了一个儿子，取名姬昌。姬昌出世的时候，有圣瑞出现，属于祥瑞之兆，所以太王就想把王位传给姬昌。太王的大儿子太伯和二儿子仲雍知道了父王的意思是先传位给季历，再传位给姬昌，就决定主动让贤，便一起南下荆蛮（周人对楚国的称呼）。太伯和仲雍给当时比较落后的江南带去了中原先进的文化，被当地土著推举为君长，号称句吴。太伯死后，由仲雍继位。周武王（姬昌为周文王，其子姬发为周武王）灭商后，仲雍的三世孙周章为诸侯，国号改称吴，并追封太伯为吴伯。到了仲雍的第19世孙寿梦称王，建都今江苏吴县。寿梦的第四子季札本该继承王位，可是他避而不受，逃到了今江苏延陵以耕田为生。在这以后，吴王寿梦的后裔分为两支：一支在政治上发展，出现了吴王阖闾、夫差等著名国君；另一支则是季札及其后裔独立发展，人丁繁衍众多，构成了当今吴姓的绝大部分。吴国被越国所灭后，其子孙便以国为氏，称吴氏。这就是吴姓的几个流传，历经世世代代，现在姓吴的人们大多相信自己的姓氏源于最后一个传说。苗汉同源，板栗村苗民的吴姓也是由此而来。几百年前，吴姓部落当中的一支来到了现在的板栗村这个地方，逐渐建立起一个村落，子孙后代俱以此为姓。

（二）板栗村苗族姓氏来源的三大说法

1. 苗汉同源

相传，黄帝时代，黄帝和蚩尤分别是黄河流域最强的两个部落的首领。蚩尤勇猛善战，生性暴虐，称霸一时。后来，黄帝与蚩尤在逐鹿郊野会战。在战斗过程中，双方先由巫师作法，希望借助自然力征服对方。黄帝呼唤有翼的应龙蓄水，用来淹没蚩尤军队，蚩尤就请了风伯、雨师相助。一时之间战场上风雨大作，黄帝的军队陷入了巨大的困境当中。在这样危急的时刻，黄帝只能请下天女旱魃阻止了风雨。天气突然晴霁，蚩尤军队惊诧万分，黄帝乘机指挥大军掩杀过去，取得了最后胜利。黄帝的胜利来之不易，而在胜利以后，他又遇到了很多新的困难：旱神女魃制止了大风雨后神力大减，再也不能上天了；应龙参战以后，也不能回到天界，天上再也没有了降雨的神仙，地上连续大旱了好多年。在这场带有神话色彩的著名战斗中，黄帝英武神勇，蚩尤战败而逃，史称"逐鹿之战"。蚩尤的部落屈服于黄帝统领的势力之下，黄帝将他们一再驱逐。最后，蚩尤只能带着他的部落渡江南迁，逃到了现在的湘西，蚩尤的部落被称作"南蛮"或者"苗民"。苗族人民将蚩尤奉为自己的祖先,在年节祭祀的时候,都杀猪宰羊供奉蚩尤。特别是在每年秋收到来之前,苗族同胞会举行大型的祭祖祈福仪式,表达五谷丰登、国泰民安的美好祝福。每一年都会有那么一天,在板栗村,苗族人民都着苗族服饰欢欢喜喜地举行"迎苗祖蚩尤"祭祀活动,在这个小村落里演绎他们自己独特的民俗风情。

在古老的年代,苗族和汉族生活在一起,有共同的语言和生活,苗族的姓氏、汉族的姓氏也是同源而生。苗汉同根同源而生,只是后来长久地居于偏僻之地,形成了他们自己特有的文化。"查苗汉同源,良有可靠之证明事实,盖以姓氏,是为传统之关系。古人于氏可变,于姓不变,苗汉两族之历朝姓氏,无论官吏及人民,均以一字一音为单名,两字两音为复名,上冠姓字,便成完名。由是可证明,苗汉是同源也。"[1] 在湘西苗族十二姓中,"仡徕""仡恺""仡轲""仡侨"等,都是远古苗族首领和氏族部落名称,后来被驱逐到湘西才演变成为苗族姓氏。

2. 图腾崇拜

远古的时候,人们在身体、服饰上刻下某种动植物的简约图像,相信它具有超级强大的神力,能够保护自己以及整个氏族,这就是图腾。图腾是带有宗教色彩的,人们信奉这个动植物为图腾作为整个氏族的保护神,后来渐渐地,以这个图腾的名字为自己氏族的姓氏,以求千秋万代的图腾庇护。图腾可以分为三类:第一类是氏族图腾,为整个氏族共有,用来区分氏族之间的关系;第二类是性图腾,为某一性别所共有,用来区分性别;第三类是个人图腾,为个人所独有,是个人的标志,并不为下一代所传承。例如,"天命玄鸟,降而生商",玄鸟(猫头鹰)成为商族的图腾,商朝信奉玄鸟为整个国家的标志。图腾崇拜在这里不仅仅对动植物的崇拜了,还包含了对祖先的崇拜之意。氏族起源神话和称呼常常将图腾与氏族

---

[1] 石启贵:《湘西苗族实地调查报告》(增订本),湖南人民出版社2002年版,第40页。

的亲缘关系体现出来。又如，鄂伦春族把公熊称为"雅亚"，意为祖父，称母熊为"太帖"，意为祖母；鄂温克人称公熊为"和克"，意为祖父，称母熊为"恶我"，意为祖母。

再如，匈奴人的祖先是狼，狼图腾在他们这个民族随处可见，这是为什么呢？这里又有一个远古的故事。在遥远的时代，在匈奴有一个关于狼的传说。匈奴单于生了两个女儿，她们姿态和容貌都美艳惊人，这个国家的人们都认为她们一定是神仙。单于说："我有这样神仙似的女儿怎么可以嫁给凡人呢？我应该把她们送给天帝。"于是，他命人修筑了一座高台，把这两个女儿放在上面，说："请天帝来迎娶她们吧！"然而，3年过去了，高台之上没有任何回应。又过了一年，高台附近出现了一只老狼，日日夜夜守着高台嚎叫。单于的小女儿说："我的父亲把我放在这里，希望我嫁给天帝，现在狼来了，也许这是天神派来迎娶我的。"于是，她就嫁给了这只狼，后来还生下一个儿子。渐渐地，枝繁叶茂，竟然繁衍成了一个国家，这就是为什么匈奴人喜欢引吭高叫，而这种声音又像是狼在嚎叫。

所以，我们就能解释板栗村苗民有的姓氏跟动物的谐音相似的原因了。西部苗语的方言叫"龙"为"绕"，苗姓里面的"蒙绕"和"姆绕""卯让"，都是源于对"龙"的崇拜。苗族这一支系和姓氏，历史上曾以"龙"（"绕""让"）为自己的保护神和图腾，后来就用"绕"（"让"）为自己的姓。他们的子孙后代至今仍保留着"接龙""安龙"的传统，对"龙"十分崇敬，这就是图腾崇拜的力量。

3. 以祖居地之名为姓

中国人的姓氏来源当中有以祖居地之名为姓的。比如，居姓、赖姓传说是以先祖封邑名称为氏。

苗族人民在一个地方定居并生活了很久之后，也有的会以这个地名为自己系族的姓氏并在这个地方长久生活下去。例如，黔东南福泉等地苗族流行的"喀编给""喀乾打""喀编打""喀香卡""喀往觉"等苗姓，其中"编给""乾打""编打""香卡""往觉"等，均为原祖居地的苗语地名，至今依然沿用，但又早已演化成苗族内部的宗支名和苗姓。

（三）歌话中的板栗村三大姓

苗族是一个有着自身民族特色的少数民族，他们的文化历史悠久，在苗族5000多年的历史文化传承当中，苗族民歌作为他们的民族特色，也是作为生动活泼的民族艺术和民族历史的口头记录，在生活和文化中有着重要地位。

1. 吴姓

朴单吴家仡削，/讲到吴家仡削，

吴山包你记容，吴问归炯告哭。/吴山包在几容，吴问归在禾库。

比干你吾林，洞鲁立笔齐。/比干卧龙坪，洞鲁立丙池。

打金立吧棍，打银豆板比。/吴金立黄岩，吴银立排碧。

齐埋莎尼密兰几补，齐埋莎尼密嘎几冬。/他们都是大人君子，他们都是宗支大姓。

发罗白吾白补，笔罗白补白冬。/发来满山满水，坐来满坪满地。

猛哟呕奶浪那，会哟呕图浪勾。/去了两个的兄，分了两支的弟。①

关于"吴"姓，之前有上古传说最生动的诉说，现在又有苗族歌话最动听的歌唱。我们从中粗略地得知，吴姓是宗族大姓，吴姓拥有枝繁叶茂的大家族，吴姓的人们在山林里一起过着群居的生活。

2. 龙姓

朴单仡僚——/讲到仡僚——

齐埋莎没补奶浪那，牛满自尼补图浪勾。/他们共有三个哥兄，

---

① 张子伟、石寿贵：《湘西苗族古老歌话》，湖南师范大学出版社2012年版，第97页。

从前共有三个兄弟。

齐埋莎尼——补莎、补首、补叫。/他们便是——补莎、补首、补叫。

立你几板得让留兄，烔照勾格排录比补。/补莎立在坡头幸福，补首立在老寨留兄。

打烔猛立补格，录孺猛立让烈。/打烔立在牛角，录孺立在让烈。

打弄猛立峒穹，达瓜猛立补玛。/打弄坐在洞冲，达瓜坐在补麻。

得奶猛立补梅，桥保猛立抓叫。/得奶立在排谷美，桥保立在卧大召。①

关于龙姓，我们不仅了解了图腾崇拜中龙图腾，我们又在句句歌话中看到了龙姓苗民们的原始生活。他们生活在山坡之上，山洞之中，他们幸福地生活着，弟兄友爱，一直都没有分开，他们靠打猎维持生活，他们在一起幸福地分享劳动过后的成果。

3. 石姓

朴单瓜蒬，岔送瓜柔。/讲到瓜蒬，说到瓜柔。

齐埋自尼剖果大钱，/他们的祖先叫大钱，

剖果大钱叉首谢甲巴标。/大钱后来养育了谢甲巴标。

谢甲巴标，兰洞出汉那外勾，骂外得。/谢甲巴标，他们兄骗弟，父瞒子。

谢甲达起几江达起，几肯达写。/谢甲他才记恨在心，含怒在肚。

叉寿老半，叉弟老炮。/才离本乡，才弃本土。

猛立补堵留当，告瓜吧穹。/去立龙坛板，雅桥板塘。

巴标达起吉长作你，几长秋烔。/巴标这才倒转地楼，倒安火塘。

否首阿首阿油，他柔，秋柔，他保。/他生阿首、阿油、他柔、秋柔、他保。

他柔猛你补毫，秋柔猛烔吉瓜。/他柔去立补毫，秋柔去立芷耳。

---

① 张子伟、石寿贵：《湘西苗族古老歌话》，湖南师范大学出版社2012年版，第98页。

阿首猛你打瓦，阿油猛立岩罗。/阿首去立打瓦，阿油去立岩罗。他保猛立吧瑞夯图。/他保去立吧瑞夯图。

齐埋拿尼密兰几补，莎泥猛嘎几冬。/他们皆是大人君子，都是老实本分。

笔拿打声，包拿打某。/发如群虾，多似群鱼。

笔包楼归，出话出求。/发达兴旺，万代繁荣。①

关于石姓，我们在听到歌话的同时有许多话想说。从中看到了石姓的祖先叫作大钱，大钱之后继续繁衍，成了一个大家族，可是他们之间并没有做到兄友弟恭，不和睦的结果就是"另起炉灶"。他们分开了，都各自去了新的地方安家，继续繁衍新的后代。这一次，他们吸取了祖辈父辈的教训，让自己的子子孙孙都相亲相爱。这个枝繁叶茂根深蒂固的石姓大家族最终实现了世世兴旺，万代繁荣。

民间歌话来源于人们的劳动和生活，同时，它像一面镜子给我们照出那些栩栩如生的人和物。从这几首关于姓氏的歌话中，我们可以看到，这些姓氏歌话里面都饱含了苗族人民在姓氏里面寄托的美好祝愿，歌唱了他们祖先，歌唱了他们淳朴平静的生活。板栗村的人民在辛勤耕耘着，他们带着姓氏美好的祝愿努力开启更加美好的生活。

二 板栗村的人口变动与人口特征

从上古时期至今，整个苗族的人口有了巨大的变动。从东汉末年开始到隋唐统一的400年间，中国这块土地上的人民，吸收了数百万外来人口。苗民也就是在这400年的过程中，被从中原扩散的大批汉人同化为南方的中国人。② 现在的板栗村，由于古时候的迁徙加上当代城市发展与农村发展的

---

① 张子伟、石寿贵：《湘西苗族古老歌话》，湖南师范大学出版社2012年版，第100页。
② 许倬云：《说中国：一个不断变化的复杂共同体》，广西师范大学出版社2015年版，第103页。

矛盾，人口数量变化较为明显。自然人口变动就经历了苗族四次大迁徙，这四次迁徙给板栗村留下来吴、龙、石三大姓氏，板栗村的人口几乎全是这三大姓氏。从历史上几十人到几百人，经历了千年的发展过程，这主要是因为近代以前板栗村的医疗条件都非常落后，几乎没有医疗服务，人口增长处于自然增长水平。而今，社会变动导致板栗村的常住人口越来越少，究其原因有以下两点。

一方面，越来越多的板栗村青壮年外出打工。板栗村地处偏僻之地，经济发展较落后，为生活计，只好让家中的年轻人外出打工挣钱养家。外出的人一般为年轻的男性，这也是板栗村人口男少女多的原因。有的青年壮男外出打工尝到甜头甚至不回来了，选择了在北上广这样的大城市安家落户。这就直接导致板栗村人口的流失严重，村内存在严重的鳏寡孤独、留守儿童的问题（见图1-1）。

图1-1 板栗村的老人和小孩

另一方面，板栗村村民嫁出容易外娶难。板栗村村民世世代代在这个小山村生存，村里的女子嫁到外头是很容易的，而村里的男子几乎只能娶到本村或者周边村落的女子，很多甚至娶不到老婆。这种现象也给板栗村村民带来了人口的流失（见图1-2）。

图1-2 板栗村正在吃饭的苗家四姐妹

　　板栗村现有人口1356人，10个村民小组，5个自然寨，党员32人。现任村长为龙玉生，支书为石新仕，均为20世纪70年代前后出生的人。在人口特征方面，包括自然人口特征和社会人口特征。自然人口特征是自然原因造成，是人口特征的自然属性，社会人口特征是社会原因造成，是人口特征的社会属性。上古时期的大迁徙造成的人口自然变动也许对现今板栗村的人口谈不上影响，而如今的各种社会因素导致的人口变动则是导致板栗村现今人口变动的根本原因。

　　总体来看，板栗村人口比较多，在花垣全县排在前列，但历史上其实并不是这样。20世纪50年代前后，人口并不多，到近几十年人口才迅速发展，1963—1964年前生活非常艰苦，1965年以后，社会生产力大大发展了，才能养活那么多人。在人口生育方面，当时还没有计划控制，一家人可以养2—3人，甚至4—5人，这样人口就迅速发展了，不到10年的时间，板栗村从不到500人的人口数量发展到现今的1000余人。20世纪90年代至今这段时间，尽管人口总数也在继续增加，但是由于计划生育的有效实施，人口增长速度逐渐放缓。一直到现在，人们的计划生育意识都在加强，所以导致人口增长就被控制了。现在发展到1200—1300人，基本上每年都保持这个水平。但是随着2015年计划生育政策允许一个家庭生育二孩，在人口总量上可能还会稳中有进。

第二节　板栗村的婚姻、家庭与生育

一　传统婚姻和现代婚姻

虽说板栗村地处边陲寨地，社会发展相对滞缓，古时受汉族传统的封建伦理道德观念影响较少，苗族青年在婚姻方面似乎有更多的自由，婚姻嫁娶的礼俗却是极其讲究的。比如，必须经过三媒六证①的五番七次的讨求说合，还有双方叔爷伯子等家族人的商议同意，然后才能定亲、过礼、婚典，最后才成为夫妻。所以，就有"婆家吃了一笼鸡，不知娘家在哪里"的俗话。由此可见，说亲的不易，一女难求，多求为贵。

自主平等、爱情专一、白头偕老、永不分离是湘西苗族婚姻的共性，这也是板栗村的婚姻讲究。这里的婚姻习俗长期以来都是一夫一妻（除去少数因为无法生育另娶妻纳妾的现象）、婚姻自主、允许寡妇再嫁。在婚姻选择上主要注重的是婚姻家庭的稳定，更多的是考虑对方的人品和双方的情投意合。在湘西苗族地区，一些传统婚恋习俗已经被历史淘汰了，如姑舅表婚的废除、不落夫家等习俗，也有些得到了很好的传承，如姨表不

---

① 旧时婚姻，由父母包办，还必须有媒人介绍，表示郑重其事。"三媒"具体是指：男方聘请的媒人、女方聘请的媒人还有就是给双方牵线搭桥的中间媒人。"六证"具体来说指：在天地桌上摆放一个斗、一把尺、一杆秤、一把剪子、一面镜子、一个算盘。出自元代武汉臣《生金阁》第二折："我大茶小礼，三媒六证，亲自娶了个夫人。"

婚的传承、同宗不婚与同姓可婚的坚持。

在湘西苗族地区，夫妻之间地位平等、相互尊重，家庭关系和睦。共同参加田间劳动，妻子在经济上也具有一定的地位。对于决策家庭事务方面均为夫妻双方共同商定。正是因为夫妻的相敬相爱和相互忠诚的观念，遵循自己的意愿自主缔结婚姻，湘西苗族地区的家庭都保持着较低的离婚率。

苗族的婚姻，可以分成自由婚姻和包办婚姻两大类型。男女双方通过恋爱自订终身的风俗，往往比父母包办的婚姻更常见。但不管是哪种婚姻，从缔结婚约到真正成婚，苗族有着特色鲜明的风尚、礼仪和规矩，世代传承，并且各地也不尽相同，形式丰富多彩。

湘西苗族婚姻文化的变迁表现了一个国家的民族社会互动的规律，国家自上而下进行阶段性的文化调整策略，对民族文化也是一种"有计划的变迁"，是民族对上一级做出的积极回应。婚姻是最基本的社会关系，是社会为维持正常的社会生活作出的关于男女匹配的制度化安排，因而婚姻制度集中展现了民族文化。婚姻文化是由法律、习俗与礼仪有机结合形成的一个体系。[1]

伴随着交通、经济的快速发展，苗族青年男女逐渐向发达的外地城区务工、求学，随着与外界越来越密切的交流，各种新事物和新观念给地处偏远的苗族带来了冲击，注入了新的活力，开始慢慢变革。追求自主婚姻，遵守一些法定程序登记结婚，以《婚姻法》为婚姻的保障，顺应社会发展变化的趋势。"民族社会结合时代特征和现实需要，对自身文化进行重新阐释和现代整合，重塑适应时代需求的新文化，实现了民族文化的现代性变迁。"[2]

相比过去的传统婚姻关系，现在的婚姻家庭关系已经发生了很大的变

---

[1] 崔榕：《湘西苗族婚姻的百年变迁》，《贵州民族大学学报》（哲学社会科学版）2011年第1期。

[2] 同上。

化，而且婚姻状况及其变化与女性的生存状况息息相关。现代女性在婚姻家庭中拥有多项权利，如自由选择配偶的权利、离婚和再婚的权利、财产的所有权，以及财产的继承权利、生育与取姓名的权利等；妇女在家庭中的地位体现在家事决定权的比例、家务劳动分工的比例等。具体说来有以下五类。

(一) 选择配偶的权利

在湘西苗族自治区，不管是在现代婚姻还是在传统婚姻中，都与"自由"有着紧密的联系。传统婚姻，自由表现在缔结婚姻之前的恋爱期间，女性可以自由地在跳月、会姑娘等社交活动中选择心仪的对象谈恋爱，甚至家人都会为年轻男女恋爱提供便利。现代婚姻，自由贯穿在整个婚姻关系中，可以自由恋爱，自主选择结婚对象，结婚后可以选择当家庭主妇，也可以出去工作，可以根据自己的意愿选择。

农村过去缔结婚姻的一个重要象征"收受彩礼"，标志着男女双方确定关系。虽然这种现象到现在还没有消除，但在性质上是有差异的：以前是一种必须遵从的准则，彩礼归属于女方家庭。现在由男方提出，询问女方家庭的意见，男女双方家庭共同商定，或是由女方家庭直接提出，这笔彩礼一般都是归属于男女双方组成的家庭，用来置办婚礼、婚房布置。

(二) 离婚和再婚的权利

湘西苗族家庭离婚一般基于这样四点原因：婚后遭遇家境衰落，生活面临窘境；男人或女人有外遇；彼此才貌不等，或有残废疾病；已婚多年，不能生育。离婚时必须请公证人员并立字据才算完成离婚的程序。如果由女方提出离婚，要赔彩礼钱；由男方提出离婚，一样要赔女方礼钱，另外男方不能索回原聘礼。如果是双方自愿离婚，则互不赔偿。现在离婚要依据《中华人民共和国婚姻法》，妇女和子女合法利益受到了保障。离婚后，子女抚养权的判别也要根据男女双方的经济实力，与过去硬性要求判给男方不同。

苗族的婚姻家庭关系幸福稳定,他们坚信维系婚姻家庭和谐的基础是感情。从各种文字和数据都可以知道,湘西苗族夫妇离婚率很低,正是因为"注重感情"的观念。这往往是现代社会很多人都缺少的婚恋观念,现代年轻人被物欲所左右,忽视感情因素,造成社会较高的离婚率。

离婚以后,男女有各自婚嫁的自由。以前,女性再婚需要征求家族长辈的同意,男性则更具有自主权。现在趋向于男女平等,离异后女性和男性一样可以自主选择再婚与否。

(三) 财产所有权及继承权

中国传统家庭中一般都是男性当家做主,几乎掌管所有大权,女性处于附属地位,听从于男性。但是,如今的女性由于在家庭总收入中占到了越来越高的比例,在家庭中的地位越来越高。因此,掌握的权利也更多了。主要表现在如下三方面:一是由夫妻共同决定家庭重大事务的家庭占到了比较大的比例;二是决定日常家庭经济支配上也呈现上升的趋势;三是在家庭财产权利方面,女性从过去的没有家庭财产的所有权和继承权,逐渐发展成夫妻共同持有家庭财产,并且有平等支配和使用的权利。子女继承观念也逐渐改变,一般认为儿子与女儿应当平分家产,当然也有一些人认为女儿应当比儿子分少些或者女儿最好不要。

(四) 生育与命名的权利

生育是社会繁衍必需的,任何社会都一样,不同的是有些社会用生育发生的社会关系来规定个人的社会地位,有些社会并不如此。[①] 传统的社会属于血缘社会,关系结构比较稳定,一脉相承。在这样的社会里人人都竭尽所能用生育去维持这个平衡的局面。父死子继,是一种身份和财富的

---

① 费孝通:《乡土中国生育制度》,北京大学出版社1998年版,第72页。

继替：地主的儿子仍旧是地主，工匠的儿子仍旧是工匠。因此在自身发展上反而受到了各方面条件的限制，同时阻碍了社会的发展。

与这些不一样的社会是完全摒弃血缘关系的继替，这样的社会是一种极易变动的、产生复杂关系的。从过去到现在，由完全的血缘社会慢慢向弱血缘社会过渡，因为传统的血缘关系不允许脱离血缘关系的生育存在。产生这种变化却是由于社会快速的变迁。

随着社会的变迁，人们的生育观念也有了极大的改变。不过就法律意识而言，妇女对生育的观念还没有达到社会普遍认可的高度。在湘西苗族表现为，人们开始认识到生育的自由权，包括生育孩子的数目和间隔，避孕方面的措施，以及妇女在生育前后对自己的保护。还因为家庭妇女受教育的情况和就业的现状，尤其是重男轻女的封建观念和计划生育制度，很大程度上限制了生育率。

此外，在取姓名方面，夫妻姓名的权利趋向于平等，女性在结婚之前有自己完整的姓和名，子女并不硬性要求随父姓，现在随母姓的也属常见。

(五) 妇女地位及家务劳动

传统男耕女织的家庭生活中，男性充当主要生产力，承担大部分体力劳动，女性则偏向于纺织棉麻和家务琐事之类较为轻松的劳动，因此，男女地位的偏差很明显。虽然近期的家庭劳动模式与之前的类似，但是男性不再是全面投入耕种，也有转行经商或是进入大城市打工的，女性的劳动也有一些改变，从轻手工生产转向于家务活和子女的教育。现在有一种新的现象出现，女性外出工作的比例在逐年上升；男女更为平等，一些家务劳动和子女教育开始由夫妻双方共同分担。甚至有男方承担主要的家务劳动，女方在外从事工作。当然，这些现象仍然占少数。

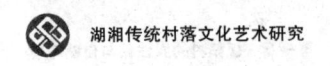

二 苗姓与婚姻

姓氏是苗族辨别血缘关系亲疏的重要组成因素,氏族关系形成的过程往往有着深远的历史渊源。研究姓氏,对研究社会的进步、文化发展和婚配制度都有举足轻重的作用。

湘西苗族有很多历史悠久的乡镇、古村落分散在各地,年代越是久远,其历史越是卷帙浩繁,有着很多理不清道不明的线头。虽然各个族姓占据一方,各自繁衍,形成自己的宗族脉络,其宗族历史多数都是依靠族谱来记载传承,但也有一些氏族因为各种原因没有保存文字记载的族谱。所以,对板栗村的姓氏研究只能立足于整个湘西苗族的大环境下,加上一些前人调查报告和考察作为参考来分析板栗村的氏族关系。下面从三个方面予以介绍。

(一) 苗姓汉称

就整个湘西苗族而言,分为苗姓和汉姓。据史可考,部分地区苗族采用汉姓,是因为地理环境的差异,汉文化先后进入苗族部分地区,开始与苗族文化有着不同程度的融合,使汉姓在苗族姓氏之间占得一席之位。在地势比较开阔、大量人口聚居以及交通便利的区域,苗汉交流较为频繁,汉族的一些姓氏逐渐被接纳和采用。

在这漫长的过程中,苗族汉姓形成的原因大概可以分为四种途径和方式:一是民间自己改用汉姓;二是由苗族原本的姓氏或者一些大户的名称按照汉语音译而来的;三是"官为立姓";四是随汉入苗,汉族与苗族融合。像湘西花垣、吉首一些地方,仍旧存在原始姓氏和原始次姓结合的现象。① 苗族乾嘉起义的头领吴八月,这就是汉语的姓氏,按照苗族本地的习惯一般叫作"BaxYel jidxot",jidxot 翻译为汉语即为"吴"。在一定的政

---

① 这里的原始姓氏和原始次姓是指古时的苗族姓氏和用汉字书写的苗姓。

治经济文化社会的大背景下，这个转变的过程也遵循着一个规律：由"全苗姓"向"汉称苗姓"，再到"汉姓"的转变，苗族女子与汉族男子结婚，其后代继承汉姓。

然而，板栗村尤为独特之处是，"吴、龙、石"三大姓是最为本源的、纯粹的，由于地处偏僻、人口较少的区域，受到汉族的影响比较小，因此保存着自己苗族的姓氏。起初，"吴、龙、石"三大姓既不称为"wú、lóng、shí"，也不写作"吴、龙、石"。"吴"在苗语方言中称"仡削（Ghob Xot）、禾弄（Ghob Hlongb）"，"龙"在苗语方言中称"仡篾（Ghob Miel）"，"石"在苗语方言中称"仡瓜（Ghob Ghueas）"。根据石启贵等人20世纪30年代在湘西苗区实地考察报告，也可以证实，在永绥（今花垣）、吉首、凤凰等地聚居的"吴、龙、廖、石、麻"五姓被称为"纯苗"。

因为没有用苗语记录苗族姓氏，苗族姓氏才被写为汉字的字形和读为汉字的读音，以至于经常被不知道详情的人误以为只有汉姓没有苗姓。根据上文所述苗姓形成的四大途径可知，板栗村的苗姓源于原本流行的苗姓或氏族头领和户主的名号按汉字译音而演化而成。

板栗村里自古以来主要就是这三个姓，村里的人口安安稳稳地生活，较少有流动性。这也是处于特殊的地域环境中形成的一种社会特性，安土重迁，以农为主，世代定居，迁移是非常态。正因为这种常态，或许从中可以解开一个疑惑：为什么板栗村没有族谱来记载姓氏呢？板栗村简单的生活和稳定的环境，人们只需遵守相同的、自古以来就有的规则，宗族的历史口口相传，有迹可循。

随着社会的发展，地处偏僻的村落被敲开了封闭的大门，沉睡的乡村被改革开放的旋律唤醒了。板栗村也跟随了时代的脚步，与外界加强了沟通，稳定的姓氏关系也慢慢有了改变。

(二) 从氏族关系看苗姓

苗族采用汉姓受到各方面因素的影响,尽管如此,传统的苗姓却世代不变。这也是苗族的汉姓与苗姓关系复杂的原因:或者是因为时间,或者是因为地区不同。

从氏族关系来看,苗族中拥有同一姓氏的两个家族可能属于同一个先祖,但有可能来自同一个先祖的不同支系;还有另一种情况,一个家族属于苗姓的一支,另一个家族属于汉姓的一支。简单来说,就是"同源不同姓,同姓不同源"。例如,湘西东部地区的苗族,同支系的"禾瓜"(ghaob ghueas)苗姓族人,后代分为了廖和石两个姓氏;两个不同支系的"禾瓜"和"禾卡"(ghaob khad,又称"仡侃")苗姓族人同时选择以"石"为姓氏。前者称"大石",后者称"小石"。"禾卡"除了分为石姓,其中一部分分为了麻姓。而且一部分麻姓属于"禾流"(ghaob liaol,又称"仡辽",龙姓)苗族支系(见图1-3)。"禾孝"(ghaob xot,又称"仡削")这一支系苗族,则分成了吴和伍(武)两个汉姓。

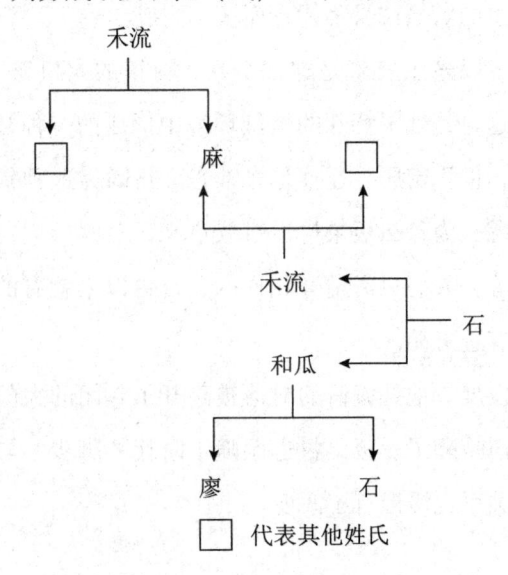

图1-3 姓氏关系

"同源不同姓，同姓不同源"这两种情况，放眼整个湘西苗族境内是较为普遍的现象。那么，将范围缩小至花垣县排碧乡，前一种情况实属自然，后面一种情况存在的概率较之整个湘西苗族则会大大降低。

板栗村较之前面两者而言，存在的情况则是，同一姓氏可能只属于同一个祖先的同一个支系，血缘宗亲更为统一。与现代化大都市作比较，如果说现代化大都市的社会团体关系是一种"有机团结"关系，来自五湖四海的人们为了完成一件任务而结合在一起，是一种"法理社会"性质；那板栗村的氏族关系就是一种"机械团结"关系，是不带目的性的，仅仅只是因为血缘的关系而聚居在一起，是一种"礼俗社会"性质。① 这里的人们处于一种安定祥和的环境中，相互依靠，历代不移，具有一种黏着性。因为生活在相对稳定不变的环境中，祖先们一代一代的生活积累和经验直接传承给子孙后代，在这传承中形成一种牵引的力量，像大树盘根错节的根一样将人们紧紧地缠绕在一起，生生不息。

（三）苗姓婚姻之种种

在历史上，苗族和汉族一样，都存在同姓不婚的制度。根据具体的湘西苗族的姓氏关系和婚姻的关系则与汉族不可同一而语了。湘西苗族因为这复杂的姓氏关系，也就存在复杂的婚姻关系，如"异姓不婚"的现象和"同姓可婚"的现象。

说到"异姓不婚"，在苗族，即使不同的姓氏也有不能联姻的规定，因为男女双方虽然姓氏不同，但是他们同属于一个祖先的支系。例如，石

---

① "有机团结"和"机械团结"是法国社会学家涂尔干划分的社会关系类别。有机团结，或译为"有机连带"，是一个社会学术语，有机团结是随着社会分工的出现而出现的，它是建立在社会分工和个人异质性基础上的一种社会联系。有机团结与机械团结相对，机械团结是以一种强烈的共同"集体意识"为基础的。他把集体意识界定为"同一社会一般公民共同的信仰和情感的总和"。在机械团结的社会中，社会成员有着相同的信仰、观点和价值观，有着大致相同的生活方式。

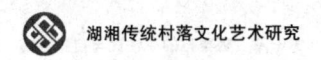

姓和廖姓属于相同支系"禾瓜"（ghaob ghueas），故不能通婚。①

另外，也有着相同的姓氏却能联姻的规定，因为男女双方虽然姓氏相同，但是他们不属于同一个祖先的支系。以石姓论，系别内分"禾瓜"，俗谓之大石，奉祀祖先是椎牛。还有称"禾卡"（ghaob khad）的，俗谓之小石，奉祀祖先是椎猪。传说，"禾卡"（小石）原本属于石姓，但是因为后来发生变故才改成石姓。所以，有石姓与石姓可以开亲的说法。②

此外，还有张姓与陈姓不婚，张姓与张姓可婚，伍姓与吴姓不婚，这样的例子数不胜数。全是因为系别的不同，当然也因地而异。③

归根结底，男女能不能联姻主要看其血缘关系是否属于同一支系，因为男女联姻不能有悖于伦理道德。由此看来，板栗村遵循的婚姻制度与汉族的婚姻制度在某种程度上有其相似性。但汉族文献记载的"苗族婚姻不避同姓"可以说既是正确的，也是错误的。至少，这种说法放在板栗村是不能立足的，因为板栗村所有相同姓氏的人都属于同一个祖先，在板栗村的苗族人联姻是需要避开同姓的。时至当代，经济发展，交通变得便利了，板栗村与外界的联系增多，也就为板栗村的苗族人与外姓人联姻增加了可能。

三 板栗村的家庭

（一）氏族与家族

在苗族，情况比较特殊，与汉姓氏族不同，苗族氏族与家族同时存在。两个不同姓的家族隶属于同一氏族，原因在上述复杂的姓氏关系已经提到（见图1-4）。

---

① 石启贵：《湘西苗族实地调查报告》，湖南人民出版社2002年版，第187页。
② 同上书，第186页。
③ 同上书，第186—187页。

图 1-4　板栗村一家人

　　由于一次次地支系划分，形成了盘根错节的姓氏关系，与此同时，本来作为一个完整的单位氏族，氏族里的成员逐渐脱离了大的体系，开始以家族为单位。在如今的板栗村，家族祭祀已经先于氏族祭祀，而且一般是几年祭祀一次。在以前是要先去拜祭氏族祖先，而后才来拜祭家族祖先，现在习惯祭祀完家族祖先再去拜祭氏族祖先，随之形成了父权小家庭的模式，世代不同居，兄弟之间平分家产。从婚俗的例子中也能看出来，婚姻来往的信物、彩礼都由父亲保管收纳，这是家族主义婚姻的特征。

　　苗族人称呼自己的堂兄弟姊妹跟称呼自己的亲兄弟姊妹一样，这是一种重视旁系与不分亲疏的氏族习惯的遗俗。[①] 家庭附属于氏族制度之下，组织性质属于父权与舅权的类型。倘若舅家有子，姑家有女，且均到了适

---

① 贵州省民族研究所编：《民国年间苗族论文集》，民族研究参考资料第二十集，1983 年，第 324 页。

婚年龄，只要舅家提出，姑家一般都乐意将女儿许配给舅家。而按照苗族习惯，姨表兄弟姊妹间，绝对不能婚配。用汉话来讲，就是"舅表优先和姨表不婚"在亲戚关系中，与舅家关系也最为亲密，"舅家在祭祀等活动中享有特殊待遇，还有娶外甥女为媳妇的优先权利"①，亲上加亲，血肉相承。

（二）家庭组成与分类

板栗村相对于湘西其他地区而言，因为历史造成的地域隔离，在文化和生态环境方面，形成了相对独立的发展。传统儒学和汉人正统的封建伦理道德对这里的影响相对也较小，因此，不像古时汉人可以娶妻纳妾，湘西苗族一直遵循"一夫一妻"的夫妻制度和"人伦大道"，无子纳妾也属于少数现象。

在中华人民共和国成立之前，湘西的苗族存在"三代同堂"和"四世同堂"的大家庭，这种大家庭由老人主事，专人负责对外采购，生产活动和粮食都是集中管理，管理和分配事务挑选出一名妇女担当。父母、儿子们和媳妇、子孙住在一起，有的甚至包括祖父母、女儿和女婿等人。

中华人民共和国成立后，一般情况下，苗族家庭人口不多，由父母和子女组成四五口人的家庭，男子当家，以父为尊。虽说是以父为尊，但是苗族妇女除了操持家务之外，还要承担较为繁重的体力劳动和部分农副业生产，所以实际地位并不低。随着时代的发展，人们的观念更为开明，男女地位已经趋于平等。在板栗村的家庭中，老人或父母之类的长辈在家里曾经有很高的威望，在家庭面临重大事务的决策时拥有较大甚至绝对的影响力。如今，长辈权威结构已开始转化为平等民主型，老人权威和父权明显下降。现在的年轻人越来越多的事都由自己做主。例如，更加愿意选择

---

① 石启贵：《湘西苗族实地调查报告》，湖南人民出版社2002年版，第187页。

现代式婚姻，还有挑选家庭生活用品之类的。现代生活越来越影响农村，而老人和父辈的经验之谈逐渐不能应对这种变化，于是不得不学习新的知识技能，使用现代化的产品和设备（见图1-5）。也有年轻人在城镇学习了新的知识回来造福家乡，并用自己的知识和能力去影响上一代，甚至影响家庭重大决策。

图1-5 板栗村的早晨

（三）家庭变动

像板栗村这样的典型山区农村，农民通过精耕细作，虽然是基本解决了温饱问题，但进一步发展受到资源供给的限制，家庭要提高生活水平，只有另谋他路（见图1-6）。近年来，跟其他落后农村一样，板栗村村民选择了外出打工增加家庭收入的路径。这里的农民离开土地走向城市和发达地区寻求发展和生存空间的越来越多，外出打工者多为文化水平相对较高的男性劳动力和未婚女性。也有一些是夫妇一起外出打工，孩子则留给老人照顾（见图1-7），也有举家外出打工的。

图1-6 休憩中的村民

图1-7 带孙子的苗家老奶奶

随着外出打工的村民越来越多，当地的农民也改变了单纯依靠土地为生的状况，谋生的方式变得多样化起来。这种变化导致了板栗村新的职业类型分化，家庭出现了新的分工。因此产生了这种现象：丈夫外出打工，妻子或老人带着孩子留守农村。留在农村的家庭成员依然保持着原有的生活方式，与外出打工的亲属在生活方式上的差距逐渐拉大。像这样外出者在大城市打工，受到了较多现代化元素的影响，而妻子、老人则固守在农村家庭，这类家庭一般称为"半开放式家庭"。这种外出打工就业的方式给板栗村的生活，尤其是家庭生活带来不小的影响。

正面影响是有助于改变板栗村家庭生活的封闭性，外出打工的人员带回现代化的信息和新颖的物质产品，同时引进了新兴的高科技知识，快速提高了家庭生活的物质精神水平，部分村民家里也盖起了新房，生活习惯和消费方式逐渐改善，一些民俗礼仪也在悄悄发生变化。

负面影响是外出打工给家庭成员之间的情感关系带来了冲击，相对稳定的家庭结构趋于松散，家长权威结构也在逐步转换。虽说外出打工是为家庭创造更好的生活条件做出的不得已选择，但是亲人分离，不管是物理距离还是心理距离都在拉大，家庭成员之间的互动随之减少，亲情则有一定程度的削弱。

（四）继承与分家

湘西地区苗族的家庭，生育有多个儿子的，到了年龄，成家立业的时候就会照例分居。先单独分出小儿子的一份，其余的家产由其他的儿子平均分配。小儿子不出远门，与父母住在一起，继承起父母平日耕种的田地，承担起赡养父母的责任，并负责招待家庭的亲友。家有女儿并且家境殷实的，还要附上丰富的嫁妆，如"女婿田"。只有女儿没有儿子的情况，家产全部由女儿继承，掌握着所有的主权，入赘的女婿则没有继承权。

过继，在板栗村年逾40的夫妻没有儿子，可以在亲族兄弟的儿子（多子的情况下）中选择一个，经由第三方证明，办理一些手续后，过继来的儿子就会拥有继承人的资格。如果后来生下儿子，也不与冲突，两者都有继承家产的权利。

第三节 板栗村的医疗卫生

一 苗族传统医疗卫生

（一）苗族传统医疗

现代医学技术有了飞跃式的进步，给在农村生活的人们带来了极大的便利。在板栗村，有各种西医诊所、卫生院等，还有医疗保险等让村民们"看得起病"。现代西医自然有其优势，但民国以前板栗村并没有西医，也没有诊所、卫生院等各种便利的医疗设施设备，那时，起源于上古时期的苗族医药，在苗族人民长期的生存和生活当中起到了一定的作用。

西汉刘向在《说苑·辨物》中对苗医有形象的说法，"吾闻古之为医者曰苗父。苗父之为医也，以菅为席，以刍为狗，北面而祝，发十言耳。诸扶之而来者，举而来者，皆平复如故"。在遥远的时代，苗族人民生病时都指望着这位神奇的"苗父"。这种用巫术治病的方法真的可以治好苗民们的病痛吗？巫术在这个世界上存在了几千年，至今也不能做到完全消灭，可见其一定有其独特之处和良好的巫疗效果。巫术是原始人类在无法控制自然的生老病死时产生的一种文化。巫医在治疗病人之时，尽管没有从生理入手，但是在心理上让病人得到了最大的放松与治疗。如上述刘向记载的苗族巫医（苗父），其在治疗过程中并没有用到任何中药或者西药的手法，只是在默念咒语之下，病人就得以康复如初。这在一定程度上说明苗族巫术确实是一种心理疗法：在病人的潜意识里，知道苗父拥有神奇的力量，相信苗父无所不能，一定能治好他的病，于是，在心理治疗之下精神日渐转好，最终达到良好的治疗效果。

苗族地区的传统医药是在长期经验的积累之下形成的，巫与医的逐渐分离使得苗乡形成了独具特色的医学理论系统，进而"苗医"诞生了。苗医在苗族是专门的职业医生，不用巫术治病，而是采用传统的中医药疗法。在苗乡，每当有人生病时，便习惯性的找"村医"，也称"乡村医生""赤脚大夫"。"赤脚大夫"是1985年被"乡村医生"取代的。1985年1月25日，《人民日报》发表了《不再使用"赤脚大夫"名称，巩固发展乡村医生队伍》一文，"赤脚医生"的说法从此退出了历史舞台，被"乡村医生"所取代。① 村医生活在苗族基层群众之中，与他们接触最为亲密。在当时很长一段时期内，苗族人民的病痛几乎都是依靠村医来解决。村医其实并不好当，作为一名苗乡的正宗村医，需要具备充足的草药知识，掌握苗族医药等各种偏方。"千年苗医、万年苗药"的歌谣就是在诉说苗族中草药的历史，古老的苗医药从古至今都在苗民们的生活中占据着重要的地位，对维持人们的身体健康起到了巨大的作用。村医在治疗疾病时，常要根据患者病情对症下药，往往在方子上写下几味苗药或一味草药，这样就能使患者病愈了。笔者调查研究发现，苗乡民间许多流传的单方、验方都含有临床价值，在一定程度说明苗族医药的先进。"三千苗药八百单方"是形容苗医药方的种类繁多，苗医的早期医药活动具有悠久的历史并扎根于群众之中，成长于乡土之上。苗医所用的药物和中医有许多不同，且能达到奇特的疗效。苗医给病人们开药方坚持"立方简要""一方一病""对症下药"等原则，用药量大且狠，一些在现今西医也束手无策的"绝症"，在苗医的用药之下偶尔也能治愈。"苗医在用药上大而狠，一些疑难杂病往往能险中求胜。如治疗黄疸病，用茵陈、苦瓜根、田鸡黄三味药，每每收效；风湿关节痛用肥猪药、灵仙草、姜黄、桂枝、蜈蚣煎服，外洗效佳；治痛风用向日葵柄、威灵仙、刘寄奴、巴岩香、追风伞作用神效。"②

---

① 徐雯栋：《制度与文化中的少数民族村医》，硕士学位论文，中南民族大学，2013年，第5页。

② 周颖：《千年苗医，万年苗药》，《中国中医药报》2009年7月23日。

板栗村地理位置偏远，四面环山，与外界交流甚少。听板栗村老一辈的人们说，在他们那一代，甚至更久以前，每当有人生病的时候，有的找巫医作法驱病，有的找乡医中药治疗。古代的交通不发达，步行几乎成为板栗村人民唯一的交通方式，所以，找村医和巫医，都在本村找，若本村没有村医和巫医，就只能长途跋涉到别的村找巫医和村医。在很多情况下，人们几天之后找到了巫医或者村医，已经迟了。在寻常之时，也并不是一生病就需要找村医的，"百草皆药，人人会医"，一些普通病症的治疗方式板栗村村民大部分都会。板栗村山前山后都生长着大量的草药，甚至儿童都能知道那些常见草药及其治病方法，也有的人家在自己的房屋周围播种下一些特殊的草药，以换得钱财。

　　在板栗村，还采用了苗族传统的"食疗法"治疗病痛。所谓"食疗法"，就是指在饮食中加入药物，以起到预防、增强体质、治病的作用。"苗族讲究辨证配膳，药食在运用时，一般考虑到病人的体质、自然环境和季节因素，并因人而异。对慢性虚寒性疾病，常以温热性食物配合有关药物，如生姜、大肉、桂圆肉等，以祛除寒邪；对急性热性病人给予清热解毒、甘凉的食品，如梨、绿豆汤等，以养阴生津。他（苗医）强调，对急危重病人，则不能单独采用食疗。"①

　　在苗乡，巫与医并不是绝对分开的。一名苗医可能是巫医，一名巫医也可能是苗医，且最早的苗医就是巫医。早期的巫医不仅从事巫术活动，还兼具给人治病的职能。在社会的不断发展之下，苗医和巫医开始分离，专门以巫术活动给人治病的叫"巫医"，用中草药给人治病的则为"苗医"，传统的苗医通常是"巫医结合"。在从前的板栗村，也有"巫医结合"的村医，其利用巫术和中草药相结合的办法给病人治病，达到很好的效果。心理治疗和身体治疗双管齐下，科学与巫术的结合，不得不说是医学史上的一大创举，苗族的巫医和村医都值得我们去尊重。

---

　　① 周颖：《千年苗医，万年苗药》，《中国中医药报》2009年7月23日。

在传统苗族医疗中，还存在一个不可忽视的特点，那就是"外治奇效，内治欠缺"。意思是，苗医对于外伤的治疗能取到非常好的效果，而对于内伤的治疗还是有所欠缺，达不到期望的效果。苗族的外疗奇效不仅与原始的苗族人有关，还跟苗族人民长期迁徙途中与自然做斗争的过程有千丝万缕的联系。早期的苗民往往在打猎的时候受伤，这时用苗族传统的中草药便能治好，外伤无碍。历史上的苗民很少因外伤而亡故，而在一些内伤的治疗，则效果平淡无奇，经常不治而亡。所以，早期的苗民寿命很短，这在板栗村中对于人的寿命调查之上有所体现。现今板栗村的村民，其姥姥、姥爷一辈甚至更早的人，他们的寿命很短，有一出生就亡故的，有的在二三十岁就结束了一生，能活到五六十岁的人可以说是长寿了。而今，随着医疗设施设备的改善和提高，国家和政府的大力支持，板栗村村民不再因为一些传统苗医无法治好的、对于西医来说其实并不难治的病痛而死亡了。

"巫医渐分""百草皆药，人人会医""食疗治病""外治奇效，内治欠缺"等展现了苗族传统医疗水平。也反映了板栗村这个古村落从前的医疗水平，苗族医疗历史源远流长，在某些病症上效果神奇，但仍不能满足当代人们的生存需求。

（二）苗族环境卫生

寿命的长短，这不仅与板栗村的医疗技术有关，还与当时的环境卫生水平密不可分。传统苗医固然能治好一些病症，但最重要的还是环境卫生水平，环境卫生水平提高了，自然不会得病。古代板栗村的卫生水平可谓相当低下，环境卫生极度落后。其原因很大程度上是受传统落后习俗的影响，很多苗民从来就没有出过远门，从小就生活在一个固定的脏乱环境当中，长此以往，也并不觉得有什么不卫生了。例如，周围的居民饲养了一些家畜，存在人畜共居、生存环境极差的情况，长期下去，这些苗民便不觉得这是不卫生、不健康的居住习惯。因此，在潜移默化当中，自然形成人畜共居，屋不隔饰，四处通风，床无隐物，乌七八糟的居住场景。此外，造成苗族环境卫生水平低下还存在客观经济原因。苗族人民自上古时期开始逃亡以来，就过着极其困苦的生活，连饭都吃不饱的情况下，哪能注意到周围的环境卫生呢？例如，板栗村村民们舍不得浪费粮食，不小心掉在地上的馒头，不管多脏都会捡起来吃。改革开放以前的中国人民物质水平本就比较低下，居住在偏远湘西的苗族村落里的人，就更加贫穷。他们没有钱盖明亮干净的房子，更没有财力去搭建牲畜棚舍。且在这些偏远地区，盗风横行，他们不得不把牲畜拉进自己居住的房间里，以保护好这赖以生存的薄产。最后，愚昧落后的封建文化思想也是造成苗族环境卫生水平低下的原因。自迁徙逃亡以来，苗民们固守自己的思想文化传统，且与汉族的距离越来越远，也没有受到先进的汉文化熏陶。这样长久以往，苗族人民都以封闭固化的心态生活在自己的文化圈子里，缺少与外族间文化思想上的交流，更别提以开放的心态吸收外来文化思想。所以，在很久的一段时间里，先进的文化思想和生产生活方式与苗乡人民绝缘了。他们始终维持现状，没有学习，没有借鉴，生活方式没有得到改进，环境卫生没有得到提高，在苗族村落里依旧保持最原始的面貌。传统落后习俗、客观经济条件、愚昧落后的封建文化思想等综合原因，造成了苗族落后的生活生产方式、居住环境，使环境卫生总体水平一直得不到提高，特别是在板栗村这样偏远的村落。

二 苗族近现代医疗卫生

（一）排碧乡近现代医疗概述

1941年排碧乡始建有乡村卫生所，并配西医两名，后因社会匪患停办。当时，排碧乡的乡村治病行医只能依靠有名望的具有祖传秘方的中草药老医生，如原黄岩村的吴山春，下半坡的杨胜举，董马库的杨老八（又名杨顺春）等在这一带地方为苗族人民行医服务。中华人民共和国成立后，1958年又以社镇建立卫生院，这些老医生们相继聘用在公社卫生院当医生。1968年，排碧公社又组织了劳动力以集体投工投物的办法，修建了一栋占地面积为1050平方米，建筑面积为750平方米，土石结构，地上两层的卫生院。职工6人，开放床位12张，固定资产6万元，辖14个村卫生所，人口8000人，服务人口2万多人。每年门诊11000人次，住院500多人次。

自1998年以来，在上级部门的关心支持下，排碧乡卫生院被湘西州列为第一批合格卫生院。2000年为花垣县第一批列为妇产科建设合格卫生院。2002年国家新型合作医疗实施至今，排碧乡卫生院为满足群众要求，不断改善就医环境，先后改扩建业务用房4栋（地上三层1栋，地上二层3栋），职工宿舍楼1栋6层。现在，医院占地总面积为4800平方米。设备添置有200MA光机1台，B超机2台，心电图机1台，阴道线机1台，呼吸麻醉机1台，洗胃机1台。现有职工32人，其中医师2人，助理医师7人，护师2人，护士6人，医技2人。开放床位50张。固定资产达680万元，服务辖区人口10618人，服务辐射人口3万人，每年门诊就诊18000多人次，住院1700人次，逐渐转变成一所综合型乡卫生院。

（二）农村合作医疗的历史

合作医疗是在"缺医少药"的背景下逐步发展起来的，在我国已经有几十年的历史，大体上可以分为五个阶段。[①] 其一，从抗日战争时期至1955年的萌芽时期，1938年在陕甘宁边区创立的保健药社和1939年创立的卫生合作社，是合作医疗的初始。虽然还不具有医疗保险的性质，但是这时期的合作医疗已经具有互助共济的雏形。其二，1955—1968年的探索时期。这时期我国农村正式出现具有医疗保险性质的合作医疗制度，

---

① 杨清波：《我国农村医疗卫生的现状分析与对策研究》，硕士学位论文，国防科学技术大学，2005年，第10—11页。

全国合作医疗覆盖率达到10%，到1962年合作医疗的覆盖率达到将近50%，但是受到了人民公社的影响。其三，1968年毛主席批示发布《农村合作医疗章程试行草案》的发展时期，70年代中期合作医疗的覆盖率达到90%。呈现的特点有：在农村集体经济制度的环境下农村的三级医疗脉络，出现了一批"赤脚医生"。因此，合作医疗在全国的覆盖率达到前所未有的高度，但是含有浓厚的政治意味。其四，80年代衰落时期，农村集体经济解体形成家庭联产承包责任制，合作医疗失去了政治力量提供的经济基础，制度的缺陷和政策失误的影响，直接导致了合作医疗的衰落。其五，20世纪90年代至2002年的二次合作医疗时期。1991年1月17日，国务院批准了《关于改革和加强农村医疗卫生工作的请示》，稳步推出合作医疗保障制度，对传统的合作医疗制度进行改革。具有这些特点：技术上借鉴了现代保险的原理和方法；在对基金筹集、补偿模式和支付机制开始有了比较深入的研究；开始尊重群众的意愿，采用完全自愿的方式；外来力量（世界银行等组织）的支持和高校学者的研究协助。在合作的过程中，受众参与程度较低，合作医疗发展缺少动力，尽管如此，合作医疗的积极作用仍不可抹灭。

（三）湘西土家族苗族自治州农村合作医疗现状及问题

我国农村普遍存在"愚、贫、弱、私"四大弊端，特别是那些地处偏僻的少数民族聚居地，农民在医疗卫生方面的意识缺失尤为显著。湘西苗族农村不仅经济和教育比较落后，一旦遭遇重大疾病，治愈率低、死亡率高；就算遇到常见疾病，也总是因为贻误导致久病难愈。此外，村里存在类似于巫婆神汉和江湖郎中的人群。这些人对基本的医疗知识了解甚少，无非利用村民的封建迷信和落后习俗，从中蒙骗钱财。本来就已经生活困难、经济紧张的村民在患病的时候，一般选择是能拖就拖，结果小病拖成大病。所以，很多村民的病一般来说不看则已，一看就是重病。另外，有些村民不懂医药学原理，一旦求医，不管病情的轻重，总以为能立即药到病除，没有耐心配合医生治疗，结果经常贻误了病情。

基础卫生医疗保健是向个人、家庭和社区过渡基础阶段，最为理想的阶段是普遍深入群众的生活和工作中。在农村最初级的卫生保健机构便是农村医疗卫生所。初级卫生保健意味着最基本的、人人都有权享有的卫生保健服务，其最终目的保障村民最基本的卫生健康需求。从一个村庄的医疗卫生状况可以看出这个农村的整体实力，良好的医疗卫生状况代表着该地区的卫生保健措施得到了良好的实施，该地区的经济基础也提供了很好的支持。

一个地区经济状况与医疗卫生情况有着十分密切的关系，经济的发展对医疗卫生的发展具有促进和保障的作用。从一个少数民族地区的农村角度来看，医疗卫生条件差，设备落后，药物种类不齐全，医疗经费紧张，人力支持不够，农民缺少自主保护意识（多数是因为农民封闭落后的医疗卫生意识而讳疾忌医，也有家庭经济紧张的原因），农民对现代医疗卫生的认识不够（农民对治疗方式的不同选择，有些年纪大的老人至今采取古老的偏方自我治疗）。因病致贫、因贫拖病的社会现实不断恶性循环，这是偏僻贫困地区农村的较为普遍的通病。放大来看，这也是少数民族地区脱贫致富中的一个非常关键的制约因素。具体说来，湘西州合作医疗现状和问题主要体现在以下三个方面。

1. 医疗卫生事业经费严重短缺，投入不足，欠账大

虽说乡镇医疗卫生院的经费投入由政府负责，但实际上许多经费开支依靠的是卫生院医疗创收来解决，这在一定程度上偏离了卫生院办院的宗旨。

卫生事业财政补助政策难落实。从 2006 年州人民政府印发《关于进一步贯彻卫生事业财政补助政策的指导意见》以来，到 2008 年乡镇卫生院财政资金补助的情况来看，发放并不是很全面，只有保靖、泸溪、永顺 3 个县达到要求。乡镇卫生院总投入不足，在房屋建筑项目上产生了大量

的负债。公共卫生经费缺失,本该重点投入公共卫生专项经费,但是由于太少的公共卫生经费不足以维持公共卫生管理单位的正常开支,更不能普遍安排到乡镇卫生院。财政对卫生事业的投入比例偏低,卫生事业投入占总财政支出比例的还不到4%,不能与总财政支出同比例增长。

2. 机构设施极为落后,医疗设备陈旧老化、残缺不全

乡镇一级卫生院基本上靠年代久远的一般常用医疗器械,多数已经陈旧老化、残缺不全。卫生机构的医疗设备很少更新添置。一些基本的设备长时间重复使用,也因为使用久难以继续使用。大部分乡医疗卫生所现在仍靠"老三件"(听诊器、血压表、体温表)工作。医疗卫生所多数设在简陋的农用房里,条件十分艰苦,大多数只有简单的药品和针剂。

3. 医疗人才缺乏,基础设施薄弱,服务功能萎缩,群众看病困难

农村医疗卫生所的人才缺乏:一是数量不足。二是素质偏低。人才流失严重,补充困难,服务不配套,人员素质低。在外学有所成的能找到好的职位,多数不愿意回来,被各种各样的优待条件留在大城市;基层的工作环境和医疗条件不好,工资低,待遇差,资历高的人会容易产生英雄无用武之地的感觉。

农民自我保护意识差,传染病发病率高,常见的小病痛拖得严重,因病致贫面大。居住在边远少数民族山区的农民,贫困情况很严重,导致身体素质差,面黄肌瘦,不知道什么是医疗卫生。甚至在有些苗寨,仍然存在巫师生意兴隆,有些农民信鬼神不信医。贫穷加上封闭思想,缺医少药严重,医疗卫生技术水平低,使得各种常见疾病发病率上升,其中伤寒、肝炎发病率尤为显著。因此,存在农民脱贫致富后又因病返贫的情况。

长久以来,因为这些医疗卫生问题的存在导致了一些现象。根据湖南省1995年1%人口抽样调查报告书显示,全省人口出生时的平均预期寿命近年来有所提高,但湘西苗族低于全省水平(见表1-1)。湖南省近年来

调查的人口死亡率为7.19‰,而湘西苗族为8.56‰,更高于全国6.7‰的平均数,城乡人口的死亡水平有一定差异,而乡村人口的死亡率则明显高于城镇人口(见表1-2、表1-3)。

表1-1　　　　　湖南省人口出生时平均预期寿命的情况(岁)

时间	1990年		1995年	
	男性	女性	男性	女性
湖南	66.57	69.93	67.37	70.62
湘西苗族	59.60	64.53	61.15	67.40

资料来源:《湖南省1995年1%人口抽样调查报告书》。

表1-2　　　　　　湖南省人口死亡率检验(‰)

时间	1990年	1991年	1992年	1993年	1994年	1995年	平均
湖南	7.23	7.30	7.30	7.13	7.03	7.15	7.19
湘西苗族	8.64	8.52	8.76	8.40	8.45	8.69	8.56

资料来源:《湖南省1995年1%人口抽样调查报告书》。

表1-3　　　　　　湖南省人口死亡率检验(‰)

	市	镇	乡村
合计	6.11	6.74	7.92
男	7.09	8.04	8.96
女	5.12	5.45	6.87

资料来源:《湖南省1995年1%人口抽样调查报告书》。

在平均预期寿命上，2015年大湘西地区和湘南地区平均预期寿命均达到75.4岁（见表1-4）。

表1-4   2000年、2010年湖南各市州人口平均预期寿命（岁）

地区	2000年			2010年		
	合计	男	女	合计	男	女
湖南省	72.39	70.78	74.16	74.70	72.28	77.48
长沙市	73.75	71.73	76.08	76.01	73.97	78.35
株洲市	72.28	70.80	75.25	74.91	72.58	77.58
湘潭市	73.02	71.17	75.06	75.19	72.99	77.67
衡阳市	71.32	70.11	72.51	73.77	71.49	76.41
邵阳市	72.01	70.87	73.15	73.63	71.12	76.55
岳阳市	71.68	69.94	73.21	75.10	72.91	77.65
常德市	73.73	71.70	75.87	75.62	73.08	78.48
张家界市	72.46	70.43	74.60	75.04	72.15	78.37
益阳市	74.13	72.32	76.21	75.68	73.42	78.25
郴州市	72.28	70.64	73.87	75.25	72.48	78.36
永州市	71.71	71.08	73.89	73.86	71.07	77.53
怀化市	70.77	69.11	72.62	74.57	72.16	77.33
娄底市	72.58	70.57	74.69	74.60	72.09	77.41
湘西土家苗族自治州	69.87	68.07	71.80	73.26	70.40	76.56

注：2000年平均预期寿命使用省测算数据，全省比国家数据高1.73岁。
资料来源：湖南省第五次人口普查分析与研究①。

---

① 湖南统计信息网：http：//www.hntj.gov.cn/rkpc/200207240115.htm。

随着经济发展，发达地区居民的医疗卫生需求从"同层次、低需求"，转向"多层次、高需求"，农村疾病模式发生了重大变化。合作医疗制度使农民对于医疗健康提出了新的要求。① 这是目前农村医疗卫生保障正在面临的客观现实，所有的相关方面制度措施都应该紧密联系这一现实，从这些问题着手，夯实工作基础，准确定位，提升各方面的素质，加强队伍建设，进行科学管理，规范执业行为，促进民族地区乡镇卫生所的发展。

第四节 板栗村的生态地貌与人口发展

一 生态地貌

板栗村隶属排碧乡，它的地质类型是典型的排碧"金钉子"地质结构，其地质特点具有"金钉子"地质结构的特征。由于地理位置的接近，排碧乡内各地区的生态地貌都具有极大的共性。排碧乡的"金钉子"剖面，是排碧寒武系芙蓉统排碧阶全球层型剖面，人们又把它称为"排碧剖面"。

排碧乡的"金钉子"剖面挖掘和确立的过程中，有中国人民和世界其他地区人民共同努力的身影，是中外友谊的见证，是无数科研人员共同调查研究的结果。湖南省地质局的研究员陈永安和他的同事在1981年的区域监测中发现了排碧乡金钉子并且初步采集了三叶虫化石层面；1986年董熙平把排碧剖面的牙形刺作为其博士学位论文的研究对象，排碧乡的"金钉子"逐渐开始受到国际学术界的重视。美国堪萨斯大学的 Robison 教授在1987年让学生宋燕萍来此采集球接子三叶虫；从1990年起，彭善池等人和美国俄亥俄州立大学的科学家 R. A. Robison、L. E. Babcock、来自内华达

---

① 熊太平等：《湘西自治州乡镇卫生院现状与对策》，《中国卫生事业管理》2010年，第35—37页。

大学的科学家 M. N. Rees 以及俄亥俄州立大学的科学家 M. S. Saltzman 共同对排碧乡"金钉子"剖面展开多学科交叉的研究合作。合作研究之后，彭善池等对该剖面依旧抱有疑惑，在 2000 年针对网纹雕球接子三叶虫层段进行继续更加深入的探索研究。直到 2001 年 8—9 月，第七届国际寒武系再划分野外会议在湖南、贵州和云南举行，来自 10 个国家的 80 余名专家代表出席了本次会议。这是我国第一次举行寒武系分会会议，也是历届会议规模最大的一次。此次会议过程中，以中国科学院南京地质古生物研究所彭善池为首的研究团队，做出的关于湖南花垣县排碧剖面的研究成果，得到了来自会议各方代表的赞扬和认同，在 2002 年 3 月经过分会选举委员会通过通信表决，以 82.4% 的得票率通过。2002 年 6 月，国际地层委员会全票通过排碧剖面及其剖面上 G. reticulatu 点位为寒武系全球标准层剖面和点位（Global Standard Stratotype – section and Point，即"金钉子"GSSP）的决议。2003 年全球"排碧阶"底界的标准层型剖面和点位的提案获得了国际地球科学联合会的批准。寒武系的首个全球阶一级标准单位是我国的排碧阶，芙蓉统则成为寒武系的首个全球统一级标准单位，排碧剖面成为寒武系内首个全球层型（"金钉子"）剖面（见图 1－8）。

  排碧金钉子的确立，在全球地层学领域有着深远的科学意义和巨大的科学价值，它体现了我国寒武系地层学领域国际领先的研究实力，使得我国地学界在国际上具有领先的地位，为我国获得了崇高的荣誉。排碧金钉子剖面保护区的建立，将使之成为我国乃至全球研究寒武纪时期地质环境演变和古生物演化的重要科考基地。排碧金钉子保护区的核心是保护地质遗迹，其中排碧金钉子保护区内的自然生态环境是人们需要保护的重点，在维持排碧金钉子保护区内的自然生态环境良好可持续发展的情况下，适当开展自然科学研究工作，为科研人员的实习教学提供条件，向大众普及自然科学知识以及开展相关的地质旅游等活动提升人们的生态保护意识，同时丰富了人们的精神生活。重点保护对象：排碧剖面、排碧—2 剖面以及保存在剖面中的三叶虫等古生物化石。保护范围，东至安钢寨，南至白杨

图1-8 "金钉子"剖面岩石层

村南,西至马鞍,北至板栗寨,地理坐标为东经109°30′09″—109°32′20″,北纬28°30′06″—28°23′47″,总面积2.44平方千米。保护区划分为三个功能区。核心区面积约0.44平方千米,核心区施行一级保护,只允许进行保护区管理处批准的科学考察研究活动。缓冲区又称科学考察区,面积0.45平方千米。缓冲区实行二级保护,在不破坏地质遗迹及其自然环境的基础上,可开展科学实验研究、教学实习、参观考察和标本采集,以及有限制的旅游等不影响核心保护区的活动。实验区面积约2.21平方千米。实验区实行三级保护,可在实验区进行与保护区有关的生产经营活动,开发和建立有助于自然景观的生态系统,安排组织同保护区容量一致的旅游活动,建设相关的科研、教学设施、旅游活动。规划把实验区划分为5个游览分区,分别是森林生态走廊、珍稀植物园、珍稀动物园、苗族文化村、游览购物区。排碧金钉子保护区的建立,按照"在保护中开发,在开发中保护"的原则,利用金钉子剖面的品牌效应以及附近独特的地貌特点与人文景观,发展当地旅游业,促进当地经济发展(见图1-9、图1-10)。

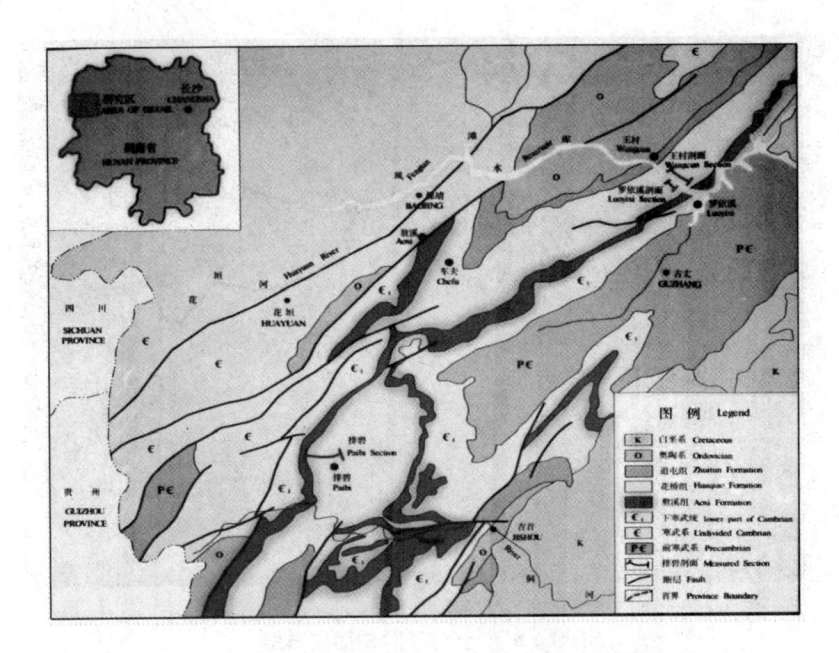

图1-9 湘西北花垣—古丈—永顺一带区域地质略图

（说明：图片摄自中国百碧金钉子展览馆）

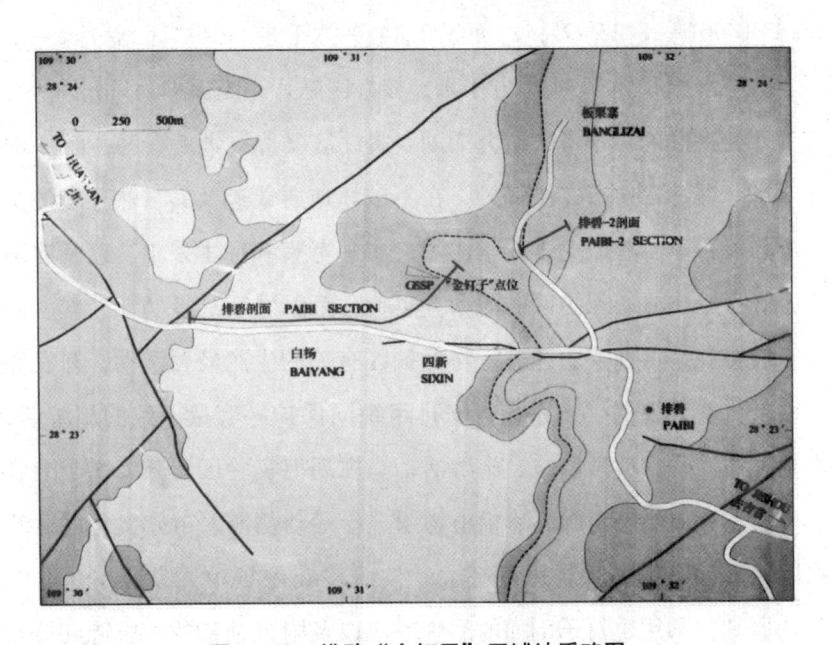

图1-10 排碧"金钉子"区域地质略图

（说明：图片摄自中国排碧金钉子展览馆）

第一章 板栗村的原住民与自然环境

在当地设置有地质遗迹保护的标志设施（如永久标志牌、界碑、标示牌等）、防护设施（保护围栏、警示设施等）、科普及考察保护设施（展览馆、剖面观察平台、金钉子广场）等。金钉子永久标志物的主体主要是汉字"山"的变形，上部分的 3 横线代表地层，这也是国际地层委员会会徽的变形；标志上方的球体，象征着地球，表明全球的含义，说明是一个世界性的地层划分标准；地层正面的文字是"全球寒武系芙蓉统和排碧阶底界层型剖面点"及其英文说明，其侧面是立碑的单位包括湖南省人民政府、中国科学院、花垣县人民政府和研究单位中国科学院南京地质古生物研究所等（见图 1-11）。保护区界碑设立在主要的路口、路边醒目处或界限的主要拐点位

图 1-11 寒武系芙蓉统和排碧阶全球层型纪念雕塑

置,"排碧乡剖面核心保护区界"和国际地层委员会会徽刻在界碑的正面,其背面刻有编号以及坐标。标牌包含解说性标牌、警示性标牌、保护区公示牌等。解说性的标志牌说明了保护对象的内容、类型,如金钉子点位、剖面界限、重要化石层、岩性岩相特征点、构造特征点等科普介绍。金钉子观察平台和金钉子广场方便了游客科学的游览金钉子剖面,又保证了参观者不进入核心区域,在区域内利用地形的高低差,在核心区和缓冲区之间修建了金钉子观察平台。在209国道等主要道路沿线上,设有保护区公示牌,告知保护区禁止事项和出入的注意事项。在金钉子展览馆中(见图1-12),使用了多种方式来向游客介绍保护区的资源、地质地貌和景观特点,如图片说明、文字说明、模型展示、实物展示等。展览馆位于广场南侧的209国道旁,面积约600平方米,包括六个展厅(地球奥秘厅、生命演化厅、岩矿形成厅、金钉子展厅、地貌景观厅、科普演示厅)。

图1-12 排碧国土资源中心所、中国排碧金钉子展览馆

二 自然环境与原住民相互关系

板栗村村民以苗民为主，他们的生态观念中大多继承了传统湘西苗族的观点。湘西苗族生态观中认为世间万物彼此相互联系，使他们自古以来就懂得需要尊重大自然。他们认为，是大自然创造了一切，人们需要遵循大自然的规则，对自然界中的生灵抱有敬畏之心。湘西原始的居民在猎杀动物、砍伐森林来维持族人长久生活的同时，也有关禁止乱砍滥伐或者禁猎的规定，规定常常出现在当地的神话传说中，通过鬼神来约束人的行为，从而保持对自然有度的索取。湘西苗民的祖先长期过着"日出而作，日落而息"的生活。他们与周遭环境中的动植物相互联系，对当地自然环境非常依赖。自然环境中的动植物不但是他们生存的基本物资，也是他们审美观赏的对象，丰富着当地人的物质生活和精神世界。

在对板栗村居民的采访中了解到，板栗村的农田是当地村民改造和利用的成果。板栗村的地形很陡峭，人们把2米、3米、4米、5米，乃至长50米或者七八十米、100米的石头，根据田土的大小，围合成一两亩等。从前的生产条件特别差，不像现在有先进的机械工具，这个工程相当困难。当石头很大的时候，板栗村的祖先们两个人一起用竿子把它翘起来，没有大锤子，敲不动，锤不断，那么厚的石头怎么搬移呢？最后用绳子捆绑石头，每天添加几斤石头，之后又继续累加，紧接着累计增加到几吨石头，直到最后石头都承受不起就烂了。用杠杆原理，四两拨千斤。有的时候没锤子打，就在石头上用火烧，通过热胀冷缩的方式把石头烧裂，变成小块。通过这种方式，到清朝末年，才完全把这几千亩田土开辟、打造出来。山上放眼望去都是石坎，从山下到山顶都是石头，只有很小的一块土地，只能种几棵玉米。这种石头非常庞大，所以板栗村的祖先，为子孙造田非常艰苦。板栗村村民现在耕种的田土就是他们祖先的血汗筑成的。板栗村水资源匮乏，当地村民开挖了一口地下水井，从这个地下三四十米开采的水再处理成自来水（见图1-13），费用也不高，大概两块钱。过去都是用水井，现在人口剧增，之前的水井完全不够用。现在都是使用新开发的地下水（见图1-14），既能满足人们的日常使用，也能满足农业的灌溉。

图1-13 板栗村村民取地下水入口

图1-14 板栗村村民取水装置

自古以来，人与自然是一个密不可分的整体。人类需要利用自然资源环境来获得生存的资源，在自然的基础上不断发展，进而形成自己的文明。一个地区人的数量、社会结构、文化、活动方式等都与资源环境紧密相关。与此同时，一个地区自然资源种类、数量、质量等环境特征也限制着当地人的发展。自然环境具有生态容纳量，意味着若要人与自然的和谐可持续发展，对自然的改造和利用需要在其所承受的范围之内，若超过其环境容纳量，环境将对人的发展产生负面影响。俗话说"水能载舟，亦能覆舟"，自然环境和人的关系就好比是水和舟的关系，彼此相依，彼此牵制。人类适当开发和利用自然，能够让自己走得更远更稳妥，但对自然的开发超过了一定的限度，就将承受来自大自然的惩罚。

随着采矿工业的水平不断提升，有色金属冶炼产量急剧扩张，采矿源成为多地经济发展的支柱产业。地处湘西中部的花垣县矿藏资源丰富，矿藏资源达20种之多，铅锌矿储量为0.16亿吨，全国排名第三，被大家称为"有色金属之乡"。花垣的矿产资源开发已经形成了较为完整的工业体系。在经济利益的驱使下，各种采矿场开始开采当地的矿产资源，给当地的经济的发展做出了积极的贡献。由于经济和技术条件的局限，使开采矿场过程中造成的污染未能得到很好的治理，这为花垣县未来的可持续发展埋下了一定隐患。自20世纪80年代以来，采矿业的持续发展对花垣县经济的提升带来了重大的影响。但是长期掠夺式开采使花垣铅锌矿区地质地貌、植被严重受损，采矿和冶炼活动中排放的废物污染、破坏了周边地区的生态环境，生态景观被破坏，生物多样性逐渐丧失，重金属污染严重，农作物产量减少并威胁人体健康。"杨胜香等对湖南花垣铅锌矿区土壤重金属污染进行调查时发现矿区土壤中Pb、Cd含量分别为湖南省土壤背景值的21.5倍和2.9倍。"[①] "铅锌矿区菜园土壤中Cd、Pb、Zn含量均超过

---

① 杨胜香、袁志忠、李朝阳：《湘西花垣矿区土壤重金属污染及其生物有效性》，《环境科学》2012年第5期。

二级标准，蔬菜体内 Cd、Pb、Zn 含量最高超过国家蔬菜重金属元素限量标准 19.8 倍、10.8 倍和 2.5 倍，严重威胁当地人民的身体健康。"① 采矿业废弃物的排放和堆存造成的问题不止于此，在采掘矿石的过程中地表植被被剥离使得水土流失加剧，地下开采将导致地面塌陷。这不但影响矿区环境，更将产生矿毁人亡悲剧。矿产区生态环境一旦被破坏，采矿业在未来的发展前景也将一片黯然。

虽然"靠山吃山，靠水吃水"的方法能够在短期内让经济得到增长，但是以牺牲和破坏生态环境为代价将造成一系列的问题，如空气污染、土壤污染使得人们肺结核、支气管炎、癌症和哮喘的发病率提高，给人的身体健康带来威胁。在现代市场经济社会的观点中，当物质转化为商品时，其价值才被认可。传统的价值观点认为，生态环境由于难以商品化，所以价值很低。为了追求物质的利益，对自然环境的开发常常是以牺牲自然环境为代价。在过去的农村地区，人们为了追求眼前的经济利益，用破坏自然的方式谋求更多的物质。如今，随着人们整体经济水平的提高，自然环境能够满足人们日益增长的精神需求活动，如休闲观光、生态旅游等方式逐渐兴起，自然环境的价值得到了新的创造。国家提出"要把旅游业培育成为国民经济的战略性支柱产业和人民群众更加满意的现代服务业"。长株潭、大湘西、大湘南等区域已经成为中国重要的旅游地区。湘西具有"神秘湘西"的特有形象，在民族文化旅游中占有一席之地，这种亲近自然、感受少数民族文化的旅游活动，受到了游客的好评。板栗村风景优美，景色宜人，当地村民构成以苗民为主，非常具有地域特色。板栗村利用其得天独厚的自然和人文条件，凭借当地传统大型统文化节日的庆祝，如"赶秋节""三月三""四月八""太阳会"等，吸引了来自全国各地的游客，展现当地特色的民族文化和自

---

① 朱佳文：《湘西花垣铅锌矿区重金属污染土壤生态修复研究》，博士学位论文，湖南农业大学，2012 年，第 10 页。

然风光，拉动了当地旅游业的发展，创造了经济价值。

城市的生活容易让人产生焦虑感和压抑感，越来越多的城市居民选择生态农村旅游的方式，离开城市的水泥森林，来到自然质朴的乡村缓解压力，放松心情，感受大自然。这种乡村旅游最大的特点在于其不同于人造城市的自然风光，大自然中的景观植被、鸟兽虫鱼等都能成为欣赏的对象。这些自然的风景本身就是大自然的馈赠，对于城市居民具有独一无二的吸引力。在乡村旅游中，农村自然风光、农家天然的蔬菜食品、当地有特色的手工艺品都能够成为商品，成为当地人收入的来源。

三 人口增长与生态环境变化

近年来，花垣县人口数量呈上升趋势，经济发展水平也越来越高。《花垣县2015年国民经济和社会发展统计公报》表明："2015年末花垣县全县总人口31.28万人，常住人口30.08万人。全年人口出生率为13.3‰；死亡率为6.82‰，人口自然增长率为6.48‰。全县居民人均消费支出7411元，同比增长6.6%。按常住地分，城镇居民人均消费支出10744元，同比增长2.6%；农村居民人均消费支出5536元，同比增长10.45%。"[①]即使人口和经济都有所增长，板栗村整体经济水平还是处于较为贫困的状态。较高的人口增长率是贫困地区的主要特征之一。多生小孩是贫困的农村家庭中希望的，子孙多能够帮助父母长辈从事生产劳动，赚更多的钱来改善家中的经济条件。然而，人口的增长必定给当地的生态环境造成影响。由于经济水平低下造成的生育率高，也使每个小孩能够享受的教育投资变得更少，受教育水平的好坏直接影响到人口素质的高低。贫穷使得人们更加依赖生态系统提供的产品和服务。缺乏其他的途径和资本来谋生，让农村贫穷村民生产创造的机会变得极少。人口的文化程

---

① 湖南省花垣县人民政府官网：http://www.biancheng.gov.cn/sitepublish/site326/14941/14995/15033/content_ 41016. html。

度低下，思想观念陈旧，生产力水平落后，导致越困难越是坚守土地受穷，也不愿创新创业，不去寻找创造财富的办法，坐吃山空。当人们的素质不高时，则会用最简单的方式变卖有限的自然资源，换钱来维持自己的生活，从而导致自然资源破坏，生态环境恶化，从长远的角度看当地人的生存将更加困难。这样会造成人口增长，经济落后，自然环境破坏的恶性循环。

"人口增长可能对以下几个方面造成影响：经济增长、贫困和不平等、教育、健康、粮食、环境（迅速增长的人口以森林的被蚕食、非森林化，木材耗费，土壤侵蚀，动物存量减少，用水不足和不安全，空气污染和城市堵塞的形式使环境退化）和国际移民。"[①] 板栗村人口增长给环境带来的压力主要体现在以下四个方面：人口增加使得人们对环境资源的需求增加；人口增长使得人与环境间能量流通量增多，超过环境承受力的可能性变大；人口增长使得粮食的需求增加，对有限土地产生的粮食需求量增加，耕作方式改变将影响土壤的质量和生物多样性；人口的增加使得人均收入降低，从而使得当地居民越来越穷。人类活动和自然环境之间的能量转换主要是发生在"提供环境""获取食物""获取能源"和"生活排污"四个方面。人们利用自然环境提供的资源，加以利用和改造成为需要的产品。在这个过程中产生的污染废物若没有经过科学的处理，直接排入自然环境中，将破坏自然环境，影响生态平衡，危害人们身体健康。

人口、经济和环境有着密不可分的关系。在西方资本主义国家的发展历史上，"先污染后治理"的模式往往给环境带来不可逆转的破坏性影响。2016年3月的"两会"上，习近平总书记在谈到生态环境保护和生态文明建设时说："生态环境没有替代品，用之不觉，失之难存""绿水青山是金山银山""要加强生态文明建设，划定生态保护红线，为可持续发展留足空间，为子孙后代留下天蓝地绿水清的家园。"为了资源

---

① ［美］托达罗：《经济发展》，印金强、赵荣美译，中国经济出版社1999年版，第215页。

环境的可持续发展，我们发展经济的同时，需要共同推进环境保护和资源节约。在板栗村发展经济的同时，要防止环境污染，保护自然环境和资源。在农业生产方面，引导和教育当地农民，走生态农业的发展道路，即依靠农业生产来创造经济价值，同时维持当地自然生态的平衡和稳定。板栗村的人口增长，需要均衡男女比例，控制人口增长速度，保证生育的质量。板栗村虽然面临人口老龄化的趋势，年轻人员外出务工，使得空巢老人和留守儿童问题较为普遍，但由于我国经济处于转型发展之中，外流的劳动力回乡时将重新面临就业和择业的问题，所以控制人口增长有利于提高人均资本占有量，在一定程度上改善当地人的生活质量。提倡男女平等，虽然短期时间内板栗村男性人口数量的增长有利于当地经济的发展，但是性别比例的失衡将在未来导致各种社会问题，不利于板栗村长远的发展。改变板栗村人们的生育观念和文化观念还得依靠政府和媒体的宣传，加强当地的思想道德建设，发展教育事业。板栗村的基础设施建设有待完善，无法吸引优秀的教师留在当地工作。这妨碍了当地教育事业的发展，不利于当地义务教育的普及和人们文化素质的提高。需要为当地义务教育的实现创造良好的环境，提高教师的待遇，吸引优秀的教师人才；推动农村教学设备的现代化，让城乡差距不断减小，让城市的孩子和农村的孩子都能够享受优质的教育条件；为当地村民展开相关的劳动技能培训，引导他们用更加科学合理、可持续的方法创造财富，共同建设一个和谐、美好的未来。

第二章 文化视野下的板栗村堪舆规划、建筑营造与传统村落保护

第一节 堪舆规划

一 板栗村村名的由来

苗族先人从树栖穴居生活走出来之后，造屋居家就成了一件大事。苗族古歌唱道："固芳老公公，要种树盖屋。养优作师傅，闪电当尺量，太阳牵墨线，弹墨直又长。"在这首古歌中，古时苗民建屋造房的情景映入眼帘。板栗村苗民的先人迁徙过来以后，继承先辈们的营造理念，根据所处的地理环境继承和发展了祖辈们的建筑营造思想，所以房屋鳞次栉比，错落有致，形成了板栗村独有的建筑景观。

历史上板栗村还有个更为美丽的名称——梅花村，这要追溯至清末。一位从重庆来的风水先生赶路途中在板栗村歇脚时，观看山形地貌，认为酷似一朵五瓣梅花因而称为"梅花村"（见图 2-1）。待至中华人民共和国成立后，由于行政区域划分需要，还是以"板栗村"为村名上报政府。20 世纪 60 年代前，板栗村寨周围，漫山遍野都是板栗树，苗语称为"苟

基苟绕",汉译即"板栗村"。

图 2-1 板栗村全景

"板栗村"的板栗是真正可以吃的那种板栗。板栗苗语读作 ge rao①,20 世纪 50 年代之前,板栗村整个山上漫山遍野都是板栗树,山上还有很多茶树(苗音 ge ti)。把 ge rao 和 ge ti 连起来就是四个字 ge ti ge rao,后来又去掉了茶,所以叫板栗。板栗村的名称就是这么得来的。中华人民共和国成立后的一段时期由于并没有生态环境保护意识,很多老板栗树都被砍了,山上就长满了杂草。这样对板栗树的生长极为不利,因为杂草长得很快,就覆盖了很多小的板栗树,覆盖后板栗树就难以生长。后来,板栗村的山就变成了一座座灌木山、杂木山,板栗村也就变得"名不副实"了。

---

① 此段中的字母均为汉语拼音。

二 村落的选址

板栗村所在的花垣县位于湖南省西北边陲，处于东经109°38′42″—109°15′52″和北纬28°10′47″—28°37′28″。花垣县东南毗邻吉首市，南接凤凰县，东北连保靖县，西与贵州省松桃县交界，西北与重庆市秀山县接壤，属于湘黔渝三省交界处（见图2-2）。

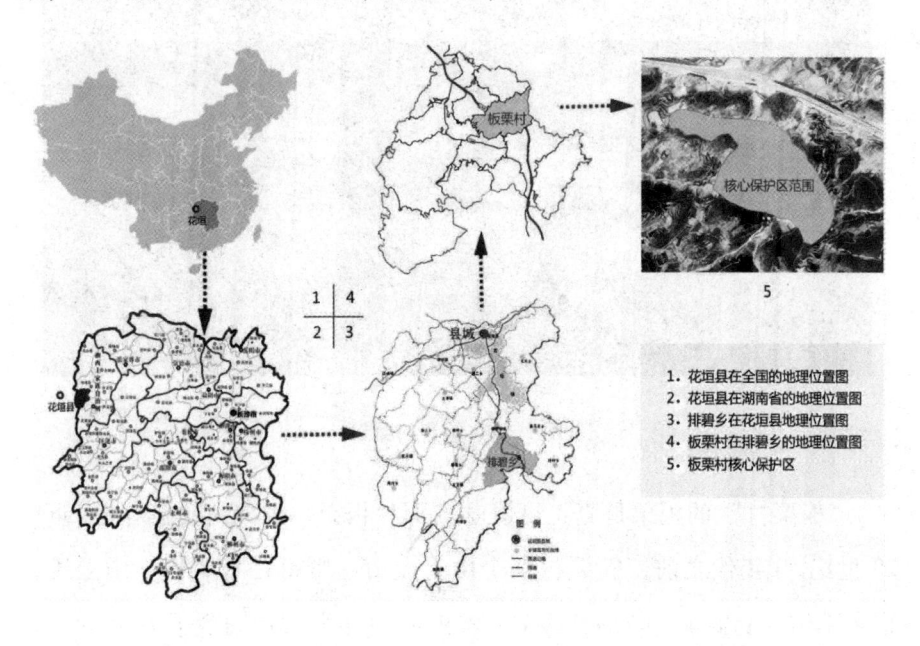

图2-2 花垣县排碧乡板栗村区位图①

板栗村位于排碧乡东北部，距乡政府所在地仅1公里距离，交通便利，连接高速路，区位优势明显。板栗村的选址充分利用自然环境条件，与维系生产生活密切相关，具有传统特色和地方代表性。板栗村四面环山，位于山谷之间相对平坦的开阔地块，为典型的山地丘陵地形。村落入口处屹立着竹山、板栗山，一条甬道通入村中，在古时来看具有较好

---

① 图片来源：段周德《花垣县排碧乡板栗村传统村落保护规划》，湘潭市建筑设计院，2014年10月。

的防卫性,颇有一夫当关,万夫莫开之势。此外,板栗村的选址注重小气候,村落坐落在山谷之间,夏季有山谷凉风,冬季日照充沛,为冬暖夏凉的环境。

一般而言,村落的选址在很大程度上就是考虑该地的风水。中国人自古以来就非常重视风水,板栗村村民也不例外。风水的理论与实务其实很复杂,但其作用就是"求生"的机制,其主要目的就是接纳生气,排除煞气而已。房屋的风水状况会对居住者生活中的吉凶产生影响。建房的时间选择,房屋的结构走向以及建房时遵循的礼仪程度等,都被人们认为对于房屋建成时将邪气排斥在外具有至关重要的意义。① 不仅是建筑的选址,就连墓地的选择,也是为活人的幸福而决定。② 板栗村的选址有着理想的景观模式,古人将景观与人事相联系,追求自然意境与生活幸福,把村落的选址纳入了天人合一的现世人文景观框架中。

三 村落的构成

板栗村是湘西最具代表性的传统古村落之一。村落小巷均以青石铺就,古建筑为木结构、砖墙维护,木雕、石雕、砖雕丰富多彩,项道、民居布局相宜。经相关人员的多年考证,从南宋时期开始,板栗村的建筑模式、建筑结构就有了,到现在还保留了当时的一些建筑遗址与农耕模式。板栗村的田土不像其他平原地方,划一道就可以开垦耕犁,而全部都是山地山坡,3000多亩田土全部都是用石头垒起来的,石头高度最高大约有5米,重达1吨,至于几百斤、千百斤的石块则不计其数(见图2-3)。

---

① [美]孔飞力:《叫魂:1768年中国妖术大恐慌》,陈兼、刘昶译,生活·读书·新知三联书店2012年版,第137—138页。

② 汉宝德:《中国建筑文化讲座》,生活·读书·新知三联书店2006年版,第27页。

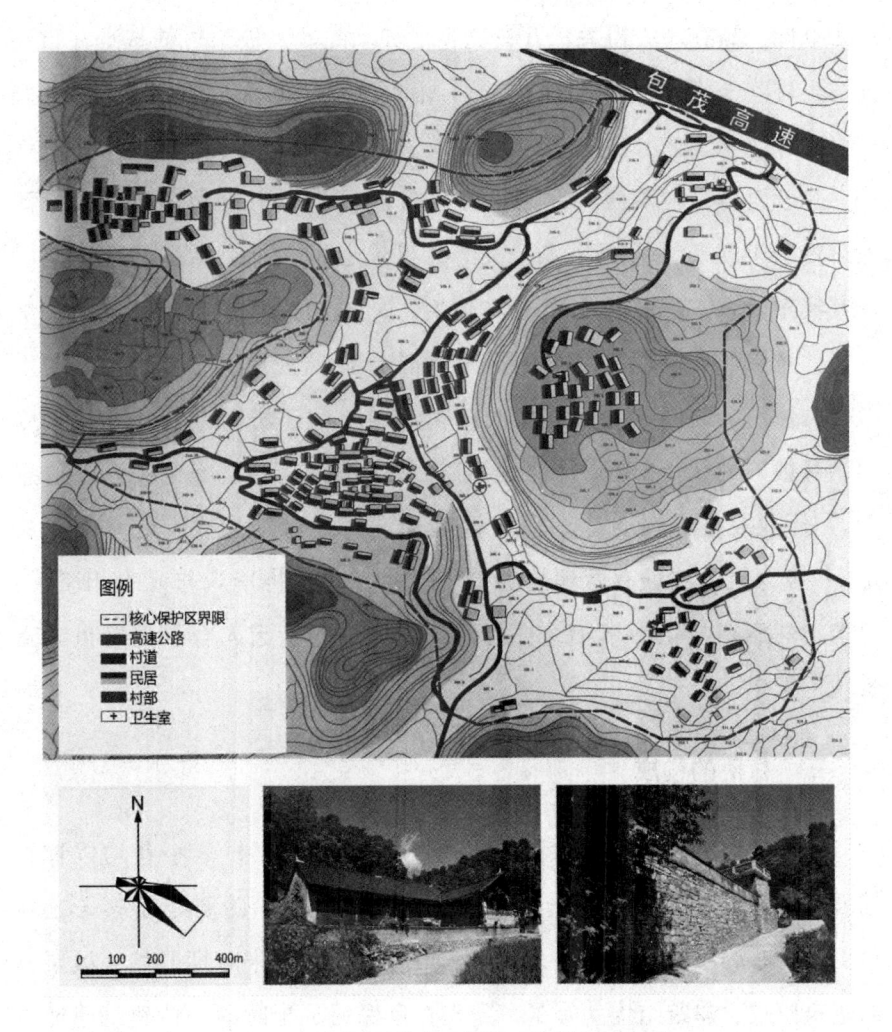

图 2−3　板栗村传统民居核心保护区现状①

　　板栗村错落空间变化韵味有致，建筑色调朴素淡雅，村落古建筑与村内部分石坎阶梯相连，山林郁郁葱葱，与石板栈道有机相融。整个村落的格局由自然山体、农田、山林、传统建筑群落和巷道等要素构成，形成了独具特色的"群山环绕、建筑成群、巷道通达"的传统村落格局

---

　　①　图片来源：段周德《花垣县排碧乡板栗村传统村落保护规划》，湘潭市建筑设计院，2014年10月。

（见图2-4），体现了湘西传统村落人居环境营造方面的杰出才能和成就，就有很高的历史价值、艺术价值、科学价值。

图2-4 手绘板栗村民居

板栗村山上长有茂密的枫树林。村民就地取材，经改造后结实挺拔的树干成为屋梁。房屋大都依山而建，一片片、一排排错落有序，一栋栋木质吊脚楼穿插其间，保存完整的木质吊脚楼有五六百年的历史。村中尚存的几座四合院，依然有着古朴的气息，据说是明清建筑，精心雕刻的木窗可见以前大户人家的富贵痕迹（见图2-5）。如今，这些风格独特的建筑群是研究湘西乃至我国建筑史、近现代史、经济史、宗教史等方面的重要物证史料，更是对青少年进行爱国主义教育不可多得的文物教材。这些传统民居建造艺术独特，风格各异，独具魅力，具有深厚的历史文化底蕴，囊括了湘西数千年建筑历史文化的精华，极具历史保护价值和观赏价值，能让人们感受这片神奇土地带给他们的心灵震撼和建筑艺术的敬佩。苗族人民创造的精神文化因其自身的独特性，成为中华民族博大精深文化遗产中难得的文化瑰宝。

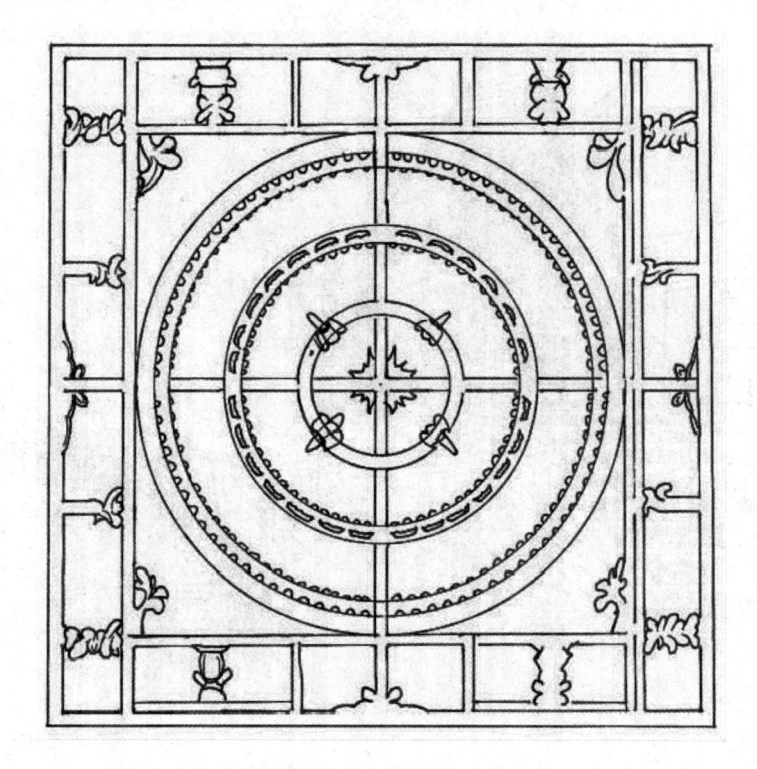

图 2-5 精致的窗花

四 村落的空间格局

苗民生活乡间，多属一个姓氏或二三姓氏的族群聚族而居。这些家族集居于高山或旷野中，依山傍水搭建属于自己的建筑住所。此种制度，当由血统部落之习惯遗传而来。所以，寨子大而群体固，人口多而势力强。在古时候，吴、龙、廖、石、麻五姓为湘西苗族大姓，所住区域几乎属于湘西纯苗区。就目前而言，吴、龙、石也是板栗村的主要姓氏。

在宗族关系意识对村寨影响的强弱上，可以用传统汉族与苗族作一个比较。通过比较可以发现，两者对宗族关系不同层次的强弱观念，形成了不同的村落空间特征。在中国传统文化中,汉族更注重家族的整体性,舍小家为大家,单体小家庭的建筑空间观念弱于家族。为此,中国传统汉族民居往往为封闭性较强的独立家族式若干院落建筑群体,如北京四合院、山西乔家大院等。它成为村落的基本范型,各大家庭院落建筑群从外部来看为一闭合空间,内部却通行自如,建筑群体中的个体小家庭建筑单元其独立性则相对弱化。苗族村寨则与此有所不同,由于个体家庭、家庭公社或父系家庭之间宗亲关系较为密切,有密切的交往互惠关系,彼此感情较浓,因此,在以小家庭为相对独立的空间单元的前提下,各小家庭之间、家庭社会或父系家庭之间仍有较强的联系性,不像汉族院落相互之间表现出分明的独立性。苗族家庭为一夫一妻制,小家庭制度发达,其成员一般不超过三代。子女成家后,即行分居,所谓"子大娶妻,别栏而居"。此外,苗族在家族层面也不如汉族强烈,村寨建筑空间的基本单位为个体家庭建筑,它们之间的相对开放性也较强(见图2-6)。①

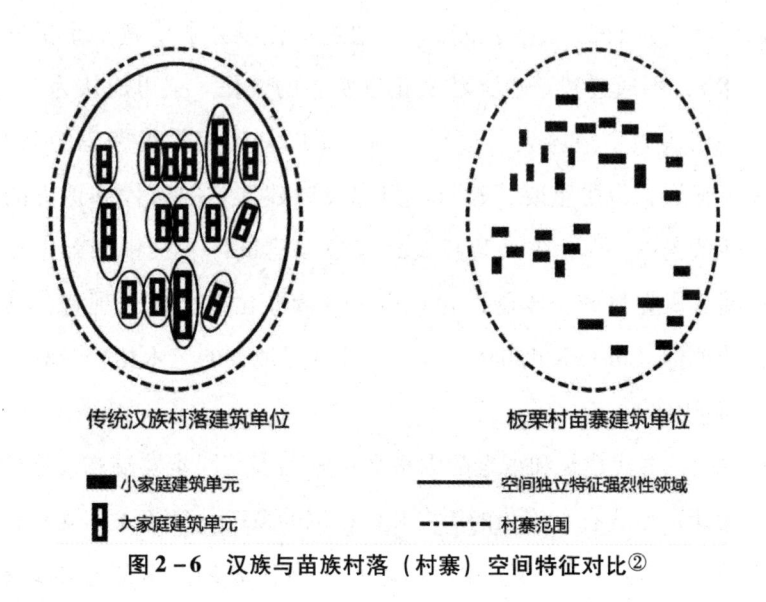

图2-6 汉族与苗族村落(村寨)空间特征对比②

---

① 高培:《中国千户苗寨建筑空间匠意》,华中科技大学出版社2015年版,第27页。
② 图片参考:高培《中国千户苗寨建筑空间匠意》,华中科技大学出版社2015年版,第28页。

宗族秩序，在意识形态上促使族群具有强烈的统一性，各群体同根同族，创造出共同的文化成果。在建筑营建方面亦能形成统一的群体意识。板栗村苗寨传统建筑建造匠意大致相同，各单体建筑虽各有不同，但在总体风格、材料、结构、尺度、体量和生成逻辑上较为相似，达到了变化与统一的有机融合。

第二节　建筑营造

建筑是文化的具体反映，一个民族的文化特质不可避免地表达在建筑上面。建筑物虽然是实质的，但它能暗示或揭示的包括了生活的全部，文化便自在其中。世界上不同的民族、不同的国家，就有面貌各异的建筑，原因在于它们的文化有差异。不通过文化没办法了解一个民族的建筑（艺术），不通过建筑也无法真正欣赏它的文化。梁思成认为："建筑是人类一切造型中最庞大、最复杂的。所以它代表的民族思想和艺术，更显著更强烈，也更重要，建筑上可以反映建造它的时代和地方的多方面的生活状况……"[①] 在《为甚么研究中国建筑》一文中，梁思成很清楚地说明其研究目的：本国的建筑实为民族文化之显著表现者，其不单是历史的地标（historical monument），并且是地方的艺术精粹及独特文化（local color）。[②]

在中国，古代建筑和古老的中华文化差不多是同步发端和发展的，其建筑（设计）形式有着悠久的历史和极稳定的系统。建筑尤其受到礼制较大影响，被认为是礼制的物化。在以孔子为代表的儒家思想的统摄下，

[①] 梁思成：《建筑是民族文化的重要证据》，《重庆建筑》2003年第6期。
[②] 梁思成：《为甚么研究中国建筑》，《梁思成全集（第三卷）》，中国建筑工业出版社2001年版。

"礼"成为2000多年来中国传统社会用来维护社会秩序、规范人际关系和伦理道德的手段。在这种制度下,建筑也脱离了功能要求,而成为社会等级的象征。这集中体现在古代建筑重人伦、讲究空间秩序上。古代传统建筑的群体往往以轴线的方式组织空间,空间结构往往与社会中的等级结构相对应,分为轻重主次,使空间秩序井然有序。梁思成在《图像中国建筑史》(2001)中,就使用了"the Chinese order"一词去界定中国建筑最基本的制式。

一 建筑风貌与特征分析

中国民居的最早形式,一为巢居,一为穴居。在远古时期,人类主要利用天然的树洞、山洞作为栖息的场所。后来随着农耕的发展,家畜饲养的出现,以及在社会组织方面由氏族部落向家族、家庭制度的过渡,居室在外构制上发生了一些明显变化,居住民俗逐渐丰富起来。① 聚族而居是中国农村的主体结构,在此基础上形成了不同的历史文脉、风俗民情、民族特色和地方风貌。

板栗苗寨四面环绕苍翠的大山,进村就有一块开阔平地。村落的朝向应是依山脉风水而定,石头垒成的小路就着山势蜿蜒曲折,通向寨子里的一户户人家。用石头、木板、竹条造成的房子,处处显露出宁静和陈旧。当地人因地制宜,用石头垒墙,以木材做柱,覆以青瓦屋顶,甚至有糊上牛粪的细竹条编织成的墙。建筑经过岁月的洗礼,木头都已变成棕黑色。苗族老太坐在家门口乘凉,苗族大爷赶着老黄牛,一步一步走过石板路,转身就消失在屋角。不论你站在寨子中的任何地方,窗户、天井都能够充当取景框。四面的山峰掩映进来,构成了一幅绝妙的风景画,且每户人家的景色都尽显风采(见图2-7)。

---

① 张士闪、耿波:《中国艺术民俗学》,山东人民出版社2008年版,第105页。

图 2-7　板栗村的建筑群

板栗村传统村落的建筑无论历史多久,都不同于一般意义上的古建。历史建筑属于过去完成时,乡土建筑是现在进行时。所有建筑内部都有村民居住和生活,也在不断地修缮和翻新。所以,板栗村的民居不会是某个时代风格一致的古建筑群,而是斑驳而丰富地呈现着其动态的嬗变历史进程。它的历史不是滞固和平面的,而是活态和立体的(见图 2-8)。① 经过对板栗村传统村落现存建筑的详细调研后,如果以年代来进行划分,板栗村的建筑风貌大致可以分为以下三类。

第一类,历史建筑:指建于 1949 年前,建筑采用传统建筑材料,按照传统的建筑方式修建而成,风貌与传统村落内整体风貌协调一致的建筑类型。

第二类,传统风貌建筑:指 1949 年以后所建,与历史建筑在建造材料、建筑手法和建筑风格上保持一致的建筑类型。

---

① 冯骥才:《传统村落的困境和出路》,《中原人文研究》2014 年第 2 期。

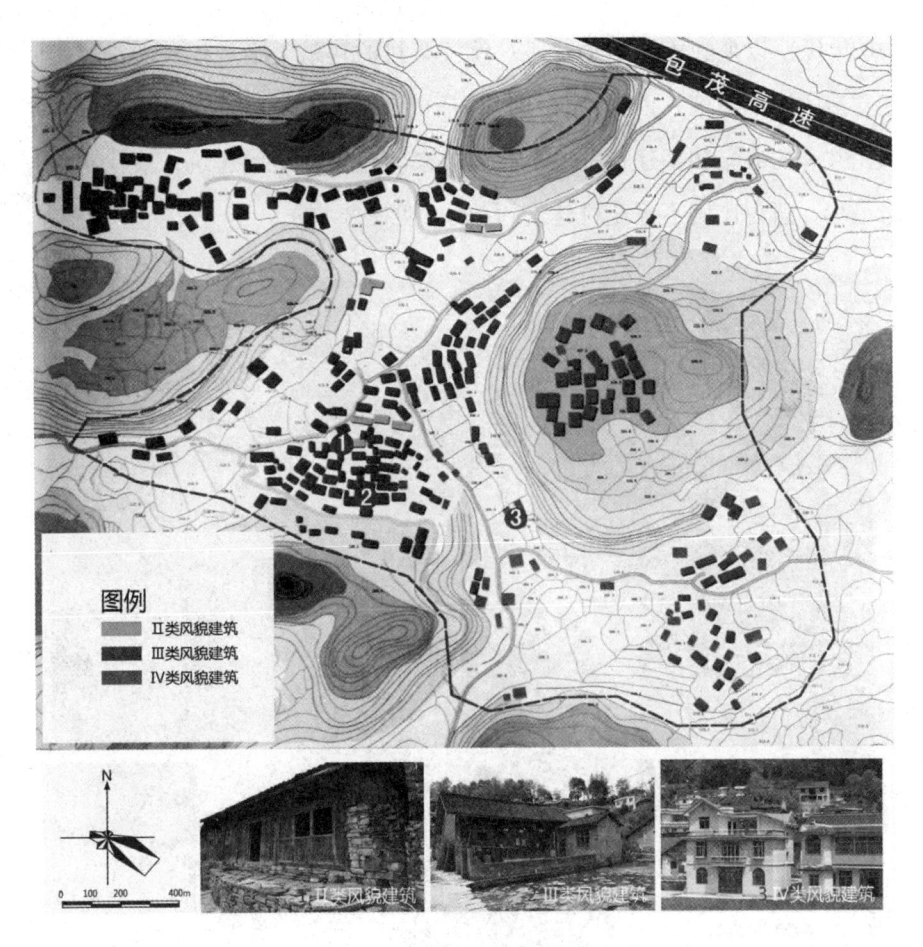

图 2-8　板栗村建筑风貌评价图①

第三类，其他建筑：指 1949 年以后所建，与历史建筑和传统风貌建筑相对而言的现代建筑，采用现代建筑材料，按照现代建筑方式修建的建筑类型。

进一步而言，板栗村的民居在建造年代时间跨度上基本是从清末民国直到当代。根据建筑风格的演变，可以把建筑年代划分为清代建筑、民国建筑、中华人民共和国成立初期（20 世纪 50—70 年代）建筑、改革开放

---

① 图片来源：段周德《花垣县排碧乡板栗村传统村落保护规划》，湘潭市建筑设计院，2014 年 10 月。

(80年代)以来的建筑四个阶段。就板栗村的建筑类型规模来看，民国时期建造的民居最多，占整个板栗村民居的2/3，其余从多到少依次为中华人民共和国成立初期建筑、改革开放以来的建筑和清代建筑，清代建筑存量最少，所占比例不足全村建筑的4%（见图2-9）。

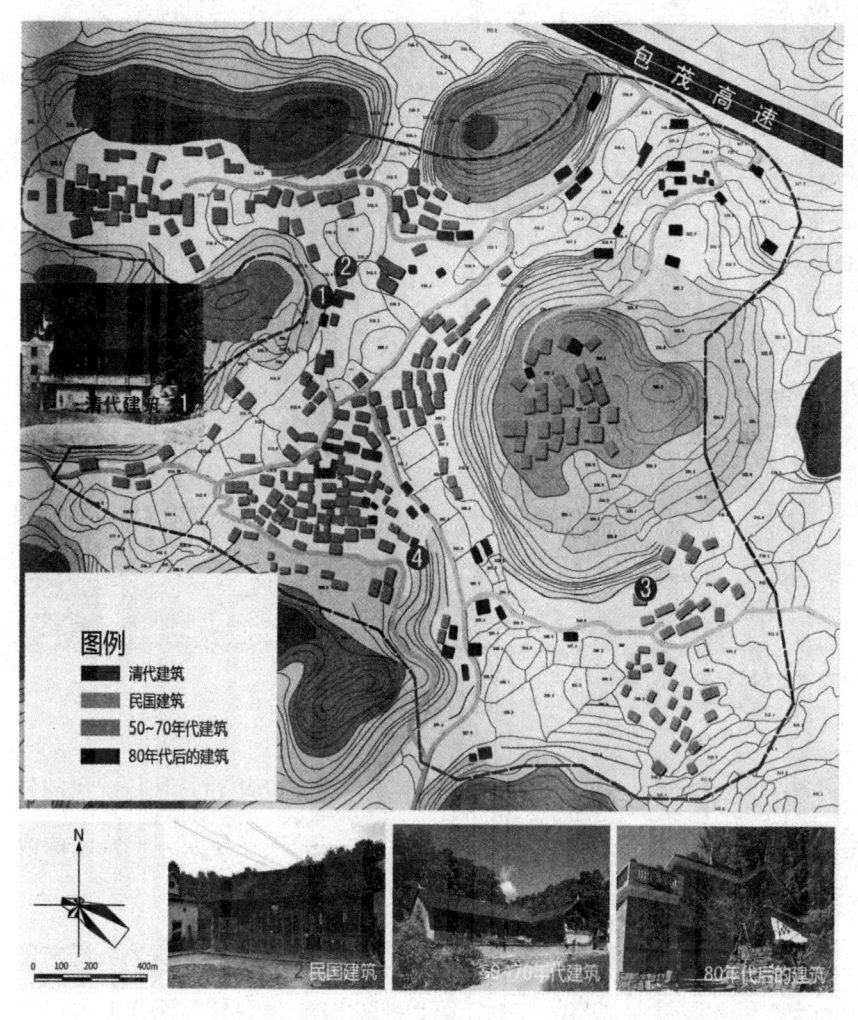

图2-9　板栗村建筑年代分析图①

---

① 图片来源：段周德《花垣县排碧乡板栗村传统村落保护规划》，湘潭市建筑设计院，2014年10月。

二 房屋形制、结构与用材

板栗村是苗族传统村落空间历史遗存的缩影，凝聚了苗族劳动人民的勤劳与智慧。全村目前现存苗族古建筑民居213栋，约640间，建筑多为凹地式和穿斗抬梁式结构，青瓦屋面，翘角飞扬，其中以石连华民居和石兴邦民居为代表（见图2-10）。

图2-10 板栗村民居

房屋形制方面，全村75%的村民居住传统的瓦木结构木房（见图2-11），现存有吊脚楼8栋，有传统雕格门窗的45户，明清时代四合院2栋。板栗村目前有几栋老房子有500年的历史。在板栗村里，村民住房一般分正屋、仓楼和厨房。它的摆设，有的呈直角形，有的呈"品"字形（凹地式）。四代同堂的住户有成"井"字形。以上屋为首，三面配备相仿，中间留一天井，庭院周围用石块筑一围墙，进出口立一槽门（也叫大小门）。由于板栗村地处湘西山区，木材丰富，村民历来喜欢建木房，木结构居所十分普遍。木房为全木结构，木柱、木梁、木壁、木窗、木门、木地板，屋顶盖瓦。"三柱四棋""四架三间"的木结构穿斗式房屋是板栗村民居中使用较多的一种。"三柱四棋"是指房屋侧面两个转角的两根立柱和从房顶到地面的一根立柱加起来共三根主要立柱，每两根主要立柱之间又有两个次立柱。"三柱六棋"型房屋架构则以此类推（见图2-12）。"四架三间"

图 2-11 传统木结构民居

图 2-12 "三柱六棋"型房屋架构

中的"架"不是指屋架数,是指由前后左右四堵墙(不含隔断)组成的三个住宅空间,几架就是几堵墙的意思。

此外,房屋的高、宽、长度总离不开八、九两个尺寸,把八、九作为发祥的技术,叫作"九有八发"。如高度为一丈九尺八寸,它的宽和长也要有九和八的尺寸数。门窗也有它的规定，总分为"财门"和"生门"。财门指的是正堂屋的大门，又叫"天屋门"。堂屋门要高大宽敞，以示财旺。"生门"是指有生育能力的夫妇住房门，它在尺度上也有一定的要求，以利于生儿育女。

尽管传统建筑大都采用木质结构，但多半已经年久损毁。从现有住房群落来看，多半是木构架镶砖形式，从外面来看，俨然一排木质构造景象。当然，也有少许村民在祖业上盖起了砖房或小楼。板栗村民居有着苗民房屋的典型特征。就传统家庭建筑而言，一般是两层，上层类似阁楼。苗家房屋，前后出檐较大，分"飞檐""子檐"和"水檐"三种。堂屋门前有意留下一片空地，使堂屋门处两侧，檐柱与金柱①之间，形成一个凹形"吞口"，大门退至金柱，左右两侧板壁装齐檐柱，与大门地面和台阶连城一片，呈"凸"字形，苗家人成之为"籽蹬屋"（见图2-13）。②

图2-13 板栗村新建民居

---

① 外檐柱以内的一圈内柱。
② 张芸芸：《湘西传统民居建筑符号及其现代演绎的研究》，硕士学位论文，湖南大学，2010年。

板栗村苗民房屋格局多以三柱四棋、四架三间为主，这类房屋中间为正屋，两边为厢房，或左配厢房右配吊脚楼；或厢房旁边再搭建偏厦（见图2-14）。每间房屋以中柱为界，分为前后两室。头间前室一般作起居、客厅之用，房屋地面架空离地约一尺高安装木地板，内设火塘。头间后室进深不过三"步"左右，是为卧室，居左为尊。

图2-14　板栗村一般民居结构

　　房间的安排分主次，旧时严格遵守传统的"阳尊阴卑"管制，座次有序，尊者居中，卑列两旁。正中为堂屋，最尊，不作起居，是敬奉祖先的地方（见图2-15），也是一家团圆、过节或举行请客聚会的中心场地（见图2-16）。过去，苗民祖先一般围坐在火塘边，后来受汉文化的影响，也多在堂屋正中立神龛，放置"家先"牌位，有的用木牌刨制，也有用红纸张贴书写。牌位正中竖书"天地君亲师位"六个大字，两边正楷书写某氏祖宗、某某神灵等。长辈住在正屋，晚辈住仓楼。

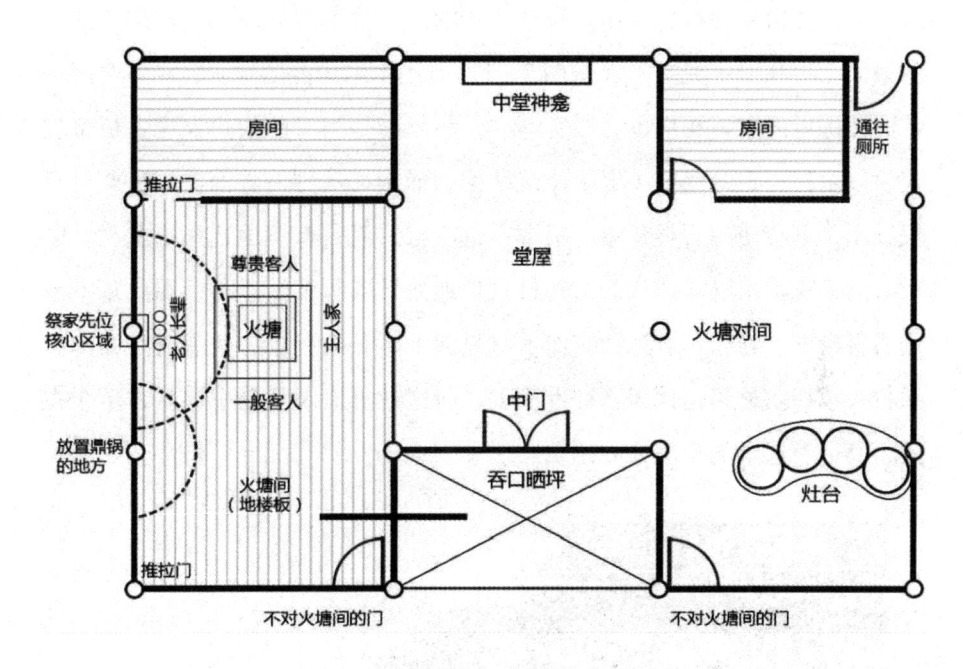

图 2–15 湘西板栗村传统民居平面图①

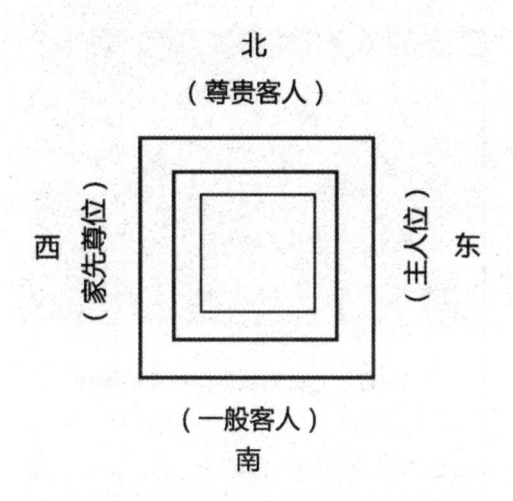

图 2–16 湘西板栗村待客座次图②

---

① 汤诗旷：《苗族传统民居中的火塘文化研究》，《建筑学报》2016 年 2 月。
② 同上。

在营造房屋的材料方面,较早一些的民居是木结构的,也有用竹条编织的墙面,再和以牛粪抹平(见图2-17)。用木结构盖的房子,成本会高一些,盖房者的家境相应也会殷实一些,一般会是当时的大户人家。板栗村建筑以木材为主的用材决定了建筑结构和形制。从另一方面看,板栗村村民并不是不会使用石材建屋,根本不缺石材,而是有意地选择了木材。已故台湾建筑学家汉宝德认为,石材只是地面下或脚下的建材,因此墓室是用石材砌成,它暗示着死亡。而木材是向上生长的树木,代表着生命。板栗村人选择木材只是代表一种价值观,而这种价值观就是中国从古至今在建筑营造上追求的有生命的建筑。①

图 2-17 竹条编织牛粪抹平的墙面

随着技术的进步以及生态环保的需求,板栗村近代的民居建筑一般采用木架构与青砖砌成的墙面围合而成的形式,取代了以往纯用木材的形制。近年来,随着村民们生活愈加富裕,部分村民还盖起了用钢筋混

---

① 汉宝德:《中国建筑文化讲座》,生活·读书·新知三联书店2006年版,第27页。

泥土筑成的小洋楼。不同时代的建筑放映了那个时代的建筑风貌，动态地呈现了板栗村建筑营造的发展历史。各式各样的建筑形式构成了一种复杂的文化现象，对此，任何单一的解释都无法以偏概全。然而，无论有多少种解释，都得面对同一个主题：抱持着不同生活态度及理念的人们，如何去应对不同的物质环境。我们认为，建筑形式作为建筑的外在表现，总是以一定的文化形态为中介的。从文化的视角来考察建筑形态的变化，才能使我们认识到各种要素，其中包括自然因素和社会因素、物质因素和精神因素、物的因素和人的因素，它们是怎样介入建筑的营造中去的，它们之间又是如何结合在一起的。建筑营造中不同特性的互补和交融便是一种文化整合，它使建筑营造不断吸收着整个人类文化进步的各种积极成果。

第三节　传统村落保护：问题与对策

一　主要问题

从生态环境和传统村落格局来看，目前板栗村山体环境格局保存较好，周边自然山体未有破坏，但植被生长不如以往好。具体说来，近年来村民的生活较以往有较大改善，村落里新建了一些现代民居，但与传统村落风格大相径庭。部分建筑立面陈旧，视觉效果较差。虽然传统村落遭受到了一定程度的破坏，但仍旧保留了体现传统村落特色的老民居建筑，村落整体风貌保存较好。建筑、古井、石板路、门楼等历史遗存类型较多，具有较强的审美价值。

在传统村落保护的问题上，板栗村还存在以下三个问题。

第一，认识上不到位，规划、保护、利用的意识淡薄。由于历史原因，板栗村传统村落在保护方面一直没有受到应有的重视。加之，长期以来从未编制过有关与传统村落保护有关的规划，因此缺少对其保护的宏观指导。即使 2014 年村里请湘潭市建筑设计院做了一套完整的传统村落保护规划方案，却一直尘封未动，石沉大海。直至 2016 年，板栗村才初步启动了村落形象规划，仿照毗邻的十八洞村做了一些村落旅游导视设置，以带动板栗村民俗旅游的发展。此外，板栗村传统村落有着悠久的历史文化资源、丰富的历史建筑遗存，但这些珍贵的资源长期以来没有得到有效的宣传、保护和再利用。当然，再利用并不等于去开发。"再利用"是指在村民正常生活起居的基础上，在确保历史真实性和发挥其村落文化的精神功能与文化魅力的前提下获得经济收益。开发则是为赢利而进行的纯粹的商业行为，这很有可能会对传统村落民居妄加改造，造成破坏。

第二，部分历史建筑产权不明，无人管理。多年来，花垣县在对待板栗村传统村落的保护和利用上，一直没有实质性的动作，远远落后于其他地方，更不及后来居上的凤凰古城。2010 年，花垣县人民政府就组织编制了《花垣县旅游产业发展总体规划》（2010—2020 年），该规划对板栗村镇做出了较高评价，并要求"对板栗村镇旧城区改造要统一规划，尽可能恢复和保护原貌，整旧如旧，体现传统古村落特色"，但实际行动上却非常迟缓。中华人民共和国成立后，很多历史建筑由于产权不明，出现无人管理的状况。反倒是一些民居，如石连华民居、石兴邦民居、吴文进民居等，由于是村民自己的房子，受到的自然破坏还不是那么严重。

第三，资金上支持乏力，导致建设性破坏。房子的翻新或重建是根据人们的物质生活需要而建起来的，但为什么这几年突然出现这么多砖房子，一个是因为以前的房子老了，且由于村民的从众、享乐思想，想享受城市那种生活，外出打工回来后就把自家旧房子拆了，建了一些砖房。20 世纪 90 年代末，板栗村基本没有这种砖房，就是最近十几年来才有的。政府对这些比较有规模的古文化的村落一定要采取措施，首先要有计划，要做工作，再一个是有资金投入。尽量减少老房子的拆除，该维修就维修，帮助村民拿出资金来维修。如果有些房子很老很旧了，可在传统村落附近另辟新址，这样才能使村落完整地保存下来。这是较妥当的措施。

现在板栗村已经有那种在古民居原址上扒掉了重盖新楼的现象。把上百年的房子拆了，建了新房子，从一些乡亲心里来说是非常难受的。现在政策迟迟不能下来，说了很多年，板栗村要保护，但是一分钱也没有。既然没有经费支持，老百姓就有怨言。政府既让村民保护古建筑，但是老房子漏了要添瓦，房屋檩子坏了瓦就坏了。村民既然有这个钱，政府在资金上也不投入，那村民为自家生活条件改善而言，当然就有理由拆了重建新房。因为就普通村民而言，他并不一定具有历史文化遗产保护的意识，所以很多事情上政府确实强调了很多，文件也有，就是缺配套资金支持。

此外，由于缺乏保护规划和保护措施，加上部分工作中的短视行为，一些极具保存价值的历史建筑不时被人为拆毁，改建成与历史建筑群极不协调的现代建筑，破坏了传统村落的整体建筑风格。

二　对策建议

村落文化离不开"建筑"与"生态"两个名词。在新时代的环境下，古村落的建筑保护与生态文明建设早已提上日程。在板栗村，其具有民族特色的传统建筑亟须得到保护。应从实际出发，从保护和利用历史文化遗产和精品旅游资源的布局着想，在全面保护板栗村传统村落风貌和历史建筑的前提下，坚持"保护为主，合理利用，改善环境，有效治理"的指导思想，加强对板栗村的空间立体性、平面协调性、风貌整体性、文脉延续性等方面的规划和管控，留住板栗村地域环境、文化特色、建筑风格等特有的"基因"，不再"千村一貌"，不再"短视规划"。要发挥板栗村传统村落的这些优势，突出特色，充分利用现存的历史遗迹、人文资源、历史环境要素，综合发展旅游事业，发展地方经济，提高居民生活水平。下面从两个角度来论述。

(一) 乡土建筑保护

在苗族人民的居住环境中,其独具苗族古风特色的建筑物不可忽视。这些民居,这些老房子,这些具有民族风情的特色苗族建筑,正遭到来自现代化浪潮的侵蚀。传统村落正以每天 100 个的速度消失,这凸显了保护的必要性和紧迫性。

板栗村的民房民居等建筑在建筑学上统称为"乡土建筑",是板栗村传统村落文化的代表之一,各式各样的建筑充满了苗族风情,带来了独特的美学和艺术价值。板栗村作为一个古老的苗寨村落,其建筑具有丰富的历史文化价值,也是传承古村落地域文化特色的重要元素。在当前村落保护规划中,如何在保障村民的正常生活基础之上保护古村落建筑成为当前的首要难题。因为传统村落不是"文化保护单位",而是生产和生活的基地,是社会构成最基层的组织单位,是广大的农村社区。它面临改善与发展,直接关系着村民生活质量的提高。因此,保护必须与发展相结合。[①]下面提出三个建议。

第一,政府和有关部门应该制定相应的法律法规和监督机制。板栗村具有民族风情的乡土建筑应该正式纳入法律、法规的保护当中,同时对政府工作人员的行为进行规范。法律是最公平的裁判者,对于强制拆迁具有板栗村特色的乡土建筑的政府工作者,应严惩不贷。这样能在很大程度上制止政府强制拆迁的行为。基于村组织的盲目利用,政府应该对其行为进行管制。村组织的行为出自有利于板栗村的目的,但是没有采取正确的方式。如同现今很多父母,他们想给孩子最好的生活,却用了不正确的方式,反而带来了不好的结果,最终伤害了孩子。在没有专业建筑人才和资金短缺的情形下对其进行盲目的利用,尽管出发点是好的,但是给乡土建

[①] 冯骥才:《传统村落的困境和出路》,《中原人文研究·传统村落专辑(总第 2 辑)》,中州古籍出版社 2014 年版,第 6 页。

筑带来几近毁灭性的破坏。这时，就需要比村组织更高一级的乡政府、市政府、省政府甚至中央政府出台政策来进行监管，绝不能置之不理。这样一来，保护板栗村的乡土建筑便有了希望。

第二，基于维护和修缮技术的不完善，板栗村应该引进外来现代化的技术手段。这对于整个板栗村都是一个很好的学习发展机会。也许外面的优秀建筑人才不愿意"走进来"，但板栗村的村民可以"走出去"，由村组织或者政府出经费，派遣村内原先的建筑修缮、维护人员"走出去"学习先进的建筑知识，学成归来后为板栗村造福。这样，板栗村中被村民弃置的乡土建筑就有了很大的可能性被恢复原先的历史面貌，居住或观赏皆成为可能。

第三，基于村民对新民居的需求，应该采取"取长补短"的措施。这是十分重要的一条措施，也是最行之有效的措施，因为生活在板栗村的大多数人是普通的村民。村民拥有了最多数量的乡土建筑，没有人能对村民的私有财产进行处置，只有采取符合大众心理的措施才能保证其有效的结果。板栗村村民对新民居在审美追求或者硬件条件追求直接导致了破旧不堪、硬件条件落后的传统乡土建筑不受待见。实际上，具有乡土民俗风味的乡土建筑是极具艺术美感的，审美价值极高，但是板栗村村民并不觉得他们祖祖辈辈就建起来、世世代代就居住的房子有多美。这从美学的角度上看是"审美距离的消弭"。"距离说"认为，距离对美产生了很大的影响，这种距离分为空间距离和时间距离。空间距离会让人们相同的审美对象产生不同的审美心理。如同大多数的人觉得西湖很美，但是居住在西湖的人们并不觉得西湖美，因为他们天天看西湖，长年看西湖，就没有了那种惊艳的美感了，所以板栗村不觉得传统风俗建筑之美也是情有可原的。板栗村的乡土建筑在硬件条件上确实是很落后的，墙壁、大门、厕所等一应事物都是最古老的，这给板栗村村民的生活带来了极大的不便，所以，板栗村村民对新民居的硬件条件追求是合乎情理的。综合板栗村村民对审美和硬件条件的追求，在审美维度之上，应对板栗村村民进行"保护传统乡土建筑"知识的宣传与教育，提高当地村民对自身村落文化的自爱与自信。让村民们知道，他们的祖祖辈辈世代居住的房屋具有文物价值，是很珍贵的，不应该随意破坏、弃置或者改建，否则会给国家和他们个人带来损失。在硬件之上，应取外界硬件设施之长以补传统民居之短。兼具实用性和审美性的外界建筑的硬件设备外形美观，且最大限度地方便人们的生活行为。应在保持乡土建筑的文物价值和审美价值的基础之上引入先进的建筑设备。这样一来，不仅改善了板栗村村民对物质生活条件的需要，也能最大限度地满足他们的心理需求。

保护传统村落并不意味着原封不动，但没有统一规划的村舍自行建造，给板栗村的传统乡土建筑风貌带来了巨大的破坏。对乡土建筑保护和发展来讲，顺应传统，延续文脉，保留历史的底色，是历史文化传承过程中最应该明确的责任（见图2-18）。面对村落建筑历史遗迹的快速消亡，如何传承并建设起历史底蕴厚重、综合功能完善的乡村人文空间，还需要更加有力的举措。

图2-18 板栗村鸟瞰

(二) 可持续发展

板栗村作为传统村落的可持续发展应注意以下四点。

第一，坚持"不变的材料、不变的结构、不变的格局、不变的风貌"，保护好板栗村的历史建筑、人文景观、传统民俗等历史文化特色，保持村落巷道空间尺度不变。在未建房或破旧危房、临时用房等地段应禁止建或少建与传统村落风格差异明显的新房。原有风貌较好的建筑在修缮、翻建时，必须做到修旧如旧。

第二，采用小规模渐进式改造。板栗村属于典型的苗族村寨，村落所在地就是苗族文化的外在显现，其保护的意义与尺度与汉族村落的保护不尽相同。小规模改造的灵活性使传统街区符合"人的尺度"，这种渐进式改造为村落提供了一个可持续发展的机会，做到与社会、经济相协调，与历史、环境相融合。

第三，充分挖掘板栗村传统民俗、饮食中蕴含的神秘湘西文化，真实展现板栗村不同时期的文化遗存及其风土环境，利用地方特色的旅游纪念品和土特产品，推动第三产业的全面发展，增加新的就业机会，从而给整个村落发展带来活力和生机。

第四，改善板栗村公共服务和基础设施条件，提高原住民的生活质量，做到"水清天蓝、环境优美、交通便捷、设施现代"。充分尊重原住民的生活习惯与生活意愿，促进板栗村和谐健康发展。

可喜的是，近年来人们对历史文化遗产保护的认识有了很大提高，特别是随着旅游产业的蓬勃发展，湘西州先后启动了文化旅游、文化遗产保护工程等项目建设，如凤凰县的古城保护与文化旅游、乾州传统村落的恢复、里耶传统村落和王村传统村落的保护与治理等，都取得了很好的成绩。传统古村落作为重要人文旅游资源得到了人们的广泛认同，传统古村落的领导和社会各界也越来越重视村落的保护与发展工作。

第三章　板栗村村民的家居及日常器用

保罗·奥利弗曾对房屋的理解是，所有的房屋都是住宅，但并非所有的住宅都是房屋。居住一般是指生活在一个地方的里面、上面或周围。从物质的层面上看，房屋是住宅的一种最常见的形式。通常来说，人们如果要建立一个家，就需要有固定生活的房屋，在这个房屋内有血缘关系的亲人共同生活。

在住宅中，建筑内部的空间是人们生活的场所，内部空间的布局、室内陈设、装饰、家具、工具器用等，都为人们的日常生活提供物质层面和精神层面的保障，从最原始的为人们遮风挡雨，发展到现在除了基本居住功能以外，渐渐把住宅当作彰显审美、个人信仰、阶级身份等的象征物，能够表现出经济的发展和人们价值观念的变化。"住宅是繁衍后代、工作、社交和休闲的场所，它使家庭中的人际关系变得活跃起来，而且往往超出一半家庭的界限扩展到广大的社区中。"[①] 建筑模式、室内空间往往能够表达出一个家庭、一个群体乃至一个民族的生命观、文化观和价值观，那么我们也能够从这些外显的物质形式中，研究探索出生活在其中的人们的精神文化内核（见图3-1）。

---

① 那仲良、罗起妍：《中国人的居家文化》，新星出版社2012年版，第5—6页。

图 3-1 板栗村传统民居（1）

第一节 室内空间与布局

　　室内空间由面围合而成，围合形成的内部空间，是人类生活的场所，顶面、地面和墙面则分割了室内部分和室外部分。室内空间类型多种多样，依照使用功能的不同和使用对象的不同，能够分为人的生活空间、动物的生存空间和物的储藏空间。这种类型的布局功能分明，目的明确，既能够让人、物、牲畜在大的室内环境中共同相处，也能保持相对独立、互不干扰，以满足居民日常的生活、生产需要。

　　板栗村家庭经济是依靠家庭成员以及居住附近的亲人朋友相互协作，共同从事农业生产。即使随着现代经济的发展村中存在年轻劳动力外出打工的现象，这种传统的家庭经济模式依旧是板栗村的主导。几代同堂共同承担家中的经济开支，共同承担家中的日常劳务，在室内布局中表现为集体共用的厨房以及公共卫浴间等。板栗村的房屋能够满足几代人的需要，在普通家庭中祖孙同堂的现象十分常见。

相比之下，汉族家居模式则日趋西化，多媒体的发展把全球性的文化以及各种生活模式传播给人民，汉族人的生活习惯也根据时代的变化做出了一系列的调整。核心家庭逐渐取代几代同堂的大家庭，已婚的夫妻带着孩子在外独自成家，与长辈以及其他兄弟姐妹分离开来。与传统大家庭相比，核心家庭中家庭成员数量减少。从空间上看，核心家庭的成员与其他亲人之间紧密的空间联系已经打破，个人的独立性不断增强。传统家庭中依靠家规、长幼有序等观念维持下的秩序，在现在看来是拘束、强迫的。在新的核心家庭中，家庭空间被重新分配，汉族家居室内布局中的个人空间越来越得到强调，如独立卫浴间、独立衣帽间、独立卧室等，在维持了大家共同生活的空间之下，也保留有个人空间。

一　室内布局与空间处理

"家"不单指一个遮风蔽日、生活起居的空间，更蕴含了中国传统家庭的观念，"家庭"的字面意思，是"一家子在有庭院的房子里生活"。"'庭院'的重要性，可见于中国民居的空间布局，不论是北方那面积较大的'院子'，还是南方民居中较小的天井，不论是简单还是宏伟，狭小还是宽敞，在城市还是农村，庭院都是居所的重要组成部分，即使有时候并不真正存在，但精神上维系着中国人的生活方式。"① 板栗村民居室内可分为正房、偏房、堂屋以及厨房四部分，其装饰和布局主要以满足生产、生活的基本功能为原则，室内分隔较少，几个不同功能的区域能够处于没有隔断的空间之中。堂屋是板栗村人从事家务、部分生产活动、接待客人、举行家庭的节日盛宴主要空间，也是全宅的交通枢纽；主

---

① 那仲良、罗起妍：《中国人的居家文化》，新星出版社2012年版，第174页。

要的祭祀活动在堂屋中进行，也是整个家庭中最神圣的部分。"堂屋右边一开间后部摆放床铺，中部有一火塘，前部一般用作杂物间。堂屋左边一开间一般是作厨房，也有的后部摆放床铺，中部和前部用作厨房，设有灶台等相应的厨房设施。"①堂屋空间较大，有的开设有敞堂，与退堂连成一片，连接了室内和室外部分。堂屋中采光良好，板栗村的苗民从事的民族特色活动如蜡染和刺绣等一般在堂屋中进行，与此相关的生产工具也会放置在堂屋中。

板栗村苗族居民相信苗族的文化传说，其中的鬼神文化对板栗村居民的日常生活影响深远。很久以来，村民婚丧嫁娶、驱邪避害、宗教祭祀等活动都有隆重的祭奠仪式。堂屋是整体住宅中最大的部分，板栗村居民的祭祀活动，如"吃牛""接龙"等也在堂屋中举行。堂屋是整个家庭中最神圣的地方，它联结了一个家庭或氏族的过去和未来。在重要的节日，家中的成员要为逝去的成员供奉食物、酒水、服装等，表达对逝者的怀念和感恩，而逝去的人们则为其在世的子孙后代提供保护。为了祭祀和表演的活动需要，需要大型畅通无阻的室内空间，所以住宅中空间隔断少，其分割方式主要通过地板分割、门槛分割等。例如"祭家先"的活动中，人们在民居内，把祖先牌位供奉在中间进行祭拜，需要宽敞的室内横向空间；"吃猪"的活动中，主要是在有火塘的侧屋中，祭祀的方位同"祭家先"一样，也是进行侧屋横向祭祀，同样需要室内宽敞空间。祭祀活动能正常举行的重要条件之一就是有流畅宽敞的室内空间，如果堂屋中间有立柱，祭祀活动就会受阻隔无法正常进行。火塘左侧的一般设有苗族家先神位，中柱支撑屋脊，是支撑整座房子的重要结构，象征着苗族先民保佑后代战无不胜、吉祥消灾。现在，板栗村居民生活日趋汉化，"吃猪""还傩愿"等祭祀活动已经变成节日时的娱乐风尚，远离苗民的日常生活。

---

① 柳肃：《湘西民居》，中国建筑工业出版社2008年版，第59—60页。

祖先牌位放置在堂屋正中央，其下供奉有各种食物和香炉，与汉族的传统祭祀仪式别无二致。

  在室内家具的摆放中，大多为南北朝向，向东西方向延伸，显得端庄严肃。这反映出中国人传统的"天下以我为中心"的心态，室内最重要的物品往往摆设在中心的部位，营造出对称、和谐、平稳的空间秩序感。家中最重要的厅堂部分往往处于整体室内平面布局的正中央，以体现出它在家中的重要性和地位。这种秩序感还反映在家庭成员的内部关系上。中国自古以来都遵循身份高低、长幼有序的观点，不同辈分的成员需要严格地遵守辈分关系限制下的文化礼仪，不能有任何逾越，如果家中成员做出超越自身身份地位的言行举止，将受到来自家庭或者家族的惩罚。这种严格的支配性关系原则，表达了板栗村居民对生活稳定和谐的向往，以及长辈对自身家庭中的权力和财富的强烈掌控欲。

  板栗村村民家门口常常还有一块空地，可以成为"晒场"。从功能上看，晒场是村民晾晒谷物、豆子等农作物的空间，也是村民的劳动场所之一。同时由于晒场位置的特殊性，处于连接家庭内部空间与家庭环境外部空间的过渡场所，家中成员在此围合成小圈子，共同交流信息，同时是娱乐中心，以供家中的儿童在此玩耍游戏。在晒场的活动，由于其空间的开放性，也是其他村民了解家庭成员生活的方式之一。村民在晒场的言行举止能够被外界所察觉到，村民能够借此场所表达自己的想法和生活。例如，有妇女会在晒场吵架胡闹，以表达对家庭生活的不满，希望得到外部村民的干预，从而达到宣泄以及改变现状的目的。青年男女在晒场唱歌跳舞表达自己的感情，同时这份情感被其他人所认知，以得到周围村民的支持和鼓励。晒场这一相对公共的空间，是家庭成员公共生活的见证，晒场的凌乱或繁华能够反映一个家庭的兴衰状况，是表现家庭凝聚力、家庭生命力的空间场所。

二 室内空间环境氛围营造

在板栗村日常生活中，除了家居空间的布局以外，室内空间氛围的营造同样受到居民的重视，以满足其审美需求和情感需求。人们通过室内空间环境、采光、照明、色彩、材质、家具、陈设等元素共同营造室内空间的气氛，刺激视觉、听觉、嗅觉、触觉感官，以达到心理和生理上的满足感。

板栗村民居房屋多为封闭式结构，为了打破室内空间的局限性，人们将自然景观引入室内空间，来达到天人合一、自然与人文和谐共处的特点。例如，在退堂部分连接了室内至凹廊入口，是室内与室外空间过渡相连的部分，空气清新、采光良好，能够充分地利用阳光的季节特点来自然控制室内的亮度和温度。"虚和实是中国的审美观在艺术和建筑上的表现方式，传达了有形和无形之间的相互依赖，使建筑和空地在空间构成方面都具有意义。"① 雕刻与镂空装饰结合的"门""窗"等建筑构件，也常常被用来过渡室内与室外空间。门或窗打破了建筑墙体的实体，使得室内环境与室外环境连接起来，将外界自然空间中的景色引入室内，同时门或窗的造型能够起到取景框的作用，使室外景色成为动态的图像，让室内环境虚实结合、动静结合、情景交融。室内环境的色彩主要是自然光或灯光照射下墙体、家具、地板等反射的光线组成，板栗村室内家居材质主要为石头和木质，整体色彩暗哑低沉，与门和窗裁剪的外界丰富鲜明的色彩产生的对比，使室内色彩活跃富有生机。板栗村民居地处中国西南，亚热带季风气候让板栗村夏季气候高温且潮湿，在其建造设计的过程中需要考虑通风和强光的问题；到了秋冬季节，为了保持室内的温度，防止外界冷空气的进入，人们会在镂空窗户的内部挂上不透风的窗帘（见图3-2、图3-3），或使用结实的衬纸贴在窗框的内侧，来达到保温的效果。

---

① 那仲良、罗起妍：《中国人的居家文化》，新星出版社2012年版，第58页。

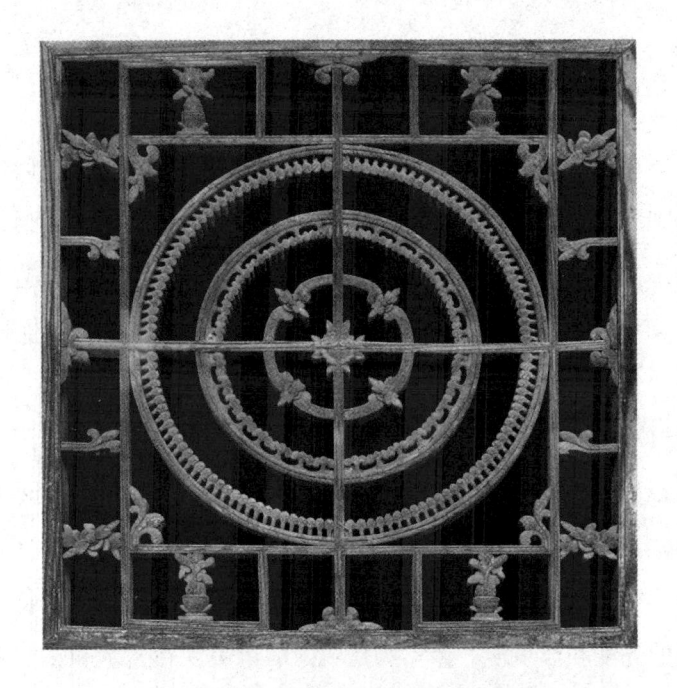

图3-2 板栗村木雕窗子（1）

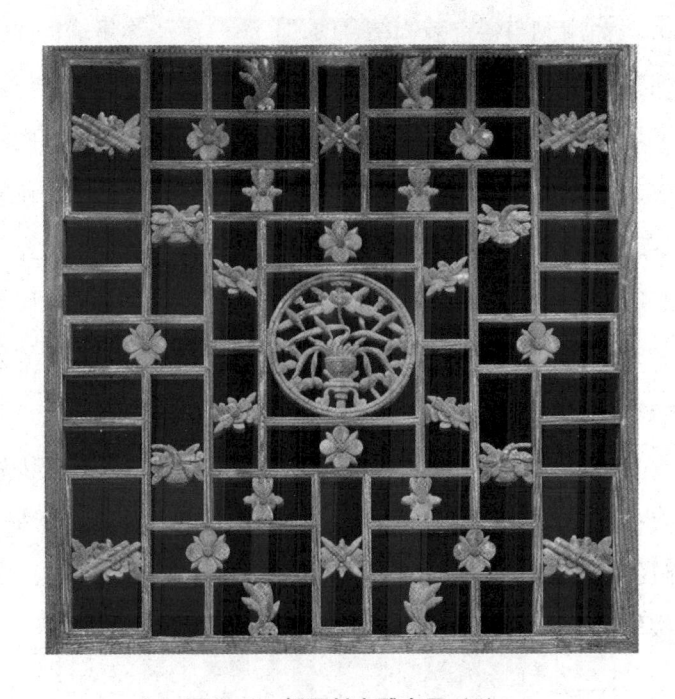

图3-3 板栗村木雕窗子（2）

三 家居装饰风格

一个地区的家居装饰风格的形成与发展,与当地的地理条件、气候条件、社会发展、生产力发展、生活方式息息相关。板栗村民居地处山区,亚热带季风气候湿润多雨,生产生活以农耕经济为主,当地的家居装饰风格具有田园风格和山林原始风格的特点,就地取材,以木质为主,制造工艺简洁,结构简单,造型朴素,风格简约、实用,富含田野乡间趣味。湘西地区多有绵延的山林特征,在板栗村当地居民的审美之中,有时可见类似山林绵延的装饰效果,具有连续的美感。板栗村的农民生性淡泊,大多过着自给自足的悠然田园生活,其日常的装饰美化都围绕着生活中最简单的事物,如家中饲养的牲畜、野外日常的作物、人们相处之间的嬉戏玩闹。装饰的效果也是简单朴素。当地居民多为农民,官宦意识、文人意识淡薄,田园生活中的农耕、饲养、刺绣、砍伐等劳动场景,常常成为其艺术装饰中的表现主题。家居装饰风格有以下四个特征。

(一) 色彩与材质特征

板栗村家具多取材于自然,以木质为主的特点使得民居家具中的色彩以木质的自然色为主,表现出居民的节俭与朴素。所谓的色彩,是建立在物体固有色的基础上,加以其身处环境的影响,共同呈现出的视觉效果。光线是呈现出色彩的第一步。板栗村民居家具的自然色,本身受其固有材质的影响。木质本身的肌理纹样变幻无穷,表现出的色彩并不单一,而是富有变化。在环境光线、温度、时间的改变下,其家具将呈现出不同的面貌,其变化深刻而复杂,使用之久却不会厌倦。

湘西地区以山地、丘陵为主,是典型的多山地区。湘西苗族居住地大多属于亚热带地区,气候温和、雨量充沛、土壤肥沃。这些有利条件使湘西山区森林繁茂,树木种类丰富,为苗民制造家具提供了充足的原材料,为特色民间家具的形成奠定了物质基础。板栗村的家具制作主要以木制为主，一般是就地取材，因地制宜，多为硬杂木如杉、松、樟、梓、竹、榆、槐、柏、栎、银杏、核桃等，具有地域特色。家具一般表面不做涂饰，表现材质本身的天然肌理，具有自然美。

中国自古以来对木材就有一种特别的执着，在与建筑构建相关的字样中，很多以"木"为偏旁的字样，与此对应，中国传统建筑用材也是以木制为主。木质结构建筑具有良好的柔韧性，能够通过雕刻等手法打造成不同的形态，以符合人们物品的具体功能要求和审美要求。中国有古语称"十年树木、百年树人"，木头的意义已经远远超出了其表面的物质功能，成为一种追求长远理想的象征含义。早在中国古代有新生儿出生，就为其种下一棵树的习俗。和人的成长一样，树成了生命、成长、陪伴的象征。

（二）图案与纹样特征

板栗村民间器用中，水波纹常常装饰在水盆架和架子床上。水波纹象征着苗族的迁徙。苗族历史上不断迁徙。蚩尤在扩张领土的过程中，战死于涿鹿之战。随后苗族先民迁徙到长江中下游，最后在武陵山区落脚，经过了黄河、长江、嘉陵江等河流。水波纹就是苗族祖先用来记录苗族历史迁徙中途经的江河，使后辈不忘历史不忘根源。

鸟纹也是苗族民间常用的一种纹样。其中最典型的是凤鸟纹，象征着吉祥。湘西的凤鸟纹与清代凤凰纹相比，更加具有当地的特色，线条造型活泼可爱，乡土气息浓厚，并没有富贵堂皇、优雅威严的气质，更加亲近人们的日常生活。除了凤鸟纹之外，湘西还有各种其他的鸟纹图案，如山雀鸟纹、锦鸡鸟纹。山间无名的小鸟也可被用作鸟纹的原型，其形态各异，变化多端。这些形态不同的图案，是湘西苗族图腾崇拜的一种表现。有的将某种动物纹样加以艺术处理，作为本氏族或部落的族徽，区别于其他氏族。《苗族古歌》中描写道："蝴蝶从枫木心孕育出来，同水泡生下十二个蛋，由蛋孵化出世间万物。"苗族传统生命观认为，蝴蝶妈妈是万物之母。苗族最早为母系社会，蝴蝶纹样和卵形纹样一般成对出现，富有生机，体现了苗族人的生殖崇拜信仰，以及多子多福的传统观念。

苗族祖先蚩尤也是常见的图案纹样，是苗族巫文化的象征。在"苗族蚩尤神话"中把蚩尤描述为头戴有牛角装饰，穿着牛皮战袍的形象。可见，蚩尤的形象与牛的形象相互重叠。在举行大型祭祀活动时，象征着蚩尤的牛角银饰常常出现在苗族女性的头饰中。在家具中则常有牛角的夸张造型成对出现在椅凳类家具的靠背上。牛角图案是力量、勤劳的象征，能够庇佑苗族人们抵御强敌和逢凶化吉。

除去苗族的民族特色图案以外，中国传统的吉祥图案也受到板栗村居民的喜爱。受中国古代农耕文明以及耕读文化的影响，传统吉祥图案通过具体形态为载体，具体的形象逐步转化为特定的文化符号，能够反映出人们的世界观和价值观。吉祥图案一般取材于生活中常见的物体，图案简单明了、通俗易懂，具有吉祥幸福的内涵。通过吉祥图案的使用，表达出人们对美好生活的向往的心愿，如风调雨顺、五谷丰登、种族繁衍、家庭和睦、健康长寿、天下太平等，表达了板栗村村民内心的真、善、美。

（三）文化与宗教特征

"人类文化最基本的两个层面：一是表层文化；二是基层文化。基层文化也是下层文化，是指与民众生活息息相关的民俗或泛称之为民俗文化。民俗文化是一个国家、一个民族共同文化的基础层或基石。"[①] 家居文化反映了人、物、环境之间相互的影响。家具作为一种产品，其存在不仅仅是为人所用，达到其使用功能，同时也是作为一种具体物质的媒介，反映了人、物、自然、社会之间的关系，是种种意识形态的具体表现，体现了其使用者、制造者整体的精神面貌。

早期苗族在历史上多次遭受战争的失败，不断朝山区迁徙，具有较大

[①] 柯玲：《对外汉语教学的民俗文化思考》，《云南师范大学学报》（对外汉语教学与研究版）2006年第4期。

的流动性和不稳定性，使得苗族内少有大型、高型家具，家具的设计和制造上有轻便易于搬迁的特点。后期随着时局的稳定，苗民的生活日趋安定下来，展开了稳定的农耕生活，家具的质量有沉稳耐用的特点。板栗村民居家具在受苗族文化影响的同时受到了汉族的影响。尽管早先苗民的生活与汉族几乎与世隔绝，但是苗族文化与汉族文化还是处于楚文化的大环境中，具有一定的共同点，这种楚文化融合了华夏文化和巫文化，如汉文化中的"双龙戏珠""麒麟送子"等吉祥图案，在苗族的家居装饰中也有体现。在经济全球化、民族大融合的趋势下，板栗村苗民的地方文化也将不断地与外来文化碰撞和交融，在未来呈现出新的面貌。

板栗村居民深受古老苗族民间宗教观念的影响，鬼神观念深入人心。即使近年来科学教育普及，板栗村居民尤其是中老年人还是会迷信鬼神。自然崇拜是将自然的事物如花、木、石、蝴蝶等认为是神灵的化身，将其图案进行一定的艺术处理，表现在日常生活的家具装饰上，或者在重大节日进行祭祀时使用，以乞求自然生灵的保护，风调雨顺，避害消灾。图腾崇拜如水牛角等，在苗族中具有一定的象征意义。祖先崇拜则是在家中堂屋中供奉祖先牌位，定时祭拜，以表达不忘先祖、不忘历史，祈求得到祖先的支持和庇佑。种种神鬼观念能够在板栗村居民心中经久不衰，也一定程度上反映了居民对自己民族古老文化的执着固守，缺乏勇气和自信来面对当今世界科学技术快速的发展变迁，对现有客观世界探索、认知进行逃避，在宗教观念、鬼神观念制造的幻境之中寄托自身对未来幸福生活的憧憬。

（四）经济与社会

早在《论语》中就强调"君君臣臣父父子子"，等级森严的社会阶级文化早已深入人心，并且通过生活的方方面面表现出来。在家具文化中也蕴含着这种阶级、名分的社会现象，这在我国古代文献《周礼》《尚书》中早有记载。君臣、父子、兄弟、夫妇、朋友之间的衣食住行、祭祀活动等都有一定的尊卑、长幼、亲疏秩序，每个人都必须按照规定来执行。

湘西早期苗民是受到统治阶级的镇压和驱赶，无奈之下迁徙至湘西大山深处。从早期的社会阶级上看，湘西苗民是属于受压迫的劳动人民，处于社会阶级的最底端。在阶级文化的影响下，湘西苗民的家具的制造和装饰具有农民阶级的特点。板栗村居民社会等级较低，整体文化水平不高，村落经济发展落后，生产力水平低下，使得当地的家居建筑发展程度无法与苗族的富贵人士相比。于是发展出外观朴素粗犷，室内家居装饰朴素自然，具有浓厚的乡土气息和民族风情的家居特色。加上其保守型小农经济的特点，使得板栗村家具能够代代相传、经久耐用。

四 家具文化

家具是家用的器具，民间的家具主要指普通人民的生活中所用的床、柜子、桌子、椅子等一系列的器物，为人们提供坐、卧、支撑、储藏的功能。在我国广大的农村地区大多就地取材来制造家具，家具的制造水平、造型特点、艺术装饰等表现出明显的地域特点。家具的数目、功能、造型、类型、设计方式、制作水准等，能够反映某个地区在某一历史时期的社会生活方式、社会物质发展程度和历史文化特征，是当时人们某种生活方式的写照，是某种文化形态的显现，具有丰富而深刻的社会特点。同时，家具是构成室内环境的一部分，人们的物质需求和精神文化需求都能通过它得到一定程度的满足。

我国历史文化悠久，几千年来劳动人民的智慧发展创造出了各式各样的家具，其中明清家具是我国传统家具设计制造的顶峰，少数民族家居让我国的家居风格类型增添了多样的风采。板栗村家具的产生与发展，除了原住民苗族文化影响之外，汉族和周边地区其他民族历史文化也对其有影响作用，其中，汉族影响较大。因此，板栗村家具同时具有了苗族的特征和汉族的特征。

板栗村民居中的家具多由当地木匠制造，主要供社会中下层人们使用，充满当地特色和乡土气息。其生产制造具有非标准化的行为特征，一般是手工制造或半机械加工制造，具有随机性。其生产直接针对使用者，基本不存在商业化生产，并由工匠师傅按照人们的日常需求，按照传统固有的家具样式来制造，缺少创新。

（一）家具分类

对板栗村民居中的家具进行分类，首先要了解传统农民对"家"的理解。板栗村村民认为"家"是时间空间交织在一起的动态概念，家包括了其由于四方墙壁围合成的空间，也包括了处在其中的人、家具、器物、动物等。从家中家具地位的角度看，可以划分为普通家具和神圣家具。神圣家具在家中处于较高的地位，一般是祭祀和供奉祖先用的桌案、香几等。在板栗村居民的心中这类家具即使朴素简陋，但精神地位远远凌驾于其他普通家具之上——这代表的是一个家庭的灵魂和家族的发展延续。

板栗村民居中按照空间能够分为正房、偏房、堂屋、厨房。正房一般是家中重要长辈卧室，配有床、衣柜（见图3-4）、写字台等家具；偏房一般为次要卧室、储物间，配有床、储物柜等家具；堂屋则具有客厅、祭祀的功能，配有电视柜、储物柜、桌子等家具；厨房中则常配有凳、桌、柜、椅等家具。

板栗村民居中的家具，按照功能的角度分类，可以分为五类：其一，摆放类家具，如桌子、写字台、茶几、橱柜、架子等。其二，躺卧类家具，如床榻、摇篮等。其三，座椅类家具，如靠背椅、扶手椅、座凳等。其四，盛装类家具，如橱、柜（见图3-5）、箱子等。其五，室内装置装饰类家具，如梳妆台、灯台、衣架、盆架、灯架等。板栗村整体家具偏矮，坐具多使用矮凳、矮椅和矮小木墩等，配上相应的矮桌、箱柜等家具。

图 3-4 板栗村民居中的柜子（1）

图 3-5 板栗村民居中的柜子（2）

(二) 家具装饰手法

板栗村家具装饰主题多取材于自然风景、自然动物、植物、宗教传说、日常生活等主题，充满了当地民俗的气息。雕刻、漆饰、彩绘、镶嵌等方法营造出的家具装饰，给当地人民平淡的农村生活带来了美的体验。板栗村民居中的家具，体现的等级制度观念较少，更多体现了当地农村生活的特色。

雕刻是湖南民间家具一种常见的装饰手法，曾有"无雕不成器，非刻不是具"的说法。雕刻的方法能够运用在生活中各种产品的装饰之中，如公共雕塑、家具产品、珠宝首饰，等等。雕刻的种类繁多，常见的有浮雕、透雕、线雕等。板栗村家具多以木质为主，雕刻的方法能让木质家具从造型上呈现出新的面貌，从细节上表达人们对美的追求。浮雕的制作，是在木材表面上刻出凸起的图案纹样，呈立体状浮于衬底上，和平雕相比更富有立体感。浮雕需要基于木质底的性质。这意味着相对于其他雕刻手法，浮雕打造出的家具产品更加具有木质的厚重感、历史感、体积感，更加能够让人透过家具产品感受到由雕刻表现出图案的空间层次。"透雕可分为阴透雕和阳透雕两种。在木板上雕去图案花纹，使图案花纹部分透空的称阴透雕。如果把图案以外的部分雕去，使木板上仅留有图案花纹称阳透雕。"[1] 透雕的方法营造出的家具效果具有虚实对比、阴阳相合的流动感，能够打破木质家具固有的沉闷封闭，让家具获得通透灵动的生命力（见图3-6）。线雕一般指在平面上起阴线或者运用铲的形式表现出阳线花纹图案的装饰手法。线雕的顾名思义，主要能够勾勒出图案纹样的边缘形态，能够表达出外部和内部轮廓线条的流畅美和韵律美，让图案仿佛有了呼吸一般灵动自然。板栗村的木雕家具中，多表现出自然花鸟虫鱼，图案简洁明快、

---

[1] 刘忠传：《木制品生产工艺学》，中国林业出版社1993年版，第232—235页。

质朴清新，蕴含了当地人淳朴、善良的品格和对农村安宁自由生活的满足。

图 3-6　板栗村木雕窗子（3）

漆饰家具以红漆家具为主，漆中朱砂含量的多少关系到漆面的鲜亮与否，明快喜庆的色泽需要适当比例的调配才能获得：朱砂过多会低沉暗淡，过少会轻浮艳俗。人们对红色的偏好可以追溯到楚人，有文化学者解释说楚人风俗中喜好赤色。红色意味着生命力旺盛，富有活力和朝气，是一种生命的延续，非常喜庆和吉祥。在我国古老的文化中，红色早已成为文化的标志颜色，表达了居民对幸福美好生活的向往。湖南农村中旧时有习俗，嫁女儿需要用红色的家具，方显其富足和吉祥，自古也有"十里红妆"之说。

彩绘也是板栗村当地人的一种装饰手段。受巫楚文化影响，一些重大的法事和祭祀需要有宗教彩绘作为道具。板栗村的巫师作法使用的图画多为前辈交付或者自己绘画，所以大部分巫师需要有独立作画的能力。为了方便它日后的法事，一般使用丙烯颜料在布上作画。丙烯颜料可以用水稀释，便于清洁，且具有速干的特性，在绘画后几分钟之内能够恢复干燥，颜色饱满、浓重，持久性强，使得图画能够长久保存。绘画常运用石青、石绿、赭石等艳丽色彩。具体的绘画内容常常来自《西游记》《山海经》等和故事神话传说，其中想象出来的鬼神造型，主要是法师依照现实中的动物、人物为基本造型，加以组合变化，创造出新的形象。彩绘方法以平涂、线描为主，其绘画的空间法则并不遵循透视法则，而是学习了中国传统山水画的散点构图，具有中国民族特色。

始于商周时期的镶嵌也被用来装饰家具。由于镶嵌的原材质的珍稀程度各异，镶嵌的手法除了装饰美化的作用以外，还能够用来彰显使用者的身份、地位、权力、财富。一般在座椅、桌案、床榻上的局部地方镶嵌不同的材料如木、石、瓷、金银等，使得木材的色彩和材质具有丰富的效果。板栗村居民的经济水平相对于湖南城市地区较为落后，镶嵌的手法在其民居中较为少见，并不是主流的装饰手法。

第二节　日常器用

能够独立生产制造工具是人区分于动物的条件之一，制造工具是人类劳动实践的开端。器具联系了人们衣、食、住、行的方方面面，在让人们生活更加便捷有序的同时，也限制了人类的动作行为。从手工器具到如今的机械加工成品，无疑反映了当今社会生产力水平的巨大变革。板栗村民居中的器物，既保留了部分最原始的农村生活器用品，也存在符合时代潮流的新日常用品，从中我们能够看出板栗村近年来人们生活方式的变化、经济水平的波动以及精神文化的发展。

"利用简单原始器具的帮助,通过肌肉做功,与自然界发生能量交换,是典型的农民式劳动形式。"① 农民使用工具进行劳动的同时,经验和习俗不断刺激农民的身体,让农民在劳动中发生身体的变化、肌肉的变化。他们发明的农具反过来控制着农民的身体,最终农民和农具成为一体,被田间生长作物所奴役。在板栗村居民的生产劳作中,现代化的生产工具不断普及,以电力为主要能源的农业生产工具逐渐替代最原始的人力劳动,解放了农民生产力的同时使得农民的体力劳动越来越廉价,以往通过身体简单劳动和生产工具配合的生存方式在如今智能工具发展趋势下,显得格外弱势。这进一步加大了板栗村居民生活方式和生产方式的变革。我们可以发展教育,使得板栗村居民拥有更多的知识,把知识转化为生产力,从而获得生存的资本;也可以改变体力劳动的对象,不再从事农业生产,从事其他工资更高的劳动行业,以逐步实现农村现代化。

一 生产劳动工具

生产工具是人类制造的,是人类区别于动物的最重要标志。生产工具的发展水平能够用来衡量人类改造自然的程度、人类经济发展水平以及人类生产力发展阶段。从苗族生产劳动工具的变化中,能够看出其社会文化的发展变迁。早期的农具是农民四肢的延伸,增加人劳动工作的效率;后期农具的进步,除了功能之外还增加了动力装置,能够取代劳动生产中人需要付出的体力。这使得人们能够进一步从农业生产中解放出来,有了更多可以闲置的时间,从而把精力投入精神文化世界中去,使农村的科技、教育、文化取得前所未有的发展和进步。

苗族是一个以农业为主的农耕民族,苗族先民在"三苗"时期就进入农业社会。"传统农具的设计有两项基本原则,即'节约原则'和'在场

---

① 张柠:《土地的黄昏:乡村经验的微观权力分析》,东方出版社2005年版,第97页。

原则'（也就是节约体力时间，以及'当下在手'，使工具不脱离作为农具持有者的农民身体）。"① 在这个过程中，中国农民完成了身体能量的消耗，收获了农业生产进度的提升，目的是完成原始生存资源的积累和转化，从而能够在农村中生存下去。"节约原则"使得农业工具的设计和制造中原材料的浪费指数降到最低；"在场原则"表达了农民对与其生产工具、对于其私有财产的绝对控制和把握，农业的耕作生产很大一部分取决于自然气候条件，然而大自然的变化并非农民能够调整控制，所以对生产工具的操控和把握是农民获得农业生产控制的一种必要的手段。由于苗族的文化深深地扎根于农耕文明，所以农业生产的状况对苗族社会生活的方方面面都产生了极大的影响，苗族的传统农业发展主要分为火耕、锄耕、犁耕三个农业阶段。

采集是农业的补充。苗族早期使用的采集工具十分简陋，如简单的石头和木棒就能被拿来使用。后来渐渐出现了青铜器、铁器，使得苗族的采集工具不断丰富起来，到中华人民共和国成立初期，这些工具主要有锄头、镰刀、背篓等。板栗村处于山区，其中有着丰富的野生动植物资源，这极大地丰富了板栗村先民的采集生活。板栗村主要的采集劳动者是村中的女性成员，她们在农活较为清闲的时候进行采集，以丰富家中的生活物资。常见的采集对象是山区的野菜和特产。其中，野菜一般是用来补充家中的食物，而特产则用来贩卖或交换。

湘西山区有"九山半水半分田"之称，人们在运送物品时常常要通过崎岖狭窄险峻的山路，此时扁担就远远不及背篓来得实用。湘西苗族地区的姑娘在出嫁时有亲手制作"洗衣背篓"作陪嫁的习俗。洗衣背篓造型小巧玲珑，篾丝细腻，图案别致，花纹精妙，代表了新娘子心灵手巧、勤劳能干。在女儿生孩子时，娘家赠送"儿背篓"，作为"祝米酒"的礼品。儿背篓专门用来背小孩，它呈长筒形，腰小口大，正好能让小孩站立其

---

① 张柠：《土地的黄昏：乡村经验的微观权力分析》，东方出版社2005年版，第90页。

中。在生产劳作之时需要各式各样的背篓。篾粗肚大的"柴背篓"主要用来砍柴、扯扯猪草，它结实耐用，经得起摔打；摘苞谷、小谷则用"扎背篓"，其整体造型像倒立葫芦，腰细，口呈喇叭形，底部成方形，能够装许多东西。送肥猪时则使用一种木制背篓，用几根木棒，组成能够放置物品的架子，再用篾丝固定。自古有谚语"篓不离背，杵不离篓"，是指在歇息时，人们用"打杵"的方式来"歇肩"。背篓（见图3-7）是湘西苗族生活器具发展史上巨大的进步，它让苗民的双手获得解放，使他们采摘蔬菜、水果以及务农更加便利，使得妇女在劳作时能够不受孩子的拖累，给苗民的生产生活带来了极大的便利，使他们的生产力水平得到了进一步提高。

图3-7 竹背篓

扁担是主要的肩挑工具，主要作为临时搬运工具。板栗村村民使用的扁担源于早年的木棒、长矛等狩猎工具。在捕猎之后，苗族的先民在木棍的两端挂上重量相似的猎物，这样达到平衡状态，这种木棍就是后来扁担的雏形。如今扁担呈扁圆长条形，用来挑、抬物品，材质以竹为主，也有木制的，外形是朴素自然的"一"字形，具有简洁的功能美。扁担两端上翘，中间厚，两边薄，整体呈弧形，这样的设计增加了扁担的柔韧性、弹性，减少了它的硬度。扁担的设计遵循了杠杆原理，人的肩膀好似杠杆上的支点，肩膀到扁担的两个端点的距离是力臂，在挑不同重量的物体时用改变肩膀偏向的位置来改变力臂的距离，从而达到力的平衡。除此之外，当人们在用扁担挑重物的活动中感到疲劳时，能够把扁担当作板凳来休息，以缓解长时间劳动带来的不适。扁担的制造往往是就地取材，竹木材料一直是扁担传统的造物材料，充满着与劳动人民共存的亲切感，保持了简朴、宜人的优点。随着时间的增长，人们使用扁担的时间日积月累，劳动中流下的汗水以及扁担的摩擦都会在其表面留下痕迹，色彩更深邃，表面更光滑，这种痕迹是生命的印刻。在中国，扁担常常与中国千万农民汗水和辛劳联系在一起，是艰苦农村生活中人们坚韧不拔、勤劳勇敢的意志力体现，为农民世世代代以来安身立命提供了自己的价值。扁担伴随着农民的劳动生产，代代传承，生生不息，象征着中国劳动人民质朴无华、勤劳善良、艰苦奋斗的精神。

二 交通工具

湘西地区的交通可分为水陆两道，其中陆道地区地面多不平整且狭窄，随着现代经济的发展才开始修有公路。古时候人们大多使用步行或骑马的方式通过，货物由人力或者动物背驮的方式运输。现代人们则使用新的交通工具来代步，如摩托车、汽车、货车等。湘西地区的水道中，人们使用大小适宜的各式小船来通行运输，家中没有船只的则可利用渡船的方式通行，渡船有公渡、私渡两种形式。板栗村主要是陆道，用石头堆砌而成的崎岖山路、田间蜿蜒小径以及近年来修筑的水泥马路是人们主要的通行地。村民生活中主要通过步行的方式来完成各项劳动生活，每个人每天都有一定的运动量，这样也有利于板栗村村民的身体健康。村中的路只有水泥主干道才能够让汽车通过，其他大部分的路相对比较狭窄，一般是由石头堆砌而成，以供人行走或者小型摩托车、自行车驶过（见图3-8）。

图3-8　板栗村道路（1）

中华人民共和国成立后湘西地区交通建设取得了很大的发展，铁路网、公路网的建设极大地便利了湘西人民和全国其他各地区人民的情感联系，由此也带动了地方经济的发展。在经济水平发展较好的乡镇中汽车成为主要的交通运输工具，而在经济发展水平相对落后的地区摩托车则成为人们主要的代步工具。板栗村村民的居住分布较为密集，连接家家户户的路较为狭窄，大多数地方只能人行通过或者摩托车、自行车通过（见图3-9、图3-10），只有在主要干道之处才能通行汽车，加上当地人们的整体经济实力不高，拥有汽车的人较少，摩托车成为当地人们的主流选择。在以铁路为主，公路水路镶嵌其中的湘西，国家公路和乡村公路连通建设与运输业的发展，让过去封闭落后的社会面貌焕然一新，显示出新时代的勃勃生机。

图3-9 板栗村道路（2）

图3-10 板栗村道路（3）

三 家用电器

随着农村家电下乡政策的推广和实行，农村家电现代化的进一步推进，板栗村村民家中已经能看到电视机、电冰箱、洗衣机、太阳能热水器（见图3-11）等现代家电。现代家用电器的推广，为村民的日常生活带来了极大的便利，减轻了村民日常家务的负担，让村民有更多的时间和精力投入精神文化生活中去。

图3-11 太阳能热水器

洗衣机（见图3-12）的出现将板栗村村民从繁重的洗衣劳动中解放出来。在没有洗衣机之前，村民使用最原始的清洁方式，打井水使用搓衣板或木棍等洗衣工具进行手洗。有些村民家中虽然有洗衣机，但是家中老一辈还是习惯保持最原始的手洗方式，老一辈认为洗衣机洗衣服会消耗更多的水和更多的电。他们骨子里带有节俭意识，宁愿多花时间和体力来进行洗衣劳动，也不愿意浪费水、浪费电，以免加重子女的经济负担。

图 3-12　板栗村洗衣机

传播媒介的发展与进步，由最开始的报纸、杂志、广播、收音机到现在的电视机、手机乃至电脑，都为农村家庭生活方式带来了极大的改变。电视机逐渐步入板栗村农村家庭中，打破了原有农村社会封闭落后的信息状态，成为最受村民欢迎的大众传媒媒介。看电视也成为村民生活中主要的娱乐活动方式。这种娱乐休闲的方式的出现，是现代农业、工业生产力发展的产物。在传统农村中，人们日出而作、日落而息，一天的生活主要围绕着劳动生产，以满足基本的生存需要，没有太多的娱乐休闲时间，节庆祭奠是农民主要的娱乐庆祝活动。随着生产力水平的不断提高，新型生产工具的使用以及电灯的普及，让村民有了更多娱乐休闲的时间。

中华人民共和国成立以来，国家扶持了农村电影文化产业，对农民进行了意识形态的教育，当时的农村中，一些纪录片和科普电影成了村民获取知识的渠道。这种集体观影的行为也大大加强了村民之间的沟通联络，培养了村民的集体意识和文化认同感。文化产业不断发展的过程中，农民观看的电影种类题材日渐丰富，观影的娱乐性进一步加强。在家电下乡之后，电视成了村民家家必备的电器，由于电视节目多样性、易得性、观看电视的便捷性，使得看电视成了丰富村民娱乐生活的最佳选择。电视在村民家中的普及，象征着板栗村信息传播方式的变迁。电视作为一种大众传播方式的媒介，传播速度快，人们接受其内容的成本低，获得的代入感强，对缺少娱乐休闲的农民来说具有很强的吸引力。电视的存在和发展让板栗村村民日常聊天儿的主题、思考的对象，从狭隘的村庄生活扩展到了外部的万千世界，极大地开拓和丰富了他们的知识眼界。电视媒体中传播的外部世界的信息潜移默化地对板栗村村民自身的文化信仰带来一定的冲击。板栗村村民家中电视的摆放位置，位于家人公共生活的空间部分（见图3-13），一般会放置在较为中央的部分。可见，电视机在农村家庭中有着重要地位。如今，看电视是农村家庭娱乐休闲中必备的组成要素。

图3-13 板栗村电视机

板栗村男村民较多喜欢看新闻类电视节目,他们认为看新闻节目是一种非常正式的行为。通过看新闻,了解国家大事、国家对农村的新政策,在看完新闻之后相关话题会成为男村民聊天儿的主题。男村民也从电视节目中掌握农产品的销售信息,积累交际中的文化资本,丰富自身的知识以改善生活。女村民则较多选择观看情感喜剧。这类电视剧大多以日常生活为主题,讲人与人之间的喜怒哀乐、爱恨情仇,它们能够形成一种对村民日常生活的观照,让村民对自己的生活方式、交际方式、与人之间的沟通和连接有更加深刻的理解。以前,板栗村女人们的生活经验、阅历大多是自己亲身经历或者在闲聊中由亲朋好友口述而来,由于交通不便,她们日常生活的话题也就围绕着这些身边的琐事。在有了电视之后,电视剧中复杂的人物关系、崭新的生活面貌,让女村民有了获得生活经验的渠道。她们能通过收看家庭剧,获得关于家庭的想象和情感安慰,从心理上得到家庭的满足感。她们寄托自己的情感于这些家庭剧中,从家庭剧中收获关于家庭、婚姻、孝道等观念。电视中输出和传达的家庭观,会引发村民对自身家庭的思考,或许电视会在一定程度上改变和重新塑造村民自身的家庭观,进一步改变人与人之间的交流与沟通。

四 祈福驱邪用具

受苗族巫蛊文化的影响,板栗村人家会用驱邪符文来驱逐潜在的邪恶力量。人们把辟邪的符文贴在房梁上、屋门（见图3-14）、宅院大门上,以形成对房屋室内的保护。这些符文的图像往往会包含一些宗教符号,如阴阳、太极、八卦等,具体的图案由苗族的宗教传说或者图腾崇拜演化而来（见图3-15）。

图 3-14 板栗村祭祀用符纸

图 3-15 板栗村门符

板栗村还有人在房屋外大门上安装"倒镜"。"倒镜"又称为"虎镜"或"白虎镜",中间低,两端高,使得映入其中的景象颠倒。在这种颠倒的景象中,人们相信它能够把隐藏在人、物品上的凶煞反射回物体的本身,从而防止邪恶之物进入家中。并且由于镜子能够反射阳光,使得村民认为镜子能够散发出"阳气",从而增加建筑本身的能量,让邪恶之物不敢靠近。

板栗村苗族的门神文化是中华民族门神文化中的一种,其门神文化的性质并没有随着时间的改变而产生质的改变,其具体内容却随着社会变化显得丰富多样。门神信仰在中国流传已久,在《礼记·丧服大记》,郑玄就有注释:"君释菜,以礼门神也。"在汉代就出现了具体的门神形象。门神信仰体现出了人们的原始思维。原始人单单从表面的形式去认知世界,对自然界的诸多现象缺乏客观实际的认知能力,对周遭世界充满了恐惧和敬畏的心理,无法分辨实物和图像的区别,认为图像和现实中的物体有同样的功能和作用。在原始社会中,受鬼神文化影响,人们害怕自身无法解释的各种自然现象,渴望寻求一种外在的力量保护自身。具有象征意义的门神的出现能够给当时愚昧的人类内心的安慰。这种门神文化维系的并不仅仅是表面的"门",更多的是民族心理的"门",是对民族内部的庇护,以及对外在威胁、诱惑的防御。在苗族的传统文化中,并没有出现像蚩尤一样的神话人物。在宗教传说中也并没有专门与"门"相关的神话人物。苗族的门神文化与楚汉门神文化同源的说法较为人们所接受,苗族门神中的图案形象与楚汉文化中的图案形象并无明显差异。板栗村的门神图案,不是由专门的人作画,而是大规模生产印刷的物品。这种大规模的印制有成本低廉的特点,在经济水平不发达的板栗村受到了广大村民的欢迎。每逢新年临近,村民都要更换新的门神贴纸,已经成为当地流传已久的新年习俗。村民家中常常把门神贴在家中两扇大门上。这些门神画像不仅仅是装饰,也有宗教功能。门神画像的颜色以红色、绿色、黄色为主,上面的图像表情凶狠勇猛(见图3-16),村民相信这些门神画像具有驱赶妖魔、

图 3-16　板栗村民居上的门神

惩罚鬼怪的作用。门神图案多种多样,从现实中的历史人物到神话故事中的神灵,都能够成为门神的图案对象。随着门神文化的进一步扩展,除镇鬼辟邪的功能之外,现代还出现了以祈福祝愿为意向的门神。此时,门神画的装饰图案不仅仅是以往凶神恶煞的镇宅神像,也有表现人们日常吉祥图案的题材,如升官发财、天仙送子、福禄双全、花开富贵等。这些新图案形式的出现,表达了人类文明的进步以及对美好生活的向往与追求。人们有了更高的审美情趣,以前的宗教信仰逐渐转化成为一种艺术形式,承载着文化变迁的信息。

在五月初五,夏季即将来临之际,板栗村村民会在家中门前和窗前悬挂菖蒲草和艾草,以祛除邪魔。菖蒲可以提取芳香油,有香气,在中国传统文化中是具有可防疫驱邪的作用的灵草;艾草也有浓烈香气,能起到保护的作用。夏季到来之际,板栗村的天气变得潮湿炎热,蚊虫、蜘蛛等动物开始活跃起来,会威胁到村民的健康,容易使人患病。于是,人们通过悬挂、焚烧这些有刺激性气味的物品,以消除虫害、防止病毒入侵。

五 其他日常器物

走进板栗村村民的家中，可以感受到传统生活和现代生活的交融。早上太阳升起之时，家中的中老年人就开始了当天的生活。村民的日常洗漱用品，一般是附近小商铺里买得到的塑料制品、不锈钢制品。家中的饭食一般由女主人来准备，如果遇到青壮年外出打工的情况则由家中的老年人自行准备。女人做饭的时候从灶台下方的洞口处放入柴火并且点燃，然后在上方的大铁锅里炒菜，遇到需要蒸煮的饭食，则用一个木质圆形的锅盖将其盖住。一家人围着家中的方桌吃饭，使用的盛具还是传统的圆形陶瓷碗（白底陶瓷上带有蓝色的花纹），在饭后会用大型塑料瓢舀水洗碗（见图 3-17）。

图 3-17 板栗村厨房

板栗村村民一般会熏制腊肉，平时将腊肉挂在专属的烟熏架子上，烟熏架子则从火塘的正上方垂挂下来。家中的一些闲置物品会放置在上方的小隔层内，小的隔层到地面有数米的距离，然而并没有设计可供人行走的楼梯。如果需要取用隔层上方的物品，村民就会搭上最原始的木梯子（见图 3-18），爬上去取。

图 3-18　木梯子

　　白天，村民家中的少年儿童外出学习，青年和中年人则开始劳作。一般中午和晚上一家人会聚在一起聊天、看电视。村民家中很少有沙发，他们都是坐在木质的小矮凳上，几个人围在电视机前看电视。虽然村民家家户户都有电灯，但是他们还是更习惯日出而作、日落而息的生活。这也是板栗村村民适应自然规律的一种表现，体现了"天人合一"的传统观念。村民晾晒衣服的方式十分简陋，有的在屋外用固定竖立的木头作支柱，在木头之间用简单的绳子连接，将衣服悬挂在绳子之上；也有的把木头横向穿插在墙壁的突出地方，悬挂衣服于其上（见图 3-19）。村民家的大门是最原始的木门，往往门的外侧和门的内侧都有门闩；通常内侧的门闩是一根长方体木条，将这个木条插入事先设计好的空心槽中就可以锁门（见图 3-20）；部分村民家外门上有一对金属环扣，人们把小树枝插入这对环扣的中心部分，就成了门闩，很有地方特色，从侧面反映了村民悠然随性的生活态度。

图 3-19　日常晒衣服的装置

图 3-20　板栗村民居门闩

斗笠是板栗村中常见的生活用具,在湘西地区花垣县生产的斗笠最出名。斗笠编制精巧,还有美丽的花纹,戴在头上能够遮阳挡雨(见图3-21)。湘西地区属于亚热带季风气候,天气湿润多雨,斗笠常常代替雨伞成为出行必需的用品。与此同时,斗笠也是湘西苗族文化的象征符号之一,在苗族蜡染画、墙画中,经常可以看到裹包头、戴斗笠苗族人形象。

图3-21 斗笠

杆秤是板栗村中人们用来测量重量的器具,由砣绳和秤盘(或秤钩)构成。《国语·周语下》中"度量衡"是指:"衡,称上衡,衡有斤两之数。"它利用杠杆平衡原理,主体分为木杆(金属杆)和秤砣两个部分，人们在一端的秤杆上安装吊绳，在杆子的一端挂上需要称重的物体，另一端挂上秤砣，通过移动秤砣来达到杠杆的平衡，杠杆平衡时秤砣所在的位置刻度就是物体的重量。为了方便秤砣滑动，杆秤一般使用前粗后细的圆形木杆，离提纽越近，受力越大，所以一般杆头较粗。杆秤外形细直光滑，由粗到细渐变自然，制作精美，毫不浮夸，整体均衡、稳重，充满灵活感（见图3-22）。材质上金属秤砣和木质秤杆的对比，让视觉质感富有变化，不显沉闷。杆秤的秤星在设计上常常有优美的花纹与排列有序的星点相组合，具有装饰的美感。杆秤出现在我国度量衡制度标准化之时，它有利于保证我国商品贸易交易的公平性，有利于市场的良性竞争和国民诚信体系的发展。早在我国封建社会中，商品贸易规模较小，杆秤在交易中起着重要的作用，是进行等价交换的必要测量条件。渐渐地，杆秤成为权衡文化的象征。人们把"称"视为诚信、公平的象征，是为人处世的基本准则和规范。与此同时，常常会用"称"来比喻一个人大公无私、光明磊落，反映人的品行良好、道德高尚。"杆秤的每个部位都被赋予了一定的意义，秤砣也叫'权'，它是按轩辕星座表意制作，属星宿，是主雷雨的神。秤杆称作'衡'，象征紫薇星座。而'权衡轻重'这个词，也就是由此而来的。秤砣和秤杆也都象征着人的正直和稳重。关于秤星他们采用银白和金黄之色，寓意做生意要心地纯正，买卖公平，小小的杆秤充满了文化气息反映了人们要求公平、公道、公正的良好愿望，同时也希望借此使不法商企受到天地良心的惩罚，从而达到规范经营者心中的秤的目的。"[①] 如今杆秤的公平、公正的象征内涵已经深入人心，成为人们心中的价值判断准则。

---

① 邓白云：《中国民用杠杆工具中的传统造物智慧研究》，硕士学位论文，汕头大学，2011年，第48页。

图 3-22 杆秤

第三节 从传统到现代

受到经济与交通的限制,板栗村传统的村寨民居,主要是由木头和石头构成,其建筑用材以当地天然木材和石材为主。村民们用石材建房屋,泥土加工做成土砖,放眼望去片状石材砌成的外墙和土砖构成大片的泥黄色一起,构成了具有板栗村特色的民居风景线(见图 3-23)。

近年来,随着城镇化的加速和新农村的建设,板栗村人的生活方式也逐渐由传统走向现代,部分村民也开始建造起新的住房。从板栗村建筑构造的形式上看,早些年流传下的木质房屋和石块房屋,已经满足不了村民当今的需求,于是由现代砖瓦结构建成的两三层楼房逐渐兴起。在新的砖瓦结构建成的小楼房中,主要为大厅、厨房、主房、偏房等。与传统木制房屋以及石块房屋相比,板栗村新起的小楼房内房间空间大,房间数量

图3-23 板栗村传统民居（2）

多，室内的装饰装修、家具、电器都逐渐走向现代化。在现代小楼兴起之时，传统家具也逐渐被新式家具所取代。乡镇农村家具市场也逐渐发展，村民们不再使用传统手工制作的家具，而是选择去商场购买成品家具。

家具的变化伴随着新概念的变革与成长。"概念家具设计是以探索性研究、新风格组合和个性化开发为出发点的一种家具设计理念。"[1] 在板栗村的现代家居中，家居风格主要为现代简约风格、新中式风格、中式新古典风格和仿明清风格，而西方家具风格在板栗村并没有流行开来。村民深受其传统的居住环境、文化氛围影响，欧式家具风格、美式家具风格等并无法让村民达到文化的认同感，相反，还会增加距离感和疏离感。唯有中式风格的家具，如现代人以审美为基础，把传统元素改造为现代元素的新中式家具，只有这些蕴含中国文化元素的家具才能在板栗村现代家居中占有一席之地。板栗村村民具有勤劳节俭的美好品质，他们的现代家具也是

---

[1] 周洪涛：《中式概念家具创新研究》，硕士学位论文，东北林业大学，2005年，第7页。

以实用型和功能型为主，其中体积大、质量好、厚实的家具更加容易受到板栗村村民的青睐。如今生活水平日益提高，村民对生活质量的要求也不断提高。在满足了实用功能的基础上，舒适性成为其家具选择的一大条件，如沙发柔软、床垫舒适等。在家居用品材质的选择上，依旧受到板栗村传统文化和气候条件的影响：木质家具坚固耐用、导热性差，能够在板栗村炎热高温的夏天使用良好。

在今天的中国社会，大量的农民从农村迁移到城市，导致住宅拆建、新旧更替进程加快，很多地方传统的民俗活动逐渐消失。在提倡经济建设，提高物质生活水平的目标影响之下，许多具有地方特色的传统民居建筑正在被人们抛弃，蕴含在传统民居中的文化内涵逐渐被遗忘。部分农村地区喜新厌旧的村民原地拆除旧民居，新建"西式"小洋楼。在经济发展和文化融合的今天，板栗村村民对建筑、室内陈设的需求不断变化。在西方文化的冲击下，中国艺术家追求的现代化努力已经对中国传统文化的延续性造成威胁。"现代中国艺术家，面对传统文化的循环往复的世界观和改朝换代的历史观，似乎很难从传统的艺术形式中寻找新的意义和灵感。"[1] 在现代便捷、舒适、卫生的建筑、家具影响下，板栗村传统民居的建造和保护受到了极大的挑战。老一辈村民对家中古老的房屋建筑充满了情感，不希望改变现有的生活，对当下安稳平静的生活感到非常满足；而年轻一辈的村民，则对城市生活充满了向往，其中干净卫生、宽敞明亮、舒适美观的现代建筑、家居形式深深地吸引着他们。民居形式上的改变是板栗村村民思想观念改变的结果，在时代新思潮面前，板栗村传统民居的营造与保护令人担忧。

---

[1] 那仲良、罗起妍：《中国人的居家文化》，新星出版社2012年版，第5页。

第四章 板栗村地域文化圈的宗教信仰与精神世界

第一节 巫楚遗风

板栗村地处湘西边陲之境,加上四面环山的自然环境和淳朴的民风,使巫楚文化在这个小小的苗乡保存得较为完整。这里的村民认为,世间万物皆有生命,人、神、鬼处于同一个世界,他们崇敬巫师,祭祀鬼神。巫楚文化经历了岁月的沧海桑田,在人们代代沿袭下有着或多或少的遗存和变化,我们将之称为"巫楚遗风"。风景秀丽的传统村落,在时间的漫漫长河里,在重峦叠嶂的掩映下,藏着无尽的秘密。

一 巫楚文化初探

巫文化最早起源于上古时期。巫与舞一体,以三皇五帝为首的统治者引导了以舞蹈为主要形式的祭神仪式,为天下子民求雨、祈福、消病除灾。这就是在"万物有灵"观念基础上形成的巫文化,以舞蹈为主要形式的祭神仪式被称为巫术仪式,乃至楚国巫风大盛,成为楚文化的核心。这便是巫楚文化的由来。巫楚文化的基本特征是崇尚自然,笃信神鬼,人们以巫术祭鬼神，带着浓厚的巫祭之风。

当年的楚国本是由蒙昧的原始氏族发展而来，到楚庄王之时，楚国才得以成就问鼎中国的霸业，成为春秋时期的五霸之一。楚国在征战的过程中，也吸收了华夏文化。各地不同的文化相互碰撞和融合，带着浓浓原始宗教色彩的楚文化璀璨一时，给楚国蒙上了一层神秘的色彩。而后，存在了800多年的楚国被秦国消灭，但是楚国的文化一直保留在荆楚和湖湘大地之上，在后世的发展过程中被传承下来。在几千年的发展过程当中，楚文化生生不息，成为中国传统文化中最神秘的一种，现今的湖南、湖北、贵州等地都存有楚文化的印记。楚人喜好祭祀，他们认为，巫师可以与鬼神沟通，可通过巫术仪式中的咒语和原始舞蹈的特殊语义来传达他们内心对神灵的敬仰和对未来幸福生活的渴求。楚人具有丰富的想象力，有最原始的生命意识。他们对未知世界中的神秘事物充满了幻想，认为这个世界是神、人、鬼共存的，那些现有的知识不能解释的自然现象便是神鬼之力。楚人信奉的神有河伯、雨师、山鬼、湘君、湘夫人等，而"东皇太乙（太一）"是诸神之首。在巫风巫俗盛行的楚国，人们以最诚挚的心祭祀各种各样的神。不仅如此，楚人崇敬太阳，视太阳为最尊，太阳是光明和火的象征，通过对太阳的崇敬表达他们对火与光明有着强烈的敬畏之心。特别的是，楚人对太阳的敬畏并非极度的畏惧，而是有一种想要亲近的意识，体现了人与自然和谐相处之意，也表现了他们朴素的自然唯物观。例如，楚国屈原创作的诗歌集《九歌》中就出现了东皇太乙、云中君、湘君、湘夫人、太司命、少司命、河伯、山鬼等神。东皇太乙是太阳神，云中君是月神，湘君、湘夫人是水神，太司命、少司命、河伯是河神，山鬼是山神，这些楚人心中敬畏的神都是自然神。又如，在楚人的意识中，世间的一切自然物体都具有生命和强大的神力。他们认为，大自然中的草木兽石、花鸟虫鱼等都是有生命的，它们都充满了神力，而人在死去之后会有鬼魂；神、鬼、人需要和谐相处，通过巫师和巫术可以让神、鬼、人之间进行简单的交流。可以说，巫楚文化是对"楚文化"的形象描述；崇神、信巫、畏鬼是巫楚文化最鲜明的特征；楚人生活中最重要的两件事情是祭祀和占卜。巫术让楚文化变得神秘而具有特色。

二 板栗村"巴代"文化中的巫楚遗风

在庞大的苗族领域内，板栗村这个古村落被称为巴代之乡。"巴"为阳刚之意，"代"为子孙后代之意，巴代又被称为"巴代巴寿"，是苗族最有智慧，最有学问，通晓苗族历史、精六艺、能与神沟通的人，是苗族的守护者和传承者（见图4-1）。"巴代文化"以苗族各种社会活动、习俗仪式、祭祀仪式为载体，以巴代雄和巴代扎为核心，内容繁杂，涵盖了苗

图4-1 巴代

族一切本土、原生特色文化的特质，成为苗族传统文化中最具特色的文化组成部分。板栗村的祭日月神、椎牛、接龙、还傩愿等各种社会活动、习俗仪式、祭祀仪式中，巴代都是作为掌控全局的主持者而存在的。不管是祭祀神明、驱赶鬼魂、避邪还愿，还是祈福消灾，巴代都处于核心地位。我们称苗族巴代为"巫师"，而被板栗村村民尊称为"祭师"的巴代在他们心中享有极高的声望。在他们的日常生活中少不了巴代的参与，以巴代为中心的巴代文化也成了我国非物质文化遗产。这是自古以来苗族人民为生存而凝聚的智慧，以及为后人留下的宝贵的精神财产。同时，"巴代文化"体现了古代苗族先民对这个社会认知的局限，也是巫楚文化与地方特色结合的集中体现。

巴代分为苗师"巴代雄"和客师"巴代扎"两种类型。其中"巴代雄"是伴随着苗族的诞生、发展至今延续不灭的苗族祭师，在主持巫术仪式的过程中以静态为主，其神词皆为苗族古语，体现了苗族原始民族文化。因为巴代雄在巫术仪式的过程中往往是坐立不动或者站立不动的静态模式，苗族人民形象地称为"文教"。巴代雄是苗族巴代的本根和主体大教，也被称为"苗教""主教""苗巴代"等。客师"巴代扎"是在苗汉文化融合的过程中诞生的汉族祭师，启教时间自然比巴代雄要晚。在主持巫术仪式的过程中，巴代扎以动态为主进行，其神辞皆为汉语，有的在其间掺杂了少量的古苗语，体现的不是苗族原始民族文化，而是苗汉结合的文化。因为巴代扎在巫术仪式的过程中以动态为主，其神词大多皆为汉族语言，苗族人民便将其称为"武教"，又因结合了汉民族的本土文化，也被称为"客教"或者"客老师"。巴代扎在苗族人民心中的地位显然比不上巴代雄，苗族人民口中所说的巴代大多数是指巴代雄，但因巴代扎在苗族启教，在苗族成教，在苗族行教，也为苗族百姓造福，其重要性是不言而喻的。苗师"巴代雄"和客师"巴代扎"祭祀的对象有所不同。苗师"巴代雄"进行巫术仪式和举行祭祀活动的对象全是苗族传统观念中的"理念性祖神"和"人性化祖神"，其科仪有40多堂；而客师巴代扎祭祀的对象有道教神、佛教神、本地域内共认的祖神和一些行业神等，其科仪有100多堂。板栗村人人皆是本地的苗族后裔，带有厚重的苗族传统观念，具有浓重的苗族乡土文化气息。在板栗村的各种社会活动、习俗仪式、祭祀仪式或人们生病需要举行驱邪仪式时，总会请来巴代雄，而在祭土、架桥、洗屋等仪式中则请来巴代扎。当巴代扎与巴代雄一起主持宗教祭祀活动时，在全部过程中也是以巴代雄为主（见图4-2）。

图4-2　板栗村巴代石山东做法事及表演的照片

在与板栗村的近距离接触过程中，笔者拜访了当地颇有声望的一位巴代，石山东，当地人尊称为"石师傅"。作为巴代文化的代表人物，石师傅身怀多种绝技，如吃碗、定鸡、上刀梯、接龙、武术、鎏金舞等，所以他还是湘西傩文化之定鸡术的第八代传承人、鎏巾舞的第八代传承人。父承子继，石师傅的儿子石进海则成为第九代传承人。石师傅吃碗的绝技让人惊叹：他把碗一口一口咬着吃下去，全部吃完，连碗渣也不剩，本人竟安然无恙，神态自若。石师傅曾在吃碗后去花垣县人民医院检查，肠胃科的检查结果显示，肠胃未有划伤迹象，食道内未发现任何残渣和异物；牙科的检查结果表明，口腔未有划伤迹象，牙齿无受损。医生对此也不能做出合理的科学解释。据石师傅说，他吃下去的碗已经融化在胃中，而在每次吃碗前，都会举行巫术仪式，以祈求神明保佑。石师傅还说，吃碗前，从巫术仪式开始的整个过程中都不能出任何乱子，如果出了乱子，便是不好的兆头，吃碗的过程就极大可能出现问题。有一次，石师傅和他的儿子去德夯表演吃碗的绝技，二人在穿法衣之后，儿子的袖子不小心碰到碗，碗掉落在地，当天石师傅吃碗便流血了。石师傅的家人对石师傅吃碗是持反对态度的：他们认为石师傅老了，身体不行了，不能像年轻的时候一样无所顾忌，他们更加担心石师傅的身体。石师傅上刀梯的绝技也值得一提，刀梯上的刀均较为锋利，而石师傅是光着脚上刀梯的，上刀梯之后石师傅的脚竟无丝毫损伤。据石师傅说，上刀梯是有很多注意事项的。例如，上刀梯前要举行巫术仪式，打诰算卦，要封25里的地，保证其不能出问题，同时在这个范围之内不能出现打架事件，不能出现病人，不能下雨，不能刮风，所有来看演出的人都不能出事等。石师傅还举了一个典型的事例。有一次一位叫麻西石的巫师在一个活动中表演上刀梯节目，因为他在上刀梯之前没有好好打诰算卦便盲目上刀梯了，在上刀梯的过程中就受了伤，被迅速抬到医院进行救治。石山东不仅主持过赶秋节等大型民俗节日的巫术仪式，也在乡里民间做法事、念咒语、打诰等。每当村里要进行"大清洁"的时候，石山东便被请去做法事，打扫板栗村村寨。他在村里举行巫术仪式做神法，目的是将村里的妖魔鬼怪赶走，让村里变得更为"干净"。除此之外，还有"个人作法"，也就是个人为了某一愿望请巴代举行的巫术仪式，如婚丧喜事、求子、给孩子祛除惊吓等。石师傅做法事从不提价，在每一年的冬天，他至少要做三四场的个人法事，甚至有一年的冬天达到了六七场。石师傅说，个人作法一般是在每年农历的二、四、九、十月份，共计四个月。石师傅在巫术仪式的过程中必须通过打诰来算卦，先要证明天上 7000 天兵和地下 800 兵马都已降临（阳诰表示已经降临，阴诰则表示没有降临），才能证明天兵天马已经降临此处。接下来才能推测吃碗，上刀梯能否成功，事情能否顺利进行，生儿还是生女等愿望能否达成。巴代们都是在通过阳卦、阴卦、升卦这三个卦象来印证天兵天马是否来临，推测事件是如何进展的。石师傅还举了一个真实的例子：

> 我们镇上有个女人嫁到麻栗场，生了八个女孩子。我和她叔叔说，你的女儿女婿年年到处在外面求子，都这么多年了，万一被人抓到了，就不好了，我喊你求子你才去求。过了三年她还是想生男儿，我就去麻栗场，告诉她明年保准生男儿。她有了身孕，怕又生一个女儿，就到医院花一千多块前买打胎药，买了没喝进去，她又到医院想做人流手术。她打电话给她爸爸，她爸爸说你千万不要做（人流）手术，石师傅算了卦说一定是男儿，不要做手术！如果生下来是女孩就送你那些姐妹帮你养，如果是男的就是好事。她听了之后就没做手术，结果生下来是男儿，就到我这里报喜，这个冬天我还去麻栗场帮她还了愿。

当孩子生下来之后，满月之时便可举行还愿的巫术，每满一岁就要还一次愿，三年要还三次愿，以感谢神灵的恩赐。石师傅还会"画圈子"，这个圈子是指象征性的一个圆圈，标示一个安全的范围，人和动物在这个圈内不会受到鬼神的侵害，类似《西游记》中孙悟空为保护唐僧不受伤害用金箍棒画的圈，任何妖魔鬼怪皆不能靠近。在板栗村，老一辈的人进山打野兽，感受鬼怪的威胁之时，便会用树枝木棍等画一个圈，念上咒语，写上一个十字，猎狗和人站在圈内，便可无事。板栗村的巴代文化与小说《西游记》关系密切，涉及一些神话人物和故事。石师傅家中许多剪纸、画作等除了上一辈的留传，其他皆为他亲自创作，如白鹤、金鸡等剪纸，寓意福禄长寿，年年有余，用于巫术仪式。而

"欲求地久长生诀,概在光天太极图"等吊挂则用于巫术仪式的法堂(见图4-3)。石师傅一般在布上作画,一幅画大致需花费一个月的时间,画的大多是苗族祖先、神灵,如原始天尊、道德天尊、太上老君、天兵天将、龙、水兵、小鬼、法师的兵马等,用于祭祖、还愿、巴代去世等巫术仪式。此外,一些植物、动物的画作,如鱼、仙鹤等元素则成为苗族女性绣花的图样。

图4-3 板栗村巴代做法事的法堂

巴代文化集古老性、原始性、多样性、神秘性、神圣性、艺术性等多重属性于一身。苗族具有民族特色的狩猎文化、农耕文化、迁徙文化、礼仪文化、军事文化、娱乐文化、饮食文化、医药文化、祭祀文化等多重文化中都交织着巴代文化的身影。身披青衣,着苗族服饰的巴代雄与身披红衣、头戴冠饰的巴代扎皆有着"传男不传女"的传统。他们共同组成了巴代文化的核心,成为苗族人民生活中不可缺少的一部分,也是巫楚遗风之精华所在(见图4-4)。

图 4-4 板栗村法堂神灵供奉处

三 板栗村巫术仪式中的巫楚遗风

板栗村村民皆乃苗族后裔，其物质生产、社会生活、民间艺术、民俗节日等方方面面都体现了楚国久盛不衰的巫风，巫楚遗风在这个古老的村落展现得淋漓尽致。在板栗村各种各样的巫术仪式中，我们就可以看到巫楚文化留下的残影。在板栗村，巫师就是巴代，是村民的精神信仰。巴代们通过巫术仪式做法事，除病、消灾，实现心中的某种愿望。在现代，巴代已成为板栗村的文化信仰。在板栗村的世界，祭祀是生活中最为重大的事情，他们在祭祀中唱歌和跳舞，带着浓烈的楚国巫祭风情，各种活动和节日中的祭祀活动都是巫楚文化的体现。村民坚定地相信，巫师与巫术可以通过与神鬼交流来通灵。他们惧鬼信巫，以巫术祭祀神灵、驱赶鬼怪，认为这样才可以让大自然风调雨顺，让他们生活幸福安稳。

例如，在板栗村的日常生活中进行最多的巫术法术之一就是"撵鬼"仪式。"撵鬼"仪式又被称为"驱鬼"和"打扫房屋"，在当地以及花垣县境内广为流行。村民普遍认为,通过举行"撵鬼"的巫术仪式,苗族巫师施展巫术、默念咒语便可以将藏在家中作恶的鬼怪驱除。苗族巫师"巴代"在村民心中有较高的地位。举行"撵鬼"仪式一般是因当村中有户人家长时间遭遇不顺利的事情,如疾病或者灾难。这个时候,家中便要请来"巴代雄"来进行卜算,卜算的结果必定是这家有人被鬼魂缠身或者屋内进了鬼。接着,"巴代雄"便为这户人家做一场驱鬼的法事,以驱除疾病和灾难。"撵鬼"巫术仪式有很多准备事宜,请神用的香纸、酒水、米食、菜品,驱鬼的雄鸡,插着纸幡的小土堆,一大盆盛着撵鬼"子弹"的谷粒、苞谷和小石子等。在"撵鬼"仪式中,巴代雄念着古老的苗语,人人神情皆肃穆而虔诚。香案备好之后,巴代雄用一只鸡请神(如果同时请了巴代雄和巴代扎两位巫师,就需要两只鸡)。巴代雄手举瓷碗,碗内盛水,将鸡置于香案前,烧香纸,默念巫术咒语,将各路神仙请来,祈求神仙护佑家中众人。接着,巴代雄拿着点燃的火把在家中每一个人的头上绕上三圈,将雄鸡提起依次立于家中众人的肩膀上,并执刀作杀鬼状,念道:"此鸡此鸡不是非凡鸡,是王母娘娘抱此鸡。一抱抱了九颗蛋,内中报出一金鸡。头上戴着红观帽,身穿金黄五色衣,别人拿去无用处,弟子拿来斩煞鸡。血斩东,东方神煞尽归空;血斩南,南方神煞勿靠边,血斩西西方神煞远远退;血斩北,北方神煞远离别;血斩中,中央神煞去匆匆。五方五位我绕完了,煞归阴府鸡归笼。我把雄鸡往西甩,追起神煞影无踪。右手握金刀,左手撑雄鸡,鸡头落地,大吉大利。"① 如此,便能驱赶附在家人身上的鬼魂。随后,巴代雄执刀将置于香案前的鸡杀了,取来鸡血盛在碗中,将鸡头埋在插着纸幡的小土堆里以辟邪,这样就达到了邪魔不侵的目的。接着,巴代雄在家中房屋的各个角落和八个方位撒下一大盆盛满谷粒、苞谷和小石子的"子弹",将房屋内的鬼魂驱赶,家中米缸、桶罐、

---

① 鬼稻子:《苗老司首次透露湘西神秘法术口诀》,2016 年 7 月 6 日,花垣视窗网(http://www.0743hy.com)。

冰箱、锅、盆等有盖的容器都需要打开一条缝，目的是将躲在容器内的鬼魂驱赶出去。若感觉还有鬼魂气息，巴代雄便会拿着筛子和刀去屋外捉鬼。"攆鬼"仪式结束之后，巴代雄在房屋的各门框上都贴满了沾了鸡血的神符，鬼魂便无法再次进门。当屋内所有的鬼魂皆被彻底驱赶出来之后，时间大致是凌晨时分。这时，巴代雄还会带上准备好的酒肉食物，在黑暗中来到驱鬼人家屋后的山坳里请各位被驱赶的鬼魂吃饭喝酒。在巴代雄出去后，驱鬼的家人立刻把家里的大门紧紧关闭，将屋中所有亮着的灯火熄灭，期间所有动作不能发出任何声响。巴代雄借着月光在山坳里摆好了酒肉等丰富的祭品，用古老的苗语邀请和呼唤各路鬼神前来喝酒吃肉，声音绵长而深远，在没有灯光的世界里让人不由得感到惊悚。最后，巴代雄烧大量香纸来感谢请来的各路神明，并与帮忙的人一起陪神吃饭（见图4-5）。至此，"攆鬼"仪式正式完成。板栗村具有崇巫、敬神、尚鬼的传统，在他们的巫术仪式中，无不体现出这种崇尚自然、笃信神鬼的巫楚文化。

图4-5 巴代生涯的功德见证

四　板栗村民间方术中的巫楚遗风

苗族的民间方术五花八门，而其中最具有特色的当属苗族巫蛊和苗族招魂术。千百年来，苗族巫蛊和苗族招魂术在世人面前始终戴着一层神秘的面纱，吸引人一窥究竟。闻苗族巫蛊其名，便让人感受神秘、恐惧，而苗族招魂术是一种鬼神灵魂信仰，据说能让重病之人迅速痊愈。在有着传统原生文化的古村落板栗村内，苗族巫蛊和苗族招魂术皆有所闻，在这些神秘的方术中我们也能感受到巫楚遗风。

苗族巫蛊是一种黑巫术，"谈蛊色变"是对其的形象写照。千百年来，从宫廷争斗到乡间传闻，确有许多人受害于巫蛊。苗族巫蛊一直以来都以"害人"的形象而存在着，而放蛊之人，则为人们所害怕和厌弃。"蛊"指生于器皿的虫或者器皿被虫所蛀坏，"蛊"有毒性，能害人性命，所以，也被称为蛊毒。"蛊"与"巫"的结合，蛊毒加上巫术，形成巫蛊。几乎所有的动物都能做成蛊，所以民间蛊的种类有很多种，而苗族巫蛊大抵上分为蜈蚣蛊、蛤蟆蛊、蛇蛊、金蝉蛊四类。苗蛊毒的制作漫长而残酷，制蛊者将蜈蚣、蛤蟆、蛇、金蝉等许多带有剧毒的动物收集起来盛于一个容器之内，让这些动物互相厮杀，最后在弱肉强食的环境下存活下来的唯一一只动物就被冠上"蛊"的名号。例如，蜈蚣活了下来则为蜈蚣蛊，蛤蟆活了下来则为蛤蟆蛊，蛇活了下来则为蛇蛊，金蝉活了下来则为金蝉蛊。历代都明令禁止蛊毒的制作，特别是在宫廷内部，统治者皆下令禁言巫蛊。在板栗村，村民们也都极为害怕蛊毒，巫蛊在现今的板栗村已经消失了。但是，在板栗村的祖辈中传闻出现过蛊毒的祸害，蓄蛊者在当地被称为"蛊婆""草婆子""琵琶鬼"，中蛊被称为"着药""着琵琶鬼"。蓄蛊者为了得到财富或杀害他人甚至更多的利益，不惜背上千古骂名。也有人说，蓄蛊者有自己的无奈与悲凉，蓄蛊者放蛊是迫不得已的，他必须放蛊害人才能让自己平安，否则，自己就会被蛊毒反噬而死去。巫蛊用以杀人为祸，中了蛊毒的人最终只能面临痛苦的死亡。据说，有专门的巫术咒语和药方能破解蛊毒。苗族常见的解蛊方法分为四种。第一种是荷，将荷叶与荷花吃下，配上专门的巫术咒语，便能解除蛊毒。第二种是粪便，将牛粪、猪粪当作解药解除蛊毒。第三种是鸡血。这是根据鸡与虫是天敌的原理而来，蛊由虫而制，鸡能吃掉虫，那么鸡血便可解除蛊毒。第四种是到放蛊之人家中取来头发、破布或者厕所旁边的烂泥，兑开水喝下则可解除蛊毒。在巫楚遗风渗透下的民间方术神秘面纱之下，我们更深刻地感受到了如板栗村这样的苗族古村落之民族色彩和奇异之处。

苗族招魂术分为两种，一种是招生者之魂，另一种是招死者之魂。招生者之魂是在有人突然得了重病之时，其家属需要为患者召唤其灵魂，这样，患者便可以痊愈。招死者之魂是为死去的人召唤其魂魄回家，这样，死者的魂魄会来守护他的家人。苗族人民普遍认为，人有两具身体，一具是肉身，另一具是灵魂，每一个人都有属于自己的灵魂，一旦灵魂脱离了肉体，这个人便有生命危险，而且时间越长，危险性越大，直至死亡。当村民突然得了重病之时，家人便会认为这是失了魂，需要立刻请来巫师占卜确认是否灵魂真的远离了病人的肉体。若获得肯定的答案，巫师便要立即着手进行招魂仪式，把病人的灵魂召唤回来，以达到痊愈的目的。苗族招魂仪式大体上有两种模式。一种模式是由专门的巫师扮演招魂使者来进行招魂。这种模式在人们看来，其形式较为专业，内容也更复杂。另一种模式则是由失魂者的亲人扮演招魂使者来进行招魂，这种模式在人们看来则比较简化。不同地方因带了区域色彩，其举行的招魂仪式在细节之处各不相同，板栗村举行招魂术的仪式也有自己的地方特色。板栗村的招魂仪式因各种条件的限制往往倾向于后一种，是一种简单的招魂仪式。例如，有户人家的孩子得了重感冒，孩子白天哭闹不止，不肯吃喝，夜里又接连做噩梦被吓得哭醒。孩子的父母经商议之下认为孩子是丢了魂魄，于是便决定第二天早上给孩子招魂。第二天一大早，孩子的父母便准备了招魂用的鸡蛋和香纸水米等用具。一切准备就绪后，孩子的父亲扮演招魂使者为孩子招魂。招魂的过程较为简单，孩子的父亲一直念着"我儿的魂魄归来，魂魄归来……"待招魂仪式结束后，给孩子吃下鸡蛋并喝下一碗水。这样，孩子在精神上和心理上都得到了双重安慰。过阵子，孩子好了，人们更加相信招魂术的神奇力量。这种由失魂者亲人扮演招魂使者招魂的招魂仪式极为简单，可以说每一个人都可以做到，完全达不到由巫师扮演招魂使者招魂的招魂仪式之郑重和肃穆，减弱了招魂术的神秘性。按照苗族古老的传统，招魂仪式应由特定的巫师来主持，招魂巫术必须经过严格而专业的训练，有专业的招魂法器和招魂咒语。巫师施展招魂术的整个过程中充满了庄严而神秘的气氛，让人感到极其正式，从而肃然起敬。由巫师扮演召唤使者而施展招魂术的模式是这样的：病患的家属带着家中的大米来到巫师家请巫师与米魂进行交流，占卜出病人是否已经失魂；若判定病人失魂，巫师便穿好专门的衣物，带上专业的法器，来到病患家中；随后，巫师左手执病人家中的大米，右手执占卜的竹片，口中念着专门的招魂术语；接着，巫师通过竹片占卜的结果说出病患不舒服之处及其原因，病人一般都会认可巫师所言；最后，巫师用火给病人烧一个鸡蛋，在烧破鸡蛋的过程中判断灵魂归来的速度。而今，乡间村落的招魂术逐渐被生活简单化了，而招魂术的功效一直为人们所惊叹。

板栗村在巫楚遗风的浸润之下，添加了更具有深层内涵的文化意蕴，村中的巫术仪式、巴代文化、民间方术等各个层面都体现了巫楚文化"崇巫、敬神、尚鬼"的特征（见图4-6）。古老悠久的巫楚文化从历史中走来，引我们走进村落内部，感受村落文化的独特魅力。

图4-6 仪式所用"中央三千三万土城兵之香位"

第二节 板栗村的宗教信仰

宗教信仰是一种特殊的社会意识形态,属于文化现象,具体指信奉某种特定宗教的人群对其信仰的神圣对象,以及由崇拜认同这个宗教而产生的坚定不移的信念和全身心的皈依。任何一个特定的群体在其地域文化圈内都会形成自己的信念和信仰，这种特定的思想体现在宗教仪式和宗教活动中，用来指导和规范他们在日常生活中的言行举止。巫楚文化传承了几千年，发出了灿烂的光辉。在板栗村这个古老而较为原始的村落，巫楚遗风润泽了大地，村民的宗教信仰中也带有了"万物有灵"和"神鬼信仰"的意识。世界三大宗教是基督教、伊斯兰教、佛教。宗教信仰不受时间、地域的限制，中国公民有信仰宗教的自由。宗教信仰是人们在困惑无助的情形下对生命的寄托，对超自然的现象和事物发自内心的崇拜。板栗村的宗教信仰在很大程度上体现了苗族的原始宗教信仰，是基于"万物有灵"的思想形成的。"万物有灵论"又称"泛神论"，是原始宗教信仰中影响力较大、持续时间较长的种类之一。信仰"泛神论"的人们认为，世间万物都有灵魂，都有生命和喜怒哀乐，任何人冒犯了大自然的生命都要受到惩罚。板栗村的民间宗教信仰在"万物有灵"的基础上也有道教、佛教等其他教派作补充，形成了繁杂的多元化格局。在巫楚遗风润泽下的原始宗教信仰融于板栗村人们的思想和思维方式当中，影响他们生活的方方面面，下面可以从物质生产、社会生活、民间艺术、民俗节日四个方面分析。

一 物质生产中宗教信仰的体现

物质生产是相对于精神生产而言的，主要围绕人们的生产问题即衣、食、住、行进行的生产活动。甘地曾经说过，"就物质生活而言，我的村庄就是世界；就精神生活而言，世界就是我的村庄"。其实，"我的村庄就是世界"何尝不是一种精神生活。一个人，如果深爱着一个村庄，你摧毁了他的村庄，也就摧毁他的精神世界。电影里那位甘愿与船同沉的"海上钢琴师"不正是如此吗？[①] 在这里，我们对板栗村人民在物质生产中宗教信仰的体现分析主要从食和住两个方面出发。

第一，食物生产是板栗村物质生产的重要组成部分。他们主要种植水

---

① 熊培云：《一个村庄里的中国》，新星出版社2011年版，序言。

稻和玉米两种作物，板栗村食物生产中体现出来的宗教信仰主要是食物生产过程中举行的巫术和祭神仪式。村民们对农作物的生产看重度是十分高的，因为那是他们得以生存和生活的主要来源。有的人家在每次插秧之前，都要在其代代传下来的良田"祖公田"杀鸡宰羊虔诚敬奉；在插秧时讲一些吉利的话，祈祷一个大丰收的来临。在获得丰收之后，就是储藏粮食了。储藏粮食这一细节，板栗村的人民也有其独特的方法：他们收获到粮食之后，在其进入仓库之前，一般都会在自家的仓库进行清仓去邪的巫术仪式，清洁仓库，默念咒语，往四周撒巫师净碗中的"洗秽之水"。这被称为"扫秽"，目的是驱除一切妖魔鬼怪和不利于粮食保存的因素。他们认为，世间一切的污秽之物都可以用"洗秽之水"洗得干干净净，不留痕迹。此外，板栗村地处湘西偏远之境，常因气候条件而导致农作物减产。"生存环境的恶劣致使苗族人民幻想出各种鬼神，赋予它们拥有可以支配世界的各种力量，通过对它们的信仰和崇拜，借助它们的神奇力量来改善自己的生存条件。"[1] 例如，每当水旱灾害来临的时候，粮食往往会减产甚至颗粒无收，一年的辛劳成果化作流水。板栗村村民将这种自然灾害归因于一种神秘的力量。他们认为，雨水是由一位专门掌管雨水的神来控制的，雨神凭借自己的意念控制是否降雨和降雨量的多少。于是，他们就开展祭神求雨的仪式，以求得降雨。此外，在村里，人们对灶王爷、灶王奶奶也是十分尊敬，从不允许做对灶王爷不尊敬的事情。比如，小孩不能在灶台前嬉戏，妇女不能站在灶台上等。根据村民在获取食物之上体现的宗教信仰，我们可以知道，板栗村人始终坚信，有了祖先和神灵的庇佑，任何苦痛和灾难都会被化解，他们的生活会越来越好。

第二，在住的方面，房屋建造过程中的种种讲究是板栗村宗教信仰集中体现之处。板栗村人建造房屋建筑之前，要请当地的风水先生来选择建

---

[1] 唐晴晖、张磊、李健芸：《论苗族宗教信仰与农业生产的关系》，《安徽农业科学》2007年。

筑的基地，根据风水先生得出的风水好坏再具体对建造的地址和方位进行选择，一般来说会遵循"避阴择阳"的原则。在选择了建筑的基地之后，接下来就是择日，即挑选一个好日子开工动土。这个好日子的挑选要根据父辈的生辰来推测，并与家人的属相相生而无相克，最终的结果必须是吉瑞之兆才能敲定。开土动工之日，有"架马"之说：房屋建筑的主人需要请来木匠上山挑选一棵挺拔高大的枫树作为建筑的中柱。挑选好之后，由木匠念咒语，随后将树砍倒。接着，主人将带来的祭祀品摆放在树前，并宰杀一只公鸡敬祭鲁班，最后在树柱之上弹一条中墨线，这叫"发墨"。板栗村的人们在建造房屋建筑的过程当中，又有种种讲究。例如，房屋上梁要选择树干粗壮、枝叶繁茂的好树木，以象征子孙后代家族兴旺；还有唱"上梁歌"和"撒梁耙"等活动。板栗村的人对祖先是极为看重的，他们认为，他们现有的一切都是祖先保佑和恩赐的。在新屋修建好之后，屋主要在堂屋后的隔板上将祖先的牌位安放好，此后朝夕虔诚敬供。建造房屋的最后一个过程是"立大门"，在木匠把大门做好后，屋主挑选一个良辰吉日请来亲朋好友和邻里乡亲一起祝贺新屋落成，并请村中德高望重的老人捧着"富贵盘"在门外敲门"喊门"，话语吉祥；屋主将大门打开后，鞭炮齐响，板栗村的一间新屋终于正式落成。在建房造屋的种种巫术仪式和习俗中，我们感受到了板栗村人宗教信仰意识的深刻与浓烈。在他们的生活中，无处不信仰，无处不巫术，仿佛这样的生活才是圆满而无可挑剔的。

二 人际交往中宗教信仰的体现

日常人际交往是社会生活的一部分，是人们每天都要进行的。在板栗村人的人际交往当中，有许多的交流禁忌贯穿其间，即言和行上的忌讳。这是他们宗教信仰的体现。

言是指语言，日常人际交往是每一个人生活在一个固定区域所不可避免的。语言是人与人之间沟通的桥梁。在板栗村，人们相信语言被赋予了一种神奇的力量,特定的语言符号不仅有其具体所指的实物,而且具有一定的象征意义。吉祥的语言象征着好的寓意,让人觉得心中愉悦,而一些不吉利的语言则需要避讳。这样一来,就出现了众多的语言禁忌,许多语言是不允许直接表达出来的。人们甚至认为,语言与福祸息息相关,如果在交流的过程中道出了语言禁忌的内容,那么,这句话会为他们带来祸患。所以,人们在交流的时候,一般不会直言语言禁忌的内容,而是通过暗示或者间接表达的方式来说出这些话。例如,人们是忌讳说"死"字的,如果要表达"死"这个意思时,要称"打来";如果直言"死"字,则会让丧家憎恨,成为不受欢迎的人。对于夭折的孩子,要说"打底嗲了",不能说"小孩死了";对于死去的中青年人,要说"走过了";对于死去的老人,要说"老去了"或者"见祖先去了"。另外,板栗村还有称谓上的禁忌,对待祖先和长辈要用敬语,不能直呼名字,否则祖先会降祸于说话的人或者给这个家庭带来灾难。晚辈对长辈的称谓,祖父要呼"阿爷",祖母要呼"阿婆",母亲要呼"阿奶",父亲要呼"阿爸";同辈之间的称谓,兄长要呼"阿兄",弟弟要呼"勾弟",姐姐要呼"阿姐",妹妹要呼"勾妹"。夫妻之间的称谓,在没有生下孩子之前可以随意称呼;在有了孩子之后,妻子对丈夫要唤"摆里洼爸"或者"得得洼爸",丈夫对妻子要唤"摆里洼奶"或者"得得洼奶",分别是"孩子他爸"和"孩子他妈"的意思。不仅在平时的日常交流中有诸多的语言讲究,在过年过节的时间,板栗村每家每户都特别注意说话,有了更多的语言禁忌。例如,在春节期间,板栗村村民迎请财神画像时,就有语言忌讳。不宜提"各每"即"用来卖"财神、画像,应以"格木"或"乘怪",即送"或""请"来代替。还有在过年过节期间,不能说"杀""鬼"等字眼,这是不吉利的。他们认为,如果说出这些话,会引来祖先或者神灵的不快,祖先或者神灵会真的变成鬼来杀人。这些言语的禁忌,让人们的生活受到了禁锢,认为福祸与言语相关,他们不得不世世代代生活在这祖传"默认"的言语框架中,在生活中潜移默化地遵守着这些言语规范。

行是指行为动作，板栗村在日常人际交往中除了语言上的禁忌，还有规范约束人们行为的禁忌。例如，当某户人家有人得了重病时，会在病人的房门前用树枝、红布、鞋等做记号，当作门标。当出现这些标志时，他人是不允许踏入病人房间半步的，这是苗族普遍的现象。苗族人民认为，人在生病期间灵魂往往十分弱小，生人的接近极易将病人的灵魂带走，这样就会导致死亡或者永远也无法痊愈。在众多的行为禁忌中，对女性行为的忌讳是最多的。例如，正月初一的早上女性（包括女孩）不能出门，因为人们认为正月初一一大早就遇到女性是不吉利的，会招来厄运。正月初二和初四妇女不能去水井挑水，因为这时的水被称为"处女水"，经过妇女的触碰会被视为不祥。刚结婚的新妇不能与公公同桌吃饭，必须等到公公吃完之后才能上桌。此外，关于孕妇和产妇的行为禁忌更多了。怀孕的妇女不能随意走动，忌讳去别人家中看酿酒、织布等生产活动，因为人们认为，孕妇腹中的孩儿已经有了生命和灵魂，在没有出生之前拥有神奇的法力，能凭意识在人世捣乱。所以，孕妇看到人家酿酒，酒就不会香甜，看到人家织布，织布的纱线会被弄乱弄断。在产妇生下婴儿后的三天之内，婴儿的房门口会设下一个门禁，一般是在门口悬挂上一顶草帽，外人不允许进门看望。人们认为，外人身上极易带来邪魔歪气，会冲撞刚出生婴儿的灵魂，容易使婴儿生病甚至夭折。产妇在产后的一个月以内，不能去别人家串门，必须每天待在自己的房间坐月子，因为产妇生完孩子不久，身上还带有血污之气，如果到别人家去，就会被认为是"产妇冲宅"或者"热血扑门"，是最不祥的事情。如不得已冲撞了别人家的家门，则要请巫师作法进行"洗秽"，才能解除这污秽之气。在行为的规范之下，板栗村人的生活也受到了束缚，如同一些"教规""教律"等，只不过板栗村的行为禁忌中渗透更多的是世俗生活的内容。这些行为禁忌给他们带来了诸多的不便，却不得不代代遵守。

三 民间艺术中宗教信仰的体现

民间艺术是中国传统文化留给我们的伟大财富，是众多艺术门类中的一种。相对于宫廷艺术，民间艺术起源于民间，生长于民间，是劳动人民生产生活智慧的凝结，剪纸、编织、印染、绣花等都属于民间艺术。民间艺术在板栗村人们的生活中起到了点缀的作用，是他们审美意识的体现。他们在民间艺术中也表达了强烈的宗教信仰。

就剪纸艺术来说，创造者凭借其精湛的剪纸技艺和丰富的想象力去模仿自然界中的人和事物，以纸为材料和载体创造了各式各样丰富的剪纸艺术作品。从艺术形式来看，板栗村的剪纸作品，其线条之凝练，造型之拙朴，构思之奇巧，让整个剪纸作品具有了强大的艺术感染力，让人们体会到艺术之美；从艺术内容来看，其艺术形象之鲜明丰富，使整个剪纸艺术作品饱含了深刻的艺术内蕴。这其中，就有宗教信仰的表达，不仅仅是剪纸者的宗教信仰体现，也是当时当地人们的宗教信仰。例如，板栗村剪纸艺术中的蝴蝶造型丰富多样，或端庄典雅，或夸张变形，或写实纹饰，或写意纹饰，蝴蝶造型剪纸被人们广泛应用于房屋室内的墙壁和门窗，具有不错的装饰效果。在我们感受到蝴蝶剪纸艺术美的同时，再进一步深究其背后象征的意义，便知道这是图腾崇拜的原始宗教信仰传达。苗族有"蝴蝶妈妈"之说，板栗村的人也认为，蝴蝶是在人类诞生之前日月精华之凝结所在：蝴蝶生，而后化生万物。这成为板栗村乃至整个苗族人民的共同意识，也是他们内心真挚的信仰。他们认为，蝴蝶剪纸是"蝴蝶妈妈"的象征，所以，创作的蝴蝶剪纸贴置于墙壁窗户之上，不仅有装饰的作用，还能保护他们整个家庭，深刻地体现了蝴蝶崇拜。又如，板栗村的牛角剪纸，其象征意义中传达出来的宗教信仰也是不容忽视的。牛角在苗族占据了显赫的地位。牛是人类的祖先最早驯化的野生动物，祖先凭借他们的聪明智慧让牛为人所用。在原始的农耕文明中，牛在农业生产中具有十分重要的地位，男耕女织的农耕生活又让牛的力量与男人的形象关联起来，男人被赋予了和牛一样的强大形象，而牛角坚硬，是牛全身上下最具有进攻力的地方。所以，当牛角的形象被塑造于剪纸艺术之上，就成为祭祖的标志和父权的象征，寓意男性生殖力的旺盛和人丁的兴旺发达，这也是原始宗教信仰中的图腾崇拜——牛崇拜。此外，板栗村的剪纸艺术当中还有龙、犬等其他动物的剪纸造型。龙象征着吉祥，是龙王爷的象征，保护着板栗村的子子孙孙兴旺发达；犬是家中的守护者，是忠实之意的象征。不管是何种造型的剪纸造型，都有着自身丰富的寓意，其中凝结着板栗村人的审美意识、思维方式和宗教信仰，是他们日常生活中的美好点缀。

在这里，不得不提到板栗村人的原始民间舞蹈，这也是民间艺术中的一种。"舞"与"巫"同音，从艺术学的角度上来说，舞蹈艺术是从巫术中分离出来的。进行巫术仪式之时，必有音乐伴随，巫师手之足之蹈之。巫术仪式多的地方，歌舞之势往往也十分盛大。板栗村的人们认为，舞蹈不仅能表现内心的情感，还具有"通神"的力量。他们通过表演舞蹈来感谢神灵，表达自己内心的喜乐忧愁，舞蹈是最原始的情感发泄方式。板栗村的传统舞蹈往往与宗教祭祀具有不可分割的联系，一般在需要宗教祭祀的场合才会表演舞蹈。所以，木鼓舞、接龙舞、傩舞、招魂舞、跳丧舞等都是以宗教信仰为核心进行表演的，也被称为祭祀舞。例如，木鼓舞是人们为感怀、祭祀先祖而跳，还为了祈求先祖的保佑，降福祉于板栗村，因木鼓象征着祖灵的居所。参加木鼓舞的人围成一个圆圈，一边击鼓一边旋绕着纷纷起舞。接龙舞是龙图腾崇拜的舞蹈表现形式，表演各种龙的动作是为求得龙之庇佑，期盼和向往幸福的生活，跳舞之人多为年轻貌美的姑娘。傩舞也是祭祀祖先的舞蹈，传说中的洪水神话故事中的傩公傩母是苗族人民的始祖。在板栗村人的心中，傩公傩母有着强大的力量，能够驱除一切妖魔鬼怪，所以，跳傩舞也是为了驱鬼驱魔，扫除疾病和灾难。在板栗村，不管是什么类型的舞蹈，都是以宗教祭祀为目的进行表演。在人们表演的过程中，不仅能祭祀先人，感念生命的恩德、驱魔迎圣，还将内心的情感抒发在舞蹈当中，将对未来幸福生活的展望表现出来。舞蹈成为他们娱乐生活中不可缺少的重要部分。

四 民俗节日中宗教信仰的体现

民俗节日是一个民族或地区传统文化的汇聚之处。在民俗节日中，我们可以看到各个地区各民族的民俗特色与风格在整个中国，以春节、端午节、中秋节等多种形式展现，在板栗村，人们还有着他们独特的民俗节日。例如，苗族的四月八、赶秋节等节日就属于祭祀性节日，节日中包含着大量的宗教信仰元素。

四月八是苗族人民为纪念一位名叫"亚努"的首领而定的节日，苗族人民祭奠祖先，以显示对祖先的崇敬，同时表达对丰收的希望和对美好生活的追求。在这一天，各地的苗族人民都会聚集在一个广阔场地上举行各种各样的民间文艺活动，场面十分热闹壮观。每年农历四月初八的清晨，板栗村家家户户为节日做好精心的准备。他们穿戴着苗族特有的银饰、服装，以良好的精神面貌走向四月八的活动场地中心。在青衣法师、红衣法师摇铃敲梆后，人们将从各自家中带来的五谷杂粮、水果蔬菜、棉麻青线等上供。接着在法师的带领下，他们举行祭天地、祭祖先、祭英雄、祭神灵的巫术仪式，神情虔诚而严肃，口中念念有词，期盼将心中所想所盼传达给神灵。随后，他们一起跳舞、唱歌、吹笙、比赛，也表演傩戏、上刀梯、下火海、狮子舞、打花鼓、吹唢呐、吹木叶、打秋千等。在这些活动当中，我们能感受到浓浓的宗教信仰。这个大型的节日集歌、舞、乐、巫于一体，将欢快的民间活动与传统宗教信仰融合了。赶秋节是苗族另一个大型的民俗节日，一个在每年立秋时节举行的节日盛会，是苗族人民为了预祝秋季的丰收而举行的重大庆典，并祈祷神灵降福祉于当地。当天的苗乡热闹异常，祭祀活动、舞蹈项目、体育项目、苗族武术、耍龙灯、舞狮子等共聚在"秋场"——这是苗族人齐聚一堂的地方。这个节日将图腾崇拜、自然崇拜、鬼神崇拜等各种宗教信仰集为一体。就拿板栗村所在花垣县举办的赶秋节盛会当天的"接龙"仪式来说，龙是板栗村人民心中崇拜和信仰的神，源自龙图腾崇拜的原始宗教信仰。"接龙"仪式的举行是在苗乡"法力"高强的巫师带领之下，将神龙接回苗乡本地，家家户户都祈求神龙的庇佑，佑其家人，佑及苗乡。在节日气氛的渲染之下，板栗村的人们更加相信宗教信仰的力量，更加虔诚地崇拜和祭祀神灵。这也成为他们缓解生活压力，带着希望走向前方的动力。

此外，"看龙场"和"跳香"的大型宗教庆典也是苗族人民年年都要举行的，其重大和热闹程度可与"四月八"和"赶秋节"这样的大型节日相媲美。板栗村人的习俗是每年要去"看龙场"，也就是到龙住的地方去"看龙"。从每年农历三月谷雨时节那天开始，每逢辰日，便算是看到了龙，从第一个辰日"龙头"到第六个辰日"六龙"为止。他们期盼通过看龙场，可以沾上龙的福泽，龙神能为他们带来一个风调雨顺的气候，并给予他们一个丰盛的农业收成。"看龙场"那天，村民们停止手下的农活，杀猪宰羊，带上祭品，纷纷相邀一起来到祭祀龙的活动场地，将自身的心愿传达给龙神。这就是宗教信仰的体现。"跳香"活动也是与农业收成相关的，通过大众齐聚一堂举行大型的宗教祭祀活动，祈求各路神灵保佑当地风调雨顺，五谷丰登，粮仓盈余。"跳香"活动中掌坛巫师身穿法服，手持牛角，默念咒语，请来七千祖师、八方神仙到达当地，再与众人一起向神灵祭奠，请神灵赶走妖魔鬼怪，驱赶疾病灾难，带来风调雨顺，引领他们走向幸福的生活道路。此外，还有杀牛祭祖的"吃牛"祭典即"椎牛祭祖"，基于傩公傩母崇拜的"还傩愿"等祭祀盛会。这些大型的活动在板栗村人的社会交往中占据了重要的地位。在这些活动中，他们感受着神灵的庇佑，更认真地生活。

板栗村的宗教信仰是基于"泛神论"而产生的。在他们的意识之下，世间万物都处在一个神、鬼、人共存的世界，任何事物都是有生命的，其福祸都与自身的言行相关。由"万物有灵"延伸到"鬼神信仰"再到"图腾崇拜"。这三个观念凝聚了板栗村人的全部宗教信仰意识，也贯穿在他们全部的巫术仪式和巫术活动当中，沉淀着巫楚文化之原始朴拙。在板栗村人的生活中，已经无法摆脱在衣、食、言、行上的种种禁忌，这形成了一个固定的精神思维环境。他们只有在这样的巫术和宗教生活世界中，内心才能踏实，才能得到满足。而在他们的优秀的民间艺术和具有浓厚民族风格民俗节日当中，他们不仅得到了内心精神世界的满足，还通过活动欢快的气氛得到了情感上的释放，有了更大的信心和希望走向未来。中国是一个伦理型国家，从古代的"三纲五常"到"仁爱孝悌"，伦理道德对生活中的言行和社会活动等都起到了规范和约束的作用，宗教与伦理道德息息相关，密不可分。苗族的宗教信仰也是以传统道德规范为基础的，神秘古老的板栗村从古老的岁月中走来，经过漫长的历史和岁月的积淀，宗教信仰的力量给予他们从生存到生活的勇气和信心。在他们的生活中，绝不可能丢失了信仰，那是和他们的生命同等宝贵甚至更加珍贵的，一个承载他们对美好生活的希望以及他们精神世界的地方。

第三节　板栗村的人文精神

人文精神是一个宽广的概念，体现为对人的关怀和"尊严""价值""生命"等普遍意义的追求，关注人生和世界存在的意义。中国的传统精神便是人文精神。人文精神、伦理道德、宗教信仰三者之间有着微妙而密切的联系。我们在上面章节中已对苗族宗教信仰世界有了深刻的感受，而在这一章里，我们从人文精神的角度出发，剖析宗教信仰对人们精神上的教化作用。从伦理宗教的角度上来说，中国文化从万物有灵论走向了多神论，再到天命论，经历了巫觋文化、祭祀文化、礼乐文化三个阶段。我国历代统治者皆利用宗教信仰来统治人的精神世界，从古代"三纲五常"到清代的礼法共存，宗教信仰起到了巨大的教化作用。人们一旦遭遇苦难之事，便第一时间向"神灵世界"寻求支撑力量，宗教信仰在现实社会生活中无不彰显它的精神抚慰力量。试想，不宗教，何以伦理，何以道德？在没有宗教信仰的世界里，伦理道德规范还能得到多少人的遵守？苗族的宗教信仰与基督教、伊斯兰教、佛教都不一样。在苗族人的精神世界里，宗教信仰是绝不可缺少的，是他们内心精神世界的寄托，而人文精神则是在宗教信仰中体现的对人本身的关怀，如苗族普遍存在的敬德保民、天人合一等观念，都是在肯定人本身，关注这个世界和生命所存在的意义。在从古至今而来的人与人交往的整个社会群体之中，形成了一套约定俗成的社会伦理道德规范，伦理道德需要宗教信仰的力量来得到人们的认同并得到规范。比如，板栗村村民的"善恶有报"观念是基于"鬼神信仰"的原始宗教信仰而来。他们认为，人在世的时候，不能做恶事，否则会得到鬼神的惩罚，而行善的人也会得到鬼神给予的福泽。在这样的宗教信仰力量之下，人们的行为便得到了规范，符合伦理道德，也表现了对人的关怀，是人文精神的集中体现。板栗村的现实生活无时无刻不与宗教信仰联系在一起，"万物有灵""鬼神信仰"观念便体现了最大的人文关怀。

一 "万物有灵"与人文精神

"万物有灵"的观念，是远古时代的人们因对社会认知的局限和对外界无法理解的自然现象进行的解释。他们认为，自然万物都像他们一样有生命，具有思维、意志，能进行思考。于是，他们便希望能与这些大自然、生物进行交流，这便有了巫术和咒语的产生，进而逐渐形成系统的原始宗教信仰意识。在板栗村这个苗裔古村落里，因地理位置的偏远落后，封闭式的环境使得他们完完全全地继承了"万物有灵"的观念，也使其成为他们宗教信仰的思想根基。实际上，"万物有灵"的思想观念正是将大自然人格化了，对自然万物赋予人的思维、人的情感、人的个性，他们将天上的日月星辰、地上的花草虫鱼、自然现象中的雷雨闪电都赋予生命。例如，稻谷被神化而称为"谷子姑娘"或"米魂姑娘"；很多他们认为十分强大甚至具有超能力的动物，如龙、虎、蛇、牛等都成为他们膜拜的对象,所以便有了图腾崇拜。对于板栗村"万物有灵"思想观念中的人文精神,我们可以从以下两个方面来理解。

一方面,"万物有灵"观念使得人与自然和谐相处,表现有三:其一,我们走进板栗村,便要感叹其山水环境之美,人与自然在板栗村得到了和谐相处,他们爱护树木,保护水源。今天的板栗村,仍然有着强烈的"万物有灵"意识:大山里有山神,林子里有树神,花丛中有花神,自然界中的一切生命都被赋予了灵性。它们与人一样生活,人与自然万物没有高低贵贱之分,都是平等存在的,如果伤害了它们,便会遭到报复,所以他们不敢肆意砍伐树林,不敢任意采摘花草,不敢随意伤害动物。特别是一些古老的参天大树,村民相信这是神灵的化身,大树保护了他们祖先,也将保护他们以及子孙后代。"万物有灵"让板栗村的人们与大自然和谐相处,大自然也回馈了他们,一草一木在板栗村都生长得十分茂盛,自然风光美好。而工业化社会饱受污染的大自然,也确实报复了人类:工业废气让城市中的人们没有了新鲜的空气;雾霾遮住了城市里明朗的蓝天;工业废水让城市里的湖泊不再清澈。这与风景秀丽的板栗村形成了鲜明的对比。其二,在苗族先民狩猎时期,人们的获取食物的来源是险恶无比的自然界中各种凶猛的野兽,与野兽搏斗的过程是一场血腥的厮杀。是什么让他们克服心中的恐惧与担忧走进深山?不仅仅是来自生存的危机,还有图腾崇拜信仰。苗族先民在打猎之前,会进行一场简单的巫术仪式以求得万兽之首(他们认为最强的野兽)的庇护。他们居住的山洞墙壁绘下的图案便是动物的图腾,有的人在穿着的服饰上也会绘下图腾。在一切准备做好之后,他们便胸有成竹地走进深山野林中与野兽进行搏斗。带着丰盛的猎物回来之后,他们要点燃篝火,进行大事庆祝,以感谢万兽之首的保护。这也是人与自然和谐相处的体现。其三,在"万物有灵"的思想观念中,山、水、动物、植物都有自己的情感好恶,自然界中的事物之间也和人一样,形成一种社会关系,人与自然之间甚至有亲密的血缘关系。在《苗族史诗》中描述道:人类的始祖姜央是从蝴蝶妈妈产下的十二个蛋中的一个中诞生的，另外十一个蛋有雷公、龙、蜈蚣、牛等。姜央既与这些自然物同母，便与这些自然物成了亲兄弟，相互之间有着血浓于水的深厚情谊。在他们成长的过程中，有互助协作，也有矛盾对抗，他们之间的相处情形和人与人之间的相处情形是一样的。板栗村的"寄拜"习俗是苗族普遍存在的，正是人与自然友好相处的典型反映。例如，村民认为石头是自然界中最长寿之物，所以，如果自己的孩子多病多灾，难以存活，便可以将孩子过继给石头做"干儿子（干女儿）"，认为这样孩子便可以在长大的过程中无病无疾、坚强成长、长寿无忧。"寄拜"的规矩也是极为正式的，需要准备各种香纸酒米、鱼肉鸡蛋等供物，向巨石说明要认其做干爸（干妈）的原因，并请巨石为自己的小孩取一个带石姓的名字，如"石宝""岩宝"等，祈求巨石保佑孩子健康成长。通过"寄拜"，人与自然达成一个契约，并置于相互依存、相互协作的关系当中。这无疑是人与自然和谐相处的典范。

另一方面，"万物有灵"观念使人类社会的道德伦理得到规范。人与人之间的社会关系、家庭关系、人与群体的利益如何协调？在人们的社会交往中，形成了一套道德伦理，并在时间的沉淀下中得到了规范。从中西方伦理学上说，道德伦理有两个层面上的含义，一个是外在的行为规范，另一个是内在的价值理想。这种道德伦理的规范反映在人际交往和社会习俗中的禁忌，"万物有灵"是苗族人民最原始的宗教信仰，一直延续至今，在其宗教信仰的禁律中实际上就是道德伦理的规范。例如，板栗村每逢节日，特别是过年期间，每天清晨到吃早饭的这段时间里是不允许说蛟、龙、蛇、豹、虎等一切凶恶的野兽名称，还有各种污秽、不吉利的语言。因为他们认为这些凶恶之物会带来不吉利的事情，这就是所谓的"口忌"。"口忌"告诫人们说话要分时间、分地点、分场合，不能说有伤大雅的话，在称呼自己的长辈和同辈等都有讲究。除去"万物有灵"的宗教外衣，这是社会道德伦理中语言美、行为美的体现。此外，苗族历来就有"一方有难、八方支援"的优良传统，在板栗村，乡邻友好，人与人之间的关系也是极为和谐的，这也是受了"万物有灵"思想观念的影响。在苗族流传下来的许多故事和习俗中，如上述《苗族史诗》中记载的姜央与自然界中的其他生命尚且和睦相处，人与石头之间都能相互依存，人们便有了一个既定的思想：人与人之间也需要合作互助，一个友好团结的社会团体总是强大的。在板栗村，某家面临巨大的困难时，全村的人是不会坐视不管的，一户的困难就是全村的困难，大家都会前往困难的这家来帮忙，尽量将困难减少到最小。例如，村里有户人家死了猪、牛等家畜，这是他们一个巨大的经济损失，村里人或多或少都给这户人家带去一些生活必需物品，并好言安慰，帮助他们渡过难关。再有，村里哪家要建造房屋或者修房子，村里的人便会来帮忙，并不计较工钱的多少；农忙时节，缺人手的人家，村里有闲劳力的人家也会热情地出手帮忙。这种互助团结的友爱精神是中国传统美德，而在当今社会最缺少这种道德精神，特别是在城市生活的人们：人与人之间像是隔了一层薄膜，戴了一张冷淡的面具，同一个小区生活的人，可能不知道邻居和楼上楼下的住户姓甚名谁，更不用说互相帮忙、无私奉献了。在板栗村这个小村落里，我们看到了道德之美，这也是生活在城市中的我们应该学习的。

二 "鬼神信仰"与人文精神

苗族人民的精神世界里有着独特的"鬼神信仰"。板栗村的人们几乎都相信这个世界上是有鬼神存在的，他们信鬼好巫。尽管这种独特的信仰也为外来思想信仰所渗透，但是自远古以来历史、人文、自然、地理等因素的多重融合之下，板栗村的"鬼神观"仍然得到较为完整的保存。苗族地区受巫楚文化的影响，历来有敬鬼好巫之风。在板栗村，祭祀鬼神是他们日常生活中必不可少的组成部分，椎牛仪式便是祭鬼的重大巫术活动。在苗族，鬼比神的历史要早，"万物有灵"观念下的山神、树神、花神等实际上就是山鬼、树鬼、花鬼，"神"的概念是苗族在受到汉文化的影响之后才出现的。苗族有"三十六堂神，七十二堂鬼"的说法来形容苗族信仰世界里大大小小、种类不一的鬼神，苗族人对鬼神并没有明确性的界限区分，鬼神都是他们根据自己生活经验和智力水平想象出来的。对于板栗村"鬼神信仰"中的人文精神，我们可以从以下两个方面来解释。

一方面，鬼神信仰使人的精神得到慰藉。这种精神慰藉最明显地反映在人的死亡这个无法改变的自然规律上。在永恒、无限的自然对比之下，人的一生是多么短暂，弹指一挥间便长埋于地下，化为根根白骨，但人们不得不接受这个既定的事实。而最痛苦的时刻是自己的亲人死去的时候，日日相伴的亲人再也看不到了，他们消失在这个世界里，留给在世者巨大的悲痛。于是，苗族的先民便有了这样一种想法，人的存在方式和存在状态有很多种，死去的人并没有彻底消失，而是以另一种方式和状态存在着，就像看不见的鬼神一样，死去的人也是他们看不见的，他们存在于另一个世界——人们用肉眼看不见的灵魂世界，他们也可以用多种方式与亲人进行沟通，如巫术。在板栗村，人们对待死亡可以说是从容淡定的。在亲人死去之时，他们并没有陷入极度的悲伤，走进彻底的绝望之境，因为他们相信灵魂不死：死去的亲人尽管死了，但也没有完全死去，只不过是以另一种方式和状态存在着；他们看不到死者了，但是死者能看得到他们，他们可以通过巫术仪式与亲人进行沟通。这样一来，鬼神信仰、灵魂不死的观念让人们克服了因"死亡"问题带来的巨大哀痛与恐惧，成为生命永恒存在的精神支柱。这种精神慰藉还反映在鬼神信仰带给人极大的安全感之上。在板栗村，人们举行各种各样的宗教祭祀仪式，都是为了寻求鬼神的庇佑。在他们心中，鬼神是无所不能的，他们在祭祀的过程中以最虔诚的心期盼鬼神的福泽恩赐；在仪式过后，他们做什么事情，便都无所畏惧，因为他们认为，有了鬼神的保佑，便无须再害怕任何事物。他们在巫师的主持下在神灵面前忏悔，将自己人生中犯下的种种罪过道出，以得到神灵的宽恕。在巫术仪式过后，他们认为，神灵已经原谅了他们，他们从此便获得精神上的终极解脱，可以安然死去了，灵魂通往另一个世界，不再有任何畏惧和担忧。在鬼神信仰的观念之下，苗族人民的精神世界得到了支撑，他们在宗教信仰中得到强大的精神力量，释放了恐惧与担忧，甚至获得了精神上的解脱。

另一方面，鬼神信仰使人类社会的道德伦理得到了规范。万物有灵的观点使人的道德伦理得到了规范，鬼神信仰也让苗族人民的社会关系得到了维系，这就是宗教信仰的教化作用，表现有二。其一，苗族宗教信仰的报应原则是"现世报"，即"人生在世，善有善报，恶有恶报"，这与基督教、佛教的"来世报"报应原则完全相反。在板栗村，人们坚定地相信，鬼神自能惩恶扬善。他们可以在社会发展中的无数个偶然与必然事件中找出所需的几个来证明鬼神惩恶扬善的原则。在这个并不公平的人类社会，他们相信鬼神会为他们主持公道，人类所做的一切事情都逃不过鬼神的眼睛：做了恶事的人得了恶病和灾祸，做了好事的人交了好运，那都是鬼神的力量在操控这个世界。在这样鬼神报应原则之下，人们便努力去做一个好人，大家共同排斥恶人，对自己的任何行为都加以规范，使之符合道德伦理。例如，在板栗村流传着这样一个故事：甲乙两兄弟，甲心地善良，乙心胸狡诈，乙想要独霸家中财产，便设计了一个恶毒的陷阱，要把甲推进悬崖，然而，甲落到了崖洞里，却在崖洞得到神仙的指引逃脱了这场灾难，并得到了一笔巨额财富。乙听说后欲效仿，便也跑到崖洞中，却掉下了深不见底的悬崖。这样的故事在湘西苗族有很多，情节不一，但基本的内容都一致，祖辈流传下来的好像极其真实的故事带有极大的感染力，起到了很好的伦理教化作用。我们走进板栗村，感受到的都是其民风之淳朴，并没有听说大奸大恶之人的存在，村民皆良善之人。其二，苗族是一个极重孝道的民族，流传着许多关于孝道的故事。例如，雷公劈不孝子女的故事，这类故事大抵都是不孝之人最后得到了何其悲惨的下场，而孝顺之人最后得到了美好圆满的结局。板栗村人认为，这都是鬼神的力量，鬼神能看到人世间的一切事情，谁若做出了不孝的事情，就会受到鬼神的惩治。在鬼神的注视下，人们会经常检讨自己的行为，而我们所见的板栗村，人们都尊敬老人、孝敬双亲，孝的道德规范在这里得到了良好的遵守。在鬼神信仰的观念下，苗民不敢轻易作恶，也知道遵守道德伦常之重要性。道德伦理在这个社会中被合理地规范了，社会关系得到了最大的缓和。

"万物有灵"和"鬼神信仰"从古延续至今，一直贯穿在板栗村人精神世界中，在他们的观念意识中自然万物皆有生命，鬼神与人同在。于是，人与大自然中的万物都可以和睦相处，鬼神信仰成为人们的精神支撑，社会道德伦理也得到了规范，人文精神在这个小小的地域圈中得到了最大的体现。

在本章节中，从板栗村的巫楚遗风到宗教信仰，再到其人文精神，对板栗村所处地域文化圈的精神世界进行了深入的探索。远古的巫文化在楚国得到了最大的重视，形成了璀璨的巫楚文化，在板栗村的巫楚遗风之下，我们进入了其宗教信仰的生活中。最后，在"万物有灵"和"鬼神信仰"的基础上，感受到宗教信仰的巨大教化作用，人文精神在此显现，而道德伦理也在此得到了规范。在板栗村的地域文化圈中，不仅仅有远古延续至今的神秘的"万物有灵"和"鬼神信仰"，还有应继续深入研究的道德教化、乡贤文化、民俗文化等。让我们与板栗村更近一步。

第五章 板栗村的道德教化与乡贤文化研究

第一节 道德教化

马克思曾说过，人是社会关系的总和。① 人总是生活在群体与社会中，作为个体的生命形式规范自己，以利于群体的利益与交往。在长期的社会发展和交往中，家庭和社会等多种关系不断演化，久而久之，形成了一套约定俗成的道德伦理规范。

儒家思想是我国从古代延伸至今最突出的思想体系，自古以来都以"修身、齐家、治国、平天下"著称。历代统治阶级十分推崇"为政以德""修己以安人""修己以安百姓"等儒家思想。王国维在《殷周制度论》有言"古之所谓国家者，非徒政治之枢机，亦道德之枢机也"，说明中国自古以来都是以德立国。历代统治者都十分关注社会道德等问题，将其视为国家生死存亡的生命线。②

---

① 《马克思恩格斯选集》（第1卷），人民出版社1995年版，第56页。
② 胡发贵：《试论中国古代道德教化的特点》，2015年3月12日，中国社会科学网，http://www.cssn.cn/zhx/zxllx/201503/t20150312154249622.shtml。

苗族作为我国56个民族之一，在漫长艰辛的历史过程中，形成了许多优秀的道德文化传统，留下了一笔宝贵的精神财富。苗族的优秀传统伦理道德使得中华民族精神文明宝库更加丰富，有利于苗族更好地建设精神文明社会，有利于建设生产发展、村容整洁、村风文明的新苗乡。

板栗村的方方面面体现着苗族的道德伦理观，在他们的日常生活和生产中呈现出多种样貌。苗族人在长期的艰苦生活环境中，仍具备勤劳勇敢、吃苦耐劳的精神，同时心里仍然保有自由、平等、博爱的向往。他们和睦地生活在一起，秉承团结互助、集体至上的价值观，骨子里还流淌着热情豪放的血液。

一 重生歌死的生命观

重生歌死的生命观体现为以下三个方面。

（一）珍视生命、豁达乐观

神秘的巫楚文化中，始终以万物有灵为信条。"国殇"中就有"身既死兮神以灵，子魂魄兮为鬼雄"的说法，体现了一种对生命的达观主义。活着，不愧怍于人，死了亦要为鬼雄。苗族人鲜明的个性可见一斑。经过一代代的传扬，这种价值观已经内化于心，外化于行。苗族有着重生歌死的生命意识，更有一种"人生于自然而归于自然"的豁达生死观（见图5-1）。

迁徙不断的生涯，使得苗族人长期处于恶劣的生存环境之中，但他们的祖先始终抱有对自然的一种敬畏，充满对生命的珍视之情。他们生性蛮勇雄悍，不屈服于任何险阻艰难。在破荒开垦石山中，付出了血汗终成就如今面积可观的田土，使板栗村人的生命得以延续，孕育了一代又一代儿女。他们的大型祭祀活动的歌舞中、丰富多彩的节庆集会中、男女青年热辣肉麻的情歌中，始终洋溢着对生命持有的饱满热情，让人感受到那股浓烈的激情。

图 5-1　板栗村巴代石山东绘制的太上老君

(二) 尊老爱幼、贺喜新生

板栗村重视生命,有着尊老爱幼、家和睦邻的传统。每当婴儿出生,充满了喜悦之情。祖传家训处处体现着苗家人尊老爱幼的传统。他们尤为重视新生儿的诞生,因为寓意着人丁兴旺。新生儿的父亲需要在第二天清晨,抱一只鸡去女方的娘家去报喜。如果生的是男孩,就选公鸡,生的为女孩就选母鸡。孕妇在月子中,须食用鸡蛋和甜酒来补充消耗的营养。第三天,则请同族中一位较高辈分的妇女,为新生儿穿上新衣,抱出产房,正式与亲朋好友们见面。与汉族的抓阄习俗类似，苗族也有让新生儿自行选择触摸某几样器具的传统，锄头、犁耙、纸张、砍柴刀之类男性常用的生产物品等给男婴选择，女婴就为其准备菜篮、剪刀、绣花针线等女红和日常生活所需物品。新生儿的爷爷或父亲，为了表达喜庆，便杀鸡祭祖，向祖先汇报家中的喜讯；并邀请同族亲友乡邻前来做客，热情地杀鸡杀鸭、备酒款待。女性宾客们，前来祝贺需携带礼品，鸡、鸭、肉、鱼、蛋、酒之类为送礼常备。新生儿的外婆还需早早准备好外孙或外孙女的新衣和其他日用品。小孩满月，须操办"满月酒"。由母亲将满月的孩子放在摇窝里背着，和孩子的父亲一起，携一只大公鸡和一壶好酒，前去看望外婆和新生儿的舅舅，并办酒庆贺。苗族有"舅家认婴"的习俗。经舅家看后，新生儿才能平安长大并越来越聪明，越长越好看。到了送客时，外婆需将九碗祝米酒作为礼物送给新生儿，舅父舅母各自准备九件小婴儿衣、九顶狗头婴儿帽给新生儿，以表达长寿的美好祈福。

（三）达观于死、以乐致哀

生与死是人生的两极。庄子云："生也死之徒，死也生之始。"板栗村村民认为，人都是从老祖宗那里来，经历了一世人生，老了还要回到老祖宗的身边，长久地陪伴老祖宗。他们认为"魂气归于天，形魄归于地"。人死以后，灵魂会开始漫游。在丧葬仪式上，经过巴代的"指路引渡"，死者的灵魂会沿着民族迁徙历史的路线，最终到达苗族人文的发祥地，与老祖宗长久做伴，去极乐世界快乐过活。隆重、肃穆的仪式和古朴、绚烂的丧歌，无不体现了板栗村村民以及湘西苗民的一种豁达的生死观。

从古至今，在湘西苗族的山寨里，当寨子里的老人离世，不论死者是男是女，也不分名位尊卑，全寨人都会来帮忙筹办丧葬事宜，故有"人死众家丧，一打丧鼓二帮忙"的说法。同族的丧鼓手、锣鼓手会立马自发聚集前往亡者的家里，鸣响锣鼓和鞭炮，跳起歌舞。歌舞在板栗村的生活中，不仅仅是娱乐，还是一种宣泄和抒情。这种古老的丧舞，乡土气息浓厚。舞蹈内容讲述亡者的生平故事，以亢奋刚健的舞蹈动作来颂扬死者的文武功绩，以表达对死者的不舍和告慰死者的亡灵。丧葬是人类最悲伤的时刻。这种失去亲人的悲恸，他们痛在心，却选择一种热闹的仪式去表达哀伤。湘西苗族人认为死亡是生命的最终归宿，虽然身体机能已衰竭，但灵魂会长伴子孙左右。所以他们引吭高歌，用乐歌代替悲泣，即所谓的"长歌当哭""以乐致哀"。全寨村民踏歌打鼓，设宴舞戏，将丧事办成喜事，场面热闹壮观。板栗村村民也不例外，继承着这种丧葬礼仪。此种丧葬仪式既是豪放乐天的生命意识的传承和展示，又是对死者的歌功颂德，告诫后人应继承和弘扬亡者的美德，树立正确的生命观。这种丧仪体现了苗族的民族之魂。他们这种重视生死，却不畏死亡的达观精神，体现在应在生前多做好事、积善成德的道德教化中，他们认为，应为本民族鞠躬尽瘁、建功立业，死后才会受到人民的颂扬，流芳百世。

二　苦中作乐的生活观

苦中作乐的生活观体现为以下两个方面。

（一）坚毅开朗、热情奔放

板栗村村民对生命的重视，体现为其坚毅开朗、热情奔放的个性，体现在抒情表意的多首苗歌中。在历史上的多次迁徙过程中，坚毅开朗的苗族先人们生活尽管非常艰难，却善于苦中作乐，发现生活中的美好。他们站在高山上，看到一阵风吹来，那些树叶哗啦啦作响，突然风停歇了，小河小溪里面的水开始缓缓而流，突然加速了。村民们捕捉到了这样一种节奏，对大自然的灵感与热爱油然而生，从心底里萌发出对美好生活的向往与歌颂，逐渐随着大自然的韵律和节奏，唱了出来，与大自然的形态若合一契。旋律浑然天成，朗朗上口。自此，苗歌逐渐演化成两种形式：高腔和平音。例如，苗族青年男女关于谈情说爱中对唱的苗歌：

一处管唱它一句，听我哥们把歌咏。

你像坐秋的美女，令人一见就倾心。①

这种苗歌直接表达自己的心意。熟识的人之间以歌代言，甚至与陌生人亦以苗歌来代替打招呼。板栗村苗民对美好爱情的向往，对美好生活的追求充分体现在流传下来的多首苗歌中。例如，在赶场时为热烈追求某位姑娘，唱道：

赶场路边坐成排，好像仙女下凡界。

有缘千里来相见，赶场相遇天安排，

我们同行讲讲话，大家一起开开怀。②

由此可见苗族青年的耿直与风趣。在村寨中以及湘西苗区还流行着多首关于对青春的珍惜之歌。例如，苗族小伙因为想要尽快达成心意，便对苗家姑娘唱道："青春好比花一样，花儿不会开永远。"③ 人生苦短，青春歌中劝导年轻人要珍惜青春，要趁叶青吹木叶，以木叶为喻，敦促苗家儿女抓住人生中最美好的年华。

(二) 热爱生活、进取向上

板栗村村民在丰富多彩的节庆集会活动中也讴歌了生命。湘西苗族的传统节日众多，其娱乐形式多种多样，吃新节、赶歌节和苗族鼓舞最能体现他们对生命的重视、对生命的追求、对生命的热忱。每年农历六月初六，最早是"吃新节"，现在更多地称为"赶歌节"。这一天是苗族盛大的祭祖对歌的节庆日。这天来到，湘西苗族的男女老少，便不约而同地身着鲜衣华服，三五成群，从远远各苗寨来到热闹的传统歌场。到中午时分，

---

① 石启贵：《民国时期湘西苗族调查实录文学卷》，民族出版社2008年版，第296页。
② 石启贵：《民国时期湘西苗族调查实录·文学卷》，民族出版社2008年版，第310页。
③ 同上书，第321页。

歌场中已是人头攒动，无比壮观。热情奔放的苗家青年吹笙笛、奏唢呐，结伴对着歌，尽情歌舞，来庆祝这个吉祥美满的日子。在场的群众可自行选择，随时加入他们之中，也可在一旁围观助兴。这一天还是苗族的老年人访亲会友的好机会，他们在这一天里尽兴交流农产耕作里的大小事情，叙谈家常。赶歌节源于湘西苗族的一个古老传说：苗族的祖先为六男六女，他们开辟了一方田园，繁衍了一代又一代，创造了幸福美好的生活。因此，苗族人民在每年的六月初六这一天，聚会歌舞，以表达对祖先的感恩和惦念。喜庆的赶歌节中，可以看出湘西苗族人民乐观积极的生活态度和珍视生命、乐于生命的生命意识。

　　板栗村村民喜爱热闹，每逢节庆集会就换上属于节日的盛装，以敲锣打鼓、载歌载舞的娱乐活动等形式来表达对生活的热爱和喜悦之情。苗族自古以来就是个能歌善舞的民族，在艰辛困苦的日子里，以歌代言，依然表达着对生活的热爱。不论男女，不论老少，都能根据不同的喜好而表演，且各有各的味道。苗族的先祖最先是用花鼓舞来驱赶野兽，后来因为社会的动荡、政权更迭，逐渐用于战争，以激励士气。久而久之，跳花鼓舞演化成湘西苗族一种传统的娱乐形式。花鼓舞通常分为两种，一种为两面鼓，另一种为四面鼓。前者是由两名苗族的男青年和两名女青年同时在敲击鼓的两侧；后者则是由苗族的男青年和女青年，人数通常是男女各两名或四名，同时各自在鼓的四个方向敲奏，其余的人则围成圆圈，随着鼓点节奏和击鼓者的动作一齐舞蹈。板栗村村民也不例外。逢年过节，板栗村群众在晚餐过后、闲时都要聚集在村中的场坝上打花鼓。年轻人喜欢节奏明快、急促的鼓点，如"团圆鼓"和"猴儿鼓"。表演时，男性领舞者高举着鼓槌奋力击向鼓面，宣告着花鼓舞的开场。紧接着，各位鼓手双手迅速抖动，顿时震天的鼓声冲上云霄，心脏随着节奏律动。苗族男女随着鼓的节奏热情地舞动着，还以口念"嘿嘿"之类的节奏来助兴。男性焕发着一种粗粝的精神，散发着一股阳刚之气，彰显着力与美。而女子的婀娜多姿的身段与鼓舞动作完美结合，一方面展现大方得体的气质，另一方面又将女子的柔美表现得淋漓尽致。两种不同风格的舞风在同一场合中配合得天衣无缝、刚柔并存，动作和谐自然、丝丝入扣。湘西苗族青壮年以打得一手好花鼓为傲，因更容易得到姑娘的青睐，与姑娘绣得一手好刺绣才能更容易得到小伙子的倾慕一样。花鼓舞要求男女双方配合默契，所以男女在一起更容易产生情愫，会打花鼓的姑娘得到小伙子的爱慕的概率更大。苗族人的思想感情充分融汇在语言丰富的花鼓舞舞蹈动作里。它成为苗族人一种寄托感情的途径，其动作源自苗族自古以来的农副生产和日常生活；从种田耕地到纺纱织布，无一不体现了苗族人民的生活，娓娓诉说着一个又一个关于湘西苗族人民的勤劳勇敢、战胜困难、追求幸福、重生乐生的动人故事。

三 原始淳朴的义利观

原始淳朴的义利观体现为以下两个方面。

（一）团结互助、集体至上

苗族人历来有着团结互助的集体观，此源于上刀梯的习俗。相传在很久以前，一个名叫张二郎的少年，腿部天生有残疾，且父母兄妹惨死于战祸。他只身一人在外流浪，历尽了千辛万苦，最后不幸饿昏在苗寨的大路上，被一苗族赵姓之人救起。为了报答赵氏的恩情，从此更名为"张赵二郎"。全寨的人后来被一场大风沙将眼吹盲，据说只有用月亮上采集的露水才能治好。张赵二郎身携刀和黄伞，朝着村外走去，最终在一棵历史悠久的大树下站定。他目光如炬，忍受着剧痛，毅然将刀当作攀天的工具，踩着刀梯奋力向天攀登……过了一个月左右，随着黄伞的突然飘落，伞上沾满的露水掉下来，苗家人用它治好了眼睛，却再也没有等回他们的救命恩人张赵二郎……为了纪念这位舍身救民、心怀大爱的英雄，苗家人便将上刀梯作为一种习俗世代流传。苗家人无畏无惧的性格，在这美丽动人的传说里表现得入木三分。踩踏在明晃晃的刀梯上，有着视死如归的勇气，不惧死亡。从古至今，苗族的祖祖辈辈在这种大无畏精神的鼓舞下，不论多么艰苦的条件和恶劣的环境，始终都能乐观勇敢地面对一切。根深蒂固的大无畏精神烙印在苗族人心里，使得他们在国家和社会危难时刻挺身而出，奉献自己。明朝时期，苗族的热血儿女在祖国危难之际，奋勇当前，来到东部沿海，抵抗倭寇。在之后的抗日战争中，很多苗族的爱国青年把生死置之度外，为了祖国和民众的利益奉献了自己宝贵的生命，为战争的胜利做出了不可磨灭的贡献。

苗族人热情正直，路见不平就会拔刀相助。乐于助人，是苗族人的优良传统。板栗村，同寨人如果谁家因生病或遭受了灾祸，同寨近邻就会自发上门慰问，并带上牲口、农具前往帮忙播种、收割等因病灾而中断的农事。若是红白喜事或修房砌屋，全寨的人更是积极出动，不求回报。苗族人重义轻利、仗义执言，疾恶如仇、刚正不阿，若是看到别人经济上有困难，便慷慨解囊，甚至不惜任何风险也要相助。笔者在板栗村走访期间，适逢村里一户人家的姑娘出嫁，非物质文化遗产赶秋节传承人吴海深和一众村民帮着主人张罗大小事情，忙得不亦乐乎。在2015年8月8日板栗村的赶秋节文艺会演中，村民们展现了板栗村独有的精神风貌，同村妇女们虽然不如科班出身的表演人员专业，可她们连日来每天顶着烈日为奉献一场精彩的表演而积极专心排演，排演过后继续操持着农事生产。在正式演出时，她们脸上洋溢着自信而略带羞怯的笑容，眼神坚定，动作干净而利落。这无不体现出她们的主人翁精神。

（二）重情尚义、诚实守信

苗族还有着疾恶如仇的本性。相传在远古时代，一个神通广大的妖怪在苗家人聚居的山岭中作恶多端，侵害人民，人民苦于它踪迹变幻莫测，无法彻底驱逐它。这时出现了一个勇敢的苗族小伙，名叫石巴贵，他辗转找来36把钢刀，并将刀搭成梯子的形状爬到树的顶端，吹起牛角，引来妖魔，并声称要打败它。妖怪被他胸有成竹的气势给震慑倒了，吓得魂飞魄散，仓皇而逃。苗族人民为了纪念石巴贵的勇敢大无畏，激励后辈学习他不惧艰险的勇敢斗志，便以上刀梯这种方式来表达对他的追忆和怀念。苗人的思想、行为、语言状态，处处依着正道践行，多为耿直正义之辈，待人真诚，热情爽朗。其民族里流淌的这股热血，造就其后裔疾恶如仇、惩恶扬善的正义之心，这在苗族很多动人的传说里均有体现。

不论是舍身救民的张赵二郎，还是为民除害的石巴贵，不论他们是传说中的人物还是历史上的真人，那种勇敢无畏的献身精神都深深印入了苗家人民的脑海和血液里。因为一代一代的传承，始终闪烁着人性的光辉。值得一提的是，苗族人崇尚的这种勇敢无畏并非逞一时之快的快意恩仇，也不是为了一己之私，而是为了让更多的人得到幸福和安康，甘于奉献自己。

随着经济的发展和社会的进步，人们的求富意识与日俱增，在商品经济的洪流下，不乏唯利是图的奸诈之徒。而板栗村人民遵循先人口传身教的道德，一片诚心，性情直爽，忠厚朴素，言之于口，行之于心，不为不义欺诈之事。苗人以先贤遗留的道德伦常为模范，谨遵执守。对于当今社会的新潮事物，板栗村人民不喜追崇，漠然视之，相沿成习。故此民族，历年久远，由于信息的闭塞和交通的不便，经济生产、生活水平相对落后。但在一定程度上，民风因此得以保留了原始气息。

四 自由平等的婚恋观

苗族的恋爱是自由开放的，很少受父母约束。在"三月三"、"六月六"、赶秋节、苗年等传统节庆集会中，苗族适龄的男女青年，可以自由选择配偶。湘西苗族人的传统恋爱方式有着一种半包办半自主的特色。他们秉承恋爱自由的观念，男女双方在自由恋爱的过程中，精神上获得一种极大的满足，但是，一旦谈婚论嫁则需要征得双方家族的同意才能结为夫妻，所以他们的婚姻与恋爱相比，受到了重重的限制和束缚。板栗村的婚恋观大抵沿袭此种。在长期处于恶劣的自然环境和动荡的历史环境之中，板栗村村民，内心无比渴望得到一种安宁、和平的生存环境，于是始终保持一种对自由的追求、对贫苦艰难生活解放的渴望以及在社会的主流价值观影响下，对独立的向往心理。他们渴望追求自由平等的恋爱与自主和独立的婚姻，同时表达着对一切外在的束缚强烈的不满。自由的观念已经深深印刻在了一代又一代湘西苗族人民的心目中，并且影响着他们的言行举止。苗族人的恋爱历来有着开放自由的特点，在自由恋爱的过程中，有时尽管没有正式结婚，却早已私订终身。苗族适龄男女，在结婚之前有着较为自由的两性生活，父母通常不会禁止子女婚前发生亲密关系，反而认为这是对其子女的一种肯定和爱慕。子女有时候将其心仪者带回父母家中，父母还会热情欢迎他，并且准备丰盛的饭菜，甚至为他们提供一间房屋，供子女相会使用。由此看出，苗族人将性看作一种自由，是爱女之美的表现。《永绥厅志》中有在八苗寨的前面专门为青年男女聚会对歌而设置"空房"，一旦苗家男女情投意合，男方就用自家的牛下聘礼的习俗的记载。这充分体现了苗族人的人性化，体现了其追求和谐幸福生活的诉求。这是社会文明的一种进步。但是，在苗族社会，同时存在着一种婚姻不自由的局限性，他们不会将恋爱自由与婚姻自由混为一谈。恋爱只是第一步，可以大胆选择、接触和追求，但最多只能作为男女双方相互选择有意的对象并与之深入发展之前的参考。受原始的舅权制度残余的影响，最终的婚姻决议不但要征求父母的同意，而且要取得女子舅家的允许后才能拍板。这就是所谓的"娘亲舅大"，也是母系社会与父系社会过渡阶段的历史遗留的体现。此外，湘西苗族社会中对婚姻还存在着诸多禁忌，如"姨表兄妹绝对不能婚配""系别相同不婚"和"有异性不婚"的婚姻限制。其中，"姨表兄妹不得婚配"是母系社会的遗留，一定程度上则有利于苗族后代的健康繁衍，因此板栗村也尊崇此理，如廖、石不通婚，秧、杨不通婚，即其例证。[①]

苗族女性的适婚年龄一般处于16—20岁。在婚礼中，有着遣牙郎的传

---

① 石启贵：《湘西苗族实地调查报告》，湖南人民出版社2008年版，第187页。

说。"牙郎"是苗族的媒人。梁璨的《永绥厅志》中就有着流行"苗人婚嫁亦犹买物,不识问名纳采之礼,惟讲牛马数目"的习俗以及"必用牛马五六双始易一妻"的说法。"牙郎"一旦说媒成功,男方就需马上择日迎娶。完婚之日,新娘需"回娘家"与其母亲同宿。之后,村寨里的妇女当遇上农忙时节或者婚丧之事,就回娘家省亲。此后数年,便长住夫家。

关于离婚,男女若感情破裂,无法修复,则双方都有权利选择离婚。苗家的婚俗中,男女双方若要离婚,需要请一位公证人到场。此人一般为牙郎,负责订立退婚字据。被提出离婚的一方可以向提出离婚的一方要求赔偿其一定的损失,通常是以礼钱的方式。在湘西苗族社会中,人民的恋爱比较自由,双方大胆交往,谨慎嫁娶,所以少有夫妻双方因无法在一起便结束婚姻的情况。妇女丧偶成寡妇时,在守孝三年后给亡夫烧纸、修好墓穴,才可以转房改嫁。此种现象较为普遍,但是有儿女的妇女改嫁则不能带走子女。这体现了一种男尊女卑的思想。

总而言之,湘西苗族的传统道德具有淳朴的特点,在苗族社会中成为统治的权威,甚至带有宗教的烙印。其中部分顺应着现代的社会发展要求,有助于鞭策湘西苗族社会的文明进步。他们始终具备珍视生命、豁达乐观的生命意识,尊老爱幼、家和睦邻的风尚,坚毅开朗、热情奔放的性格,热爱生活、进取向上的意识,团结互助、集体至上的精神品质和重情尚义、诚实守信的原则等。

第二节　板栗村的乡贤文化

"乡贤"一词,在《汉语大词典》的解释里是:"乡村里德行高尚的人。"笔者认为,乡贤就是那些在漫长的中国历史进程中为乡村社会建设、风习教化、乡里公共事务中贡献力量的人士。他们是当地为人处世的典范，影响着当地的道德民风，形成了风清气正、崇德爱人的乡贤文化。从古至今，板栗村涌现着一群又一群的杰出乡贤，很难一一介绍。仅就当前而言，也只能浮光掠影、挂一漏万地管窥板栗村乡贤的部分代表。他们是非物质文化遗产传承人吴海深、蜡染传承人石杰忠和排碧乡协警龙登高等人。他们都具备一定的知识文化，而且品德高尚，同时具有较高的威望。他们怀着崇高的理想，心系桑梓，并造福于民。他们为板栗村社会的稳定、乡贤文化的传承起到了重要的作用。

一 湘西花垣排碧乡板栗村乡贤

当今板栗村的乡贤主要有以下三位。

（一）板栗村民俗文化传承人吴海深的赶秋情结

2015年8月8日，一年一度的苗族赶秋节在花垣县排碧乡板栗村画上圆满的句号，湖南省文化厅厅长李晖、副厅长孟庆善，湘西州州委常委、州委宣传部部长周云，州文广新局局长罗亚阳，花垣县领导隆立新、杨清泉、麻宜志、石登志、龙仕英等多位省市级领导出席并观看了开幕式表演。开幕式首先以描写苗族人文始祖蚩尤历尽千辛万苦为苗族儿女找到一方家园的文艺表演拉开序幕，演出共分"开元春秋""苗胤祭祖""游猎沧桑""八（仙）女赴会""秋神驾贺""秋场情韵"六个部分。接下来，开幕式还上演了精彩的苗族接龙舞、柳叶舞、苗族服饰秀等文艺表演节目。同时在其他分会场，当天还分别举行了苗族椎牛、吃猪、上刀梯、苗鼓、苗歌等传统民俗表演节目，观看人数约10万人。活动结束后，作为此次赶秋节的总指挥，吴海深的脸上终于露出了一丝欣慰的笑容。

笔者一行在赶秋节的前几日到达板栗村。板栗村地处于武陵山区吕洞山与莲台山山峰之下，是一个古老的村落，平均海拔不足700米。当时村口已经挂起了赶秋节的宣传横幅。在村口的空草地上有着一幅用石子组成的太极图，正对太极图的上方是一个类似于轿子式的四面彩灯，每面各有一个字，连起来就是"乐在赶秋"。围绕整个表演场地的是上面有着各种跟蚩尤相关的图腾的彩旗，村民们正在一丝不苟地进行着节目的排练。只见一位身着白色汗衫和卷起黑色布裤腿的中年男人正站在他们后方的高地上，用喇叭宣喊来进行彩排的调度，声音都有些嘶哑了。不难想象他每日的操劳与辛苦，当日的温度逼近34℃，他那被太阳晒得黝黑的脸庞上，汗如雨下，但没有因此懈怠。此人看上去五六十岁，目光炯炯，目光直视前方，他就是板栗村著名的赶秋节传承人——吴海深（见图5-2）。

图5-2 板栗村民俗传承人兼赶秋节总策划吴海深

因为筹备赶秋在即，所以吴海深终日忙得没有工夫接受我们的采访。一向村民们问起赶秋的事宜，村民们几乎都说让我们直接去找吴海深，说找他就没错了，他是个文化人，不仅读书还自己写书。我们抱着佩服的心情到达他家附近：一架巨大的刀梯横亘眼前，周围散放着其他部件。因为主人不在家，只能在外看了个大概。在赶秋节的前一天下午，笔者一行再次赶到板栗村。映入眼帘的是吴海深在指挥众村民处理围绕场地的一条水沟。因为粘连着泥巴，所以水呈土黄色，吴海深叫人去同村著名蜡染传承人石杰忠家里取了一点染料投进水里。稍许，水的颜色便从土黄转至透着微微绿色的蓝色。在太阳的映射下，水泛着一点点儿的蓝光，煞是好看。

吴海深是赶秋节的总指挥，也是热爱民俗文化的读书人。谈及传统村落的文化传统与精神世界，吴海深提到了板栗村的历史，说板栗村上溯至南宋是个未经开垦的石头山，是他们的祖先发挥自己的聪明才智，用自己的血汗将石头山变成了如今的田土耕地，人口才逐步增多。他们的不少先辈因为疾病或意外而死亡，导致人口发展缓慢。

笔者向吴海深问到板栗村的来历，他不无感慨地给笔者讲述了一个故事。说板栗村最初因为漫山遍野的板栗而得名，但是在历史上曾有一位风水先生因其地形状似梅花而提议命名为梅花村。因为时间变迁，村里的板栗树和茶树数量差不多，又得名"板栗茶村"，中华人民共和国成立后一直沿用至今。接着，笔者就村落文化的另外几个问题进行了采访。谈及蚩尤，他的眼里射放出一种光，说话的语调略显上扬，言语之间透露着对蚩尤的敬仰与感恩之情，并谈到他对这一块十分感兴趣，自己也就某些方面写了些文章。

吴海深拿出一本名为"楚湘西梦"的书稿放至我们眼前，封面是他设计并绘制上去的，书名下署名为施湘云（见图5-3）。他见笔者有些诧异，便解释道，他的生父姓施，是个艺术人才，会画画、会苗绣、会吹唢呐和笛子，在当时，可谓是一个地地道道的全方位艺人。他年少时跟随父亲走村串户,分担做红白喜事司仪。家庭的熏陶和大量的农村实践对他的耳濡目染,使他接触到大量的苗家民歌、民俗,并有幸切身感受到苗族民歌与民俗的魅力。他回忆说:"当时,家家户户有灯彩,人人都能唱山歌。虽然生活不算富裕,但过得很开心。"

图5-3 吴海深的著作《楚湘西梦》

笔者问司仪跟巴代有何区别。他说道,"巴代是民间一种信仰,带有一种神话、迷信色彩,过去从事一些祛除鬼魅的事情,但是不免过分夸大了鬼神的作用,就带来了一些负面影响。他还是提倡要相信科学,不可迷信"(见图5-4)。

图 5-4　作者在（左）吴海深（右）的书房

最后，笔者就赶秋节进行了相关提问。关于赶秋节的来历，众说纷纭，他给了笔者三种说法，此次主题便选自其中之一："赶秋"起初纯粹是苗族人民庆祝丰收的节日，之后慢慢演变为苗族男女青年进行社会交往和娱乐等活动的一个日子，在每年立秋日举行。赶秋这一日，苗家儿女放下农事生产等手头各项工作，换上苗族的华服，喜气洋洋地从四面八方赶往秋场，参与这个热闹非凡的传统节日。

这届赶秋节的筹备花了两个多月，文艺节目最后定为大型祭祀剧——开元之祭，大型祭祀——祭祖，还有生态古装剧、古装舞、柳叶舞、接龙祭、边边场、苗族服饰表演、绺巾舞、上刀梯、椎牛、猪祭、大型歌舞——难忘金秋等。从编排节目到正式表演，演说词、服装、背景音乐等细节，村民们表演了一次又一次。气温较高的中午，她们累得冒汗直喘粗气，但脸上依然洋溢着灿烂的笑容，排练完还要赶回家继续出农活。动作虽然简单，灵活机智的现场表演却是对毫无表演经验的村民们的一场考验。可想而知，吴海深的压力有多大。他笑言："前段时间每天很累，现在不那么累了。"简短的一句话，让我们深深感受到了一个苗族文化追梦人的赤诚之心。

(二) 板栗村蜡染传承人石杰忠的艺术人生

湘西苗民石杰忠，是板栗村人，同时是一位来自民间的手工艺人。他身高不足一米六，腿有残疾，但意志坚定，朝着自己从小挚爱的艺术——蜡染，脚踏实地一步一步地努力着，从不放弃。石杰忠从小非常喜欢画画，并自学美术，然而受到了家里的阻碍。他父亲年轻时接触过蜡染，在当时现代布料太贵，因经济条件无法购买原材料，故不得不放弃这门手艺。即使如此，也无法阻挡石杰忠对蜡染的热情。多年前的他，发现这个东西放弃很可惜，意识到这是关于民族传承的工艺，所以就继续学习。通过不断的努力，他终于有所成就。

适逢赶秋节，2015 年 8 月 10 日，走进板栗村，一座三层小楼静静地站在村口处。小楼前有一个巨大的染缸，靛蓝色的染液在里面沉淀着，这就是石杰忠的家。走进石杰忠的家，一楼宽敞明亮，四周的墙壁上布满了他获得的荣誉奖励证书和奖状，以及参加艺术活动的照片。说明来意之后，石杰忠热情地欢迎了笔者一行，开始与我们分享他和蜡染的故事。

石杰忠曾多次代表县残联参加湘西州、湖南省和全国残疾人文艺和职业技能比赛，获得许多荣誉奖励。他的蜡染设计和蜡染技术，在湘西很有名气，现在在板栗村创办苗族民间工艺厂（见图 5-5）。各级媒体都报道过他的事迹。通过这些宣传，湘西苗家文化和绝技能够更多地为世人所知，从而继续流传下去。

2003 年，石杰忠参加州残联邀请中国知名美术工艺大师单海英到永顺举办为期 21 天的蜡染培训班。后因家庭经济原因，不得不暂时放弃所爱，去矿山给一个亲戚当管工。

2009 年，石杰忠再次受到县残联邀请，去凤凰县参加蜡染培训。期

图 5-5　石杰忠与他的蜡染作品

间石杰忠废寝忘食、埋头苦干，拿出比别人多几倍的热情和努力，超额完成了既定的学习任务。培训结束以后，石杰忠按照老师教授的方法，继续努力练习。日复一日，终于有一天，他拿着80多幅作品到陈宗发老师的作坊里去浸染，获得了老师的好评。借此机缘，老师专门为他举办一次展览，得到州内外专家一致好评。这无疑是石杰忠蜡染之路上最大的一次鼓励，是对他一直以来的付出和努力的肯定。

　　荣誉过后，石杰忠并未因此止步，勤奋好学的他更是拿出所有的热情，向更多的苗家工艺大师访问交流，努力把传统苗家的印染与现代的艺术文化相结合，渴望创造出具有苗族现代艺术特征的蜡染作品。一分耕耘、一分收获。在此次积淀后，他参加了2011年全国扎染大赛，并获得了蜡染组第一名的优异成绩。石杰忠的艺术热情持续燃烧着，在2013年全国蜡染竞赛中他有两幅作品获奖，四幅作品被出书。

　　现在石杰忠在外面办蜡染培训班，收了一些徒弟，一边亲自指导学生做作品，一边构思自己的艺术创意，共同把蜡染工艺传承下去。与此同时，石杰忠儿子也在传承他的手工艺，正在从小的蜡染开始，学习蜡染艺术的创作。一家人其乐融融，都在为建设和谐幸福的家庭努力着。

采访当中聊到蜡染技术，石杰忠告诉笔者，苗家以前的工艺就是蓝白两种，没有彩色，苗族从来就没有彩染，但这个地区不包括贵州。

扎染是用针戳洞，再绑紧，捆住之后里面空气进不去了，染料浸入扎染的里面，用力把它拉住，所以染好之后，把那个线去掉，一幅作品就染好了。在染料方面，现在也用植物染料，但是很少。因为它的工序要比化学染料复杂，时间很长，而且不好把握。如果作品要出口或是送给专家的话，就不要用植物染料，而是用化学染料。目前，国内还没有非常好的固色能力。

蜡染一般是用作壁挂、桌布、地毯等。蜡染用的是一种还原染料，还原蓝是一种化学染料。日本目前发明了一个固色剂，比较好。扎染，日本人用的是核心染料，还原染料那是没办法。目前中国人做得很好，不容易褪色，并达到了一定的水准，但是有的人说还是会出现褪色，这就是个人水平的问题。今年在大连，石杰忠参加了一次中国现代蜡染绘画展。在大连，遇到了中国现代蜡染绘画第一高人，石杰忠跟他学习。现在，像这个真丝蚕丝他们染出来，颜色无比鲜艳（见图5-6），像服装一样鲜艳光彩。在用蜡方面，工业蜡和蜂蜡各有所长。蜂蜡能够出现冰裂纹，增加美感。如果是大面积的作品，没有出现冰裂纹，就需要人用力去捏，可以加工成那种效果。以前用的是蜂蜡，把蜜蜂窝里面的蜂蜜取掉并溶解，这时会有刺鼻的气味，会产生一种烟雾，对人的身体不好。蜂蜡成本高，效果没有工业蜡好，工业用蜡对人体没有危险，而蜂蜡产生的烟是有一定危险的。上蜡的时候一般只在一边上蜡，但是两边都要浸透才能封住颜色。如果只浸透一边，那么另一边在染色的过程之中就看不见了。蜡浸的时候，可以用一种铜片，三角形的，里面顺着一点蜡；而毛笔一般是山水，很刻意，没有那种很自然的效果。简单来说浸进去，不像写毛笔字：毛笔刻意去画是画不出来的，那个挥笔的地方只能看到一点点，蜡刀不可能做到像挥笔的效果。毛笔的效果是可以创造出来的，但是得一定是大毛笔。蜡是高温的，毛笔的笔尖不能碰到锅底，碰到锅底，毛笔马上就变成圆形了。必须在蜡染上飘一下，等温度达到30℃左右时再画，太低的温度蜡浸不进去。真正要染好的作品必须"染缸"，放五六块就沉下去了，必须1.5米的高度。最理想的作品就是钉一个木框，第一次往这边下水，第二次拿上来又要倒转过来，整个画面就比较均匀。

图 5-6 石杰忠的扎染作品

如今，石杰忠成为州内外的知名人士，求学求画的知音纷至沓来，县里组织他到周边的村寨给村民们免费培训。苗族的传统蜡染技艺就这样慢慢地传播开来，让石杰忠感到发自内心的喜悦。他为自己民族文化感到骄傲，同时为自己能够对苗族文化传承做出努力感到深深的自豪。

（三）板栗村为民服务、甘于奉献的协警龙登高

2015年8月8日，著名的民俗文化村板栗村迎来了一个盛大的节日——赶秋节。有个身穿交通警察制服的身影一直奔走在四面八方涌来

第五章 板栗村的道德教化与乡贤文化研究

的人潮之中，在他和他同事的努力下，节日欢庆的活动有条不紊地进行着。据悉，他和他的中队恪尽职守，当日于凌晨5点就抵达现场，进行维护现场以及周边道路的交通秩序等事宜。于是，笔者向村民打听了他的联系方式，得知他叫龙登高，是板栗村人。从第一天到访的他的侄子龙志长那里，获得了他的联系方式，并与他电话进行了沟通，他得知笔者的来意后，对笔者的访谈要求欣然应允。

2015年8月11日，笔者见到了龙登高。他一身交警制服，五六十岁的年纪，虽然额头的皱纹昭示着岁月的无情，黝黑的皮肤遮掩不住工作的艰辛（见图5-7），但是他的脸上依然洋溢着和蔼可亲的笑容，衣袖、裤腿高高挽起，透露出一种干练。他热情地带我们参观了他的住处，位于一栋三层的筒子楼里的一楼，共两间房。外室用于待客，家具简单，里屋放着一张桌子，桌子上散放着一张张剪报，可见他是个爱阅读的人。旁边的电视顶盖上积有薄尘，里屋是他的书房，长达两米的两层木架上满满当当地码放着很多书籍，不乏《四大名著》《世界未解之谜》等人文历史类图书，更印证了他是个广泛涉猎的读书人（见图5-8、图5-9）。

图5-7 笔者正在记录与龙登高（左）的访谈内容

图 5-8 散放着报刊的龙登高家中的桌面

图 5-9 龙登高家中的书架一角

一摞厚约半米的奖励证书引起了笔者的注意。笔者征求他的同意后，拿在手里看了看，得知他多次因恪尽职守、工作表现突出被排碧乡人民政府评为先进个人，同时在教育工作中表现出色屡受上级单位与组织的嘉奖。因为为人正直、见义勇为，多次为公安机关提供有价值线索 38 次，解救危困司机 12 次，破获抢劫、盗窃案 7 起，擒获犯罪嫌疑人 11 人，在第一届和第二届"感动花垣"人物评选活动中荣获提名奖（见图 5-10）。有意思的是，他拿出一个胶桶，打开盖子，一阵酸味飘出来，笔者不由得掩鼻。他笑着解释道，"这是我们苗家的酸鱼，这个是我自己做的"，并热情地给笔者分发了他的名片。真是个多才多艺的人！闻过酸鱼的酸爽后，他说这是他以前的住处，现在大多住公路局那边。随后，他带着笔者来到他现在的位于公路局的住所，是一幢独栋新民居，他招呼笔者在办公室坐下，便起身离开了。后来得知他去前院的地里为笔者挖瓜果了。

图 5-10　龙登高的获奖证书（部分）

吃着瓜果，笔者开始进入访谈的正题，他戴上眼镜，与我们侃侃而谈起来。提到板栗村，他的眼里泛着某种光芒，有时言语不乏激动之情。可能因为工作住在镇上，更多了一层思念。他于 1968 年小学毕业后到吉卫镇读中学，1972 年高中毕业后到公社办的林场担任出纳员和保管员。谈起自己的工作经历，他曾在村里担任过会计、村主任等职务。后来因为工作积极肯干，认真负责，做事果断，被调至乡镇府负责文书工作，时常协助派出所处理一些棘手的问题。1997年龙登高受聘到乡派出所协助处理社会治安，并于1999年受聘为县交警大队交通协警。

他自排料乡派出所合并由负责文书工作转为交警，一直到今天。笔者一行了解到，在做好本职工作的同时，他热爱旅游，曾去过西藏、新疆、重庆，广交天下友。他拿出一沓照片与笔者一行分享他在旅行途中的趣闻逸事。他对历史人文极感兴趣，自己搜集了关于苗族甚至家乡的各方面资料，因工作的性质积累了一些相关经验，同时为后来成为花垣县委员会文史资料研究委员会委员打下基础，为编写县乡地方志贡献了自己的一份力，也为笔者一行这次的调研提供了宝贵的信息。他耐心地与笔者一行讲解板栗村的建筑结构，见笔者一行还是有些不明白，便拿出纸笔来演示给笔者一行看。让笔者一行最为感动的是，他知悉笔者一行很需要这些信息，大方地让笔者一行拍下和记录一些相关资料：他这里有的，全慷慨提供；没有的，他积极为笔者一行想办法获得。作为一名干警，他的生活自律，作风简朴；作为一名父亲，儿子、女儿各自努力工作，让他很是欣慰。他坦言道自己60多岁了，已达退休年龄，因为舍不得离开自己心爱的岗位，同时单位缺人，所以就继续甘为"孺子牛"了。

穷且益坚，不坠青云之志；老当益壮，宁移白首之心！这就是龙登高的真实写照。一方水土，养一方人。板栗村孕育了这些勤劳慧勇的苗家儿女，他们在这悠久的苗家历史长河中，留下了属于自己的独特烙印。

第三节 现代教育

不同历史时期的文化传统、社会制度对现代教育的理解各有不同。例如，日本的教育中强调个人意志力的培养和克服困难、战胜挫折的能力；英国的教育中着重培养礼仪风范、文化修养；美国的教育中更加看重创新能力的培养和提高。我国古代韩愈的《师说》中提到"古之学者必有师，师者，所以传道授业解惑也"。古代教师是承担教育的主体，传授的是学问道理、知识技能，同时要求为人师表，即不仅传授具体的知识技能，还需要用自己的品德思想、文化内涵、生活作风、为人处世态度风范感染学生。我国现代教育在继承古代教学中优秀成果的同时，在21世纪的教育活动中需要紧紧跟时代步伐，满足现代全球化发展趋势的新要求。

培养全面发展的个人，是现代教育区别与以往教育的基本特征。与以往面向市场培养生产劳动者的专业技能教育相比，现代教育更加强调个人的全面发展，培养的是德、智、体、美、劳全面发展的人才。不仅仅是在校学生需要接受教育，也不仅仅是接受学校教育的时间段内才能够接受教育，现代教育的对象是扩大到了全体人员，教育时间段延长到了人的一生。学习的范畴贯穿于每一个人的生命全过程中。通过个人不断地学习理解来达到身心健康、幸福生活、奉献社会、实现个人价值和理想的目的。

一 板栗村的基础教育

板栗村的基础教育主要分为学校教育和家庭教育，下面分两部分介绍。

（一）学校教育

我国基础教育包括幼儿教育、小学教育、初中教育、高中教育。板栗村没有中小学，学龄儿童多在花垣县排碧乡就读。板栗村也没有幼儿园，幼儿多在村口的金钉子幼儿园上学。板栗村少儿小学和初中一般在排碧乡九年制学校就读，学校村2公里，高中则在距35公里的县城就读。板栗村目前学生入学的总数中，小学生70人，中学生50人。根据花垣县人民政府网上公布的《花垣县2015年国民经济和社会发展统计报告》中显示，花垣县目前有2所普通高中（见图5-11），19所普通初中，172所普通小学，45所幼儿园。近年来花垣县的教学质量不断进步，办学条件不断改善，全县居民的平均受教育年限提升到了 10.4 年，整体居民的受教育水平逐渐提高。花垣县整体教育水平的提高，让板栗村村民们受益匪浅。

图 5-11　花垣县民族中学

板栗村巴代石山东家中，其孙女"优秀学生""文艺小明星""绘画之星"的奖状贴满了墙壁。石山东对他孙女取得的优秀成绩赞不绝口，他十分感激当地学校教育给她孙女的文化、艺术带来的引导。每当看到孙女认真学习的身影，他的心中都涌现出莫大的满足感。花垣县基础教育的不断进步，不但有利于全民素质的提高，更加有利于其所在的地域民族文化的传承发展。学校教育不仅仅是提升人基本素养，也承载着民族优秀文化传承的任务。板栗村属于苗族村落，居住其中的青少年通过学校对民族特色课程的学习体验，能加深对本民族的文化、历史的理解，从而培养对家乡、对苗族的文化认同感和价值感。这些通过基础教育培养，进入高等院校深造的学生，也能够将苗族的优秀文化传播到更加广阔的平台，同时吸收外来的文化建设和完善本民族本地区的文化。

（二）家庭教育

在漫漫的历史长河中，各民族形成了各具特色的民族文化，包括民族艺术、传统节日、节庆仪式、民族习俗、宗教礼法等。家庭教育、师徒教育也是少数民族人民学习文化艺术的途径。"家庭作为构成社会的最小细胞，不仅仅是经济生活和繁衍后代的最基本单位，而且是文化传承的最基本单位。"[①] 在家庭中各个家庭成员相互影响，父母对子女，子女对父母，长辈对晚辈，晚辈对长辈。通过父母的言传身教，子女的观察模仿，其具有当地民族特色的价值观念、风俗习惯、礼仪教化、生活技能等得以传承下来。俗话说"十年树木，百年树人"，对于人的品德教养是其成长教育中最为重要的部分，道德品行的教育最初来自家庭教育，自小在家庭教育中形成的行为习惯、思想品质将对其未来发展产生不可代替的影响。法国社会学家涂尔干（Emile Durkheim）有观点认为，道德教育能够规范人的行为，使得人的行为依照一定的社会规范，在儿童时期输入的道德准则将在儿童成长的过程中不断完善，逐渐由量变到质变，进而在成长的过程中完成个体的社会化。少数民族的家庭教育中，家中的长辈们遵循上一辈身上学到的民族规范、家法、礼仪等，通过言传身教的方式让后辈获得衣、食、住、行等生活常识和礼仪规范。例如，提倡礼尚往来、尊老爱幼、长幼有序、勤俭节约、互帮互助，反对浪费挥霍、好吃懒做、虚荣贪婪等不良品行。少数民族的家庭教育不但维护家庭的幸福和谐，培养了下一代的美好情操，更是保护了民族的文化传统，有利于社会的稳定发展。

在家庭教育中父母长辈是最好的模范，孩子的发展水平和受教育水平都将一定程度地受到父母知识水平、文化水平的限制。板栗村村民受教育的程度普遍不高，大部分中老年人都只有中小学文化。从某种程度上说，

---

① 向瑞、张俊豪：《湘西苗族传统文化在家庭教育中的传承性》，《民族教育研究》2014年第2期。

板栗村家庭教育中长辈的文化水平以及较为狭隘的视野,将极大地限制子女未来的教育发展,尤其是将对女性的教育发展和选择产生巨大的局限性。因此在板栗村的家庭教育中,父母长辈文化素质的提升也是家庭教育发展过程中重要的组成部分,父母长辈接受的教育将直接影响到下一代的文化思想水平。在民族地区有特殊的民族政策,家庭中通常都有多个子女,父母长辈倾注于每一个子女身上的精力较为独生子女家庭而言显得尤为不足。由于农村经济条件相对落后,板栗村中的青年、中年这一主要劳动力人群越来越多选择外出打工赚钱,父母与未成年子女之间的交流时间更加稀少,空巢老人和留守儿童成了板栗村中普遍存在的问题。长此以往,在经济条件和家庭环境的限制下,板栗村青少年接受的家庭教育质量水平更令人担忧。

二 板栗村的文化传播

随着信息化时代的发展,信息的传播速度空前提高,互联网的发展和普及让人与人之间的时空距离极大缩短。人们的交流能够轻易打破时间与空间的限制,每时每刻都在发生着文化的碰撞或交融。在这种相互渗透中,各种文化将跳出其原本特有的地域走向全国,走向世界,先进优秀的文化得以保存,落后退步的文化走向消亡。花垣县城的电信建设近年来不断发展,根据花垣县人民政府网公布的《2015年国民经济和社会发展统计报告》显示,至2015年花垣县全县广播综合覆盖率83.13%,其中有线电视用户达42959户,邮政业务总计达到2045万元,相比上一年增长了10.1%,电信业务总量达到28772万元,相比去年提升了23.2%,2015年年底固定电话用户共计1.47万户,移动电话用户14.69万户,2.19万户接入了互联网宽带,互联网上网人数达到了55331人。日益发达的电视通信让当地的人们获得外界信息、学习知识更为便捷。通过互联网、电视媒体了解外来文化、获得教育资源变得触手可及。外来文化对当地苗族民族文化将带来一定的冲击,苗族文化的现代化发展不应该是被外来文化所同化，而是在本民族特色被保留的基础上借鉴和吸收现代文明。在现代多元文化的冲击面前，板栗村的地域民族特色文化的传承保护与发展显得尤为重要。

在板栗村文化传播和推广的过程中，逐渐建立起了自身的品牌形象，目的是宣传和保护当地优秀的传统文化，增加其他文化的配合、认同和追随，从而让传统文化紧跟现代的节奏不断进步发展，不被时代所淘汰。品牌形象的构建过程中，符号是其中必不可少的一部分，符号的形态多种多样，如语言、文字、动作、仪式、游戏、艺术等都能够成为某种意识形态的载体。其中最直观的符号，是通过外在视觉形象表达出来。例如，板栗村传统特色的建筑形态、服饰色彩纹样、宗教祭祀仪式动作等，这些都成为构成板栗村独特的视觉标志符号体系的元素。外在的视觉符号是板栗村特色历史文化的载体。当板栗村居民认同、理解、尊重自身的历史文化时，板栗村的传统文化才会在对外的形象中表现出积极、正面的力量，继而有被外界尊重和理解的可能。在此基础上，则需要通过各种传播媒介来把当地的文化推广出去。随着国家和政府对湘西旅游业的支持和发展，越来越多的媒体把目光放在湘西特色的风土人情中。例如，花垣县有电视台、网络门户、微信公众号、博客等传播途径，板栗村知名人物、特色文化艺术、节庆典礼等都能够通过这些媒介传播出去，以得到更加广泛的关注。尤其是苗族重大节日如"赶秋节""太阳会"在板栗村举行时，能迎来上万名游客的观赏游览，新闻媒体也会对当天节日的盛况进行详细的报道，还有专门的机构为此次活动录制视频，刻成光碟，以作纪念。

三 板栗村文化的传承

文化的传承有两方面的含义，一是指文化的传播、传递，二是指文化的承接与延续。传承的内容往往包括某一社会群体、民族群体在一定时期形成的具有特色的语言、文字、艺术、宗教、习俗等。文化在《辞源》中的解释为"文治"和"教化"，由此可见文化与教育两者密不可分。人们通过教育的手段获得文化、推动发展，文化通过教育的方式传播，得以留存。社会或民族的文化传承离不开教育（见图 5-12）。文化传承的方式多种多样，应该不拘泥于传统的学校教育，学校教育之外的家庭教育、社区教育等都能够成为文化传承的重要手段。下面分两部分予以论述。

图 5-12　板栗村民居门楣上教化内容

（一）宗教信仰

宗教信仰是湘西苗族艺术发源的内核之一。围绕宗教展开的艺术活动，能够为当地人民提供精神支柱，祈求生命永恒，肉体平安，洗涤罪过；规范社会伦理，形成社会观念的伦理规范概念，约束人们日常生活中的行为，让人际间的交往有力有序；缓和社会矛盾，通过人与神之间的对话交流，在观念中战胜矛盾的对方，把相互的矛盾倾诉给神灵，从而缓解和避免了现实中的过激行为；释放内心的情绪，对未知的恐惧害怕，对爱人的倾慕与思念，对现实不公的愤怒与反抗，对内心孤独的释放与消融。

神话传说和民间故事的形式,也是少数民族人们对后代进行民族历史、宗教信仰、风俗习惯教育的主要方式。少数民族的后代自小耳濡目染,从中得到对本民族的民族认同感、文化认同感,在日后的生存繁衍中也将主动把这种文化习俗传承给自己的下一代。宗教的礼仪、教义、禁忌自然而无形地体现在了日常的生活中,这对人们的道德品行、风俗习惯、行为规范的培养有着重要的作用。湘西苗族信仰中的天王崇拜、蚩尤崇拜、傩神崇拜等,都有引导和规范人们言行思想的作用,因果循环、善恶有报的思想在板栗村村民生活中有所体现。

板栗村的"巴代"法师石山东是当地知名的宗教文化传承人,他对于苗族的宗教文化知识是他的叔叔自他小时候言传身教的。例如苗家的法师"去黑""定魂"等法术,都是通过家庭成员之间传授来习得。这种"巴代"宗教文化的传承有着明显的性别差异,只在家族的男性成员中传承,父亲传给儿子或者叔叔传给侄儿,女性则没有传承的资格。而板栗村另一种法师"仙娘"的传承,则由家族中女性成员来传承。"仙娘"和"巴代"的法师承担了板栗村主要的宗教活动,如红白喜事、民族活动、赶秋节、太阳会、四月八、六月六等都少不了他们的身影。他们的存在为板栗村苗族文化增添了一份神秘的色彩,也是板栗村宗教文化的主要支撑,为板栗村村民带来心灵上的安定,让充满地域特色的苗族文化能够较为完好地留存下来。

(二) 语言与艺术

板栗村是一个典型的由苗民构成的村落,当地的语言与艺术的发展非常具有苗族的传统特色,并通过各种方式流传至今。一直以来,板栗村的经济社会发展较为落后,城镇化进程缓慢。传统的苗族社会中苗族并无文字,现有关于苗族语言的记载主要是通过拼音记录的方式得以书面保存,对苗语的传承还是主要通过家庭教育中的口述来进行。板栗村的居民在日常生活、劳作中主要是通过苗语来沟通，如果没有外出进行系统的汉语训练，则只能听懂并说出少量的汉语。村中的老人在与村外人交流沟通中，能听懂大部分汉语但在表达时只能用最简单的汉语，给村外人理解他们自身想法带来了很大的难度。少年儿童自小在家庭活动，家人口授苗语，苗语学习成了他们生活的一部分，就这样自然而然地传承下来。村民都认为，说当地的苗语是他们文化传承中最为重要的部分，这极大地增加了他们对自己所处群体的身份认同，是他们作为板栗村苗民的自豪。

在湘西民族艺术的熏陶感染之中，人们热爱养育他们的一方水土，理解本民族悠久独特的历史文化，从而对现在的生活萌发出幸福的向往、理想的追求。这些触动心灵的艺术存在，让湘西人的民族感情有了归属和沉淀。这些发自内心的对追求美好生活、实现人生理想的能量，能够让湘西人涌现出极具有凝聚力的民族责任感，来守护这来之不易的幸福生活与美好的家园。湘西苗族人在生活中接触各种各样的艺术形式，如音乐、美术、舞蹈等，可以说生活处处有艺术。艺术一直是苗族人们日常生活中最自然不过的一部分，在这样良好的环境条件下，人民的精神世界也非常丰富和满足。在现代人的教育中，艺术已经成了人人必修的"课程"之一。艺术活动能够提升人的审美鉴赏、文化修养和礼仪表达等，这种对情感感受能力、鉴别能力和表达能力的衡量是通过人创造艺术作品来体现的。湘西人创造出的独一无二的艺术作品，就包含了他们对真、善、美的追求，是他们美好心灵的反映，并且通过各种途径传承了下来。

1. 音乐

"音乐有其独特的构成，它是用一种特有的声波振动的规律性的连续运动，构成乐思、乐汇、乐句、乐段，来表达的内心世界。它通过听觉系统，用跌宕起伏的音响变化作用于的心灵，影响情感，使人们在感受音乐美的愉悦过程中，情感得到升华，进而产生一种巨大的精神力量。"① 湘西人创造了独具一格的湘西苗歌，这是苗族人民情感文化、民族生活的反映。苗歌中承载了苗族人民善良、勇敢、勤劳的心灵。苗族人民在享受苗歌、表达内心的同时，创造了音乐的美好。这种艺术的美能够熏陶苗族人们的情操，潜移默化地改变他们的性格，让精神生活更加丰富多彩。苗族的民族艺术不仅仅是美的创造，也承载了发扬苗族美好品德、培养智力等有益的社会文化功能，从古至今影响着苗族的人民。湘西苗歌类型多样，如生活歌、历史传说歌、宗教仪式歌、情歌、山歌等。

在湘西，民歌是当地人们生活的一部分，是湘西人的"情感之魂"。例如，在山野劳动时，人们唱起山歌，为劳作平添一份优美和趣味；生活中思念友人，就把对他们的思念化成歌曲，唱过之后，声音像风一样飘散开来，仿佛心中的爱与思念会随着风、流水传达给远方的人。随着时间的变迁和民族之间的往来，湘西民歌也逐渐与汉族文化、土家族文化等交汇结合，在不同的时代绽放出独一无二的光彩。苗歌的演唱没有固定的时间、固定的场所，非常自由和灵活，宗教祭祀、客人来往、田野劳作、情侣交流等都随时随地即兴歌唱。这种形式自由、没有固定规则约束的特点，为苗歌的记录学习带来了一定的难度。如果苗族的年轻人不愿意向长辈学习苗歌，那么苗歌的传承也许将在未来会出现断层。

2. 舞蹈

舞蹈是动作的艺术。在湘西农村地区，舞蹈中融入了他们的生活方式、文化内涵和宗教信仰。苗族鼓舞一直是湘西艺术中的瑰宝，在传承了湘西文化的基础上，发展出来舞蹈的动作、形态、节奏等动态形象，才能够具体表现苗族的劳动、生活习俗、宗教信仰、祭祀、历史文化的

---

① 伍斌、杨再胜：《浅析湘西民族地区高校音乐思想政治教育》，《长江大学学报》2010年第4期。

内容。湘西苗族特色的鼓舞动作中很多都是当地人民平时生产劳动、收获苞谷等的生活场景的艺术化表现，让人们体会到劳动的美。湘西苗族鼓舞在旅游业中成为湘西的一大亮点，越来越多的人开始练起苗族鼓舞，他们主要是当地苗族人、鼓舞的业余爱好者以及相关民族舞蹈专业的学生。在湘西州苗族鼓舞主的传承方式多种多样，人们可以通过专职院校、培训机构来学习苗族鼓舞课程，也可以通过家庭教育让家中长辈传授，生活中耳濡目染观看模仿等方式学习。花垣县的公园广场上，苗鼓随处可见，尤其是到了夏季的夜晚，都能看到人们打苗鼓的身影。年迈但精神抖擞的老人、正值青春身姿曼妙的少女、纯真无邪的小孩，在打苗鼓的过程中既释放了自己的灵活，也成为路人眼里一道生动优美的风景线。在板栗村中，苗族鼓舞的传承方式主要是家庭传承。大部分村民家会在厅堂里摆放苗鼓，在他们的日常生活里，苗鼓已经成为空气般自然的存在。

　　刘师培先生说过"舞法起于祀神"，古代巫师法术兴盛的地方，歌舞艺术的发展定为繁荣。由于古代科学技术发展有限，人们只能通过编造宗教神话故事来解释世界，认为用歌舞舞蹈的形式，能与其信仰的神灵沟通对话，祈求幸福美好的生活。"苗族的传统舞蹈主要有木鼓舞、接龙舞、傩舞、铜鼓舞、芒蒿舞、招魂舞及跳丧舞等，由于这些舞蹈以苗族的信仰为内核，故又称为祭祀舞。"① 例如，木鼓象征着祖先祖灵的住所，木鼓舞表达的是怀念先祖、祈求庇佑；傩舞是祭祀苗族祖先，驱逐疫鬼；流行于花垣的接龙舞有谋求幸福生活的含义，在苗族的文化中龙象征着吉祥如意，能够帮助人们战胜困难；盾牌舞主要描述苗族人民与魔鬼斗争的场景，是驱鬼仪式中常用的舞蹈；先锋舞又名建设舞，苗老司（巴代）死时跳的舞蹈，承载了苗族人对苗老司的祝愿和敬仰，希望苗老司去世之后在天上能够升官发财、福禄一生。

---

　　① 陆群：《民间思想村落：苗族文化的宗教透视》，贵州民族出版社 2000 年版，第 212 页。

3. 工艺美术

"形式美是人类在美的符号实践历程中的特殊形态。形式美的自然因素——'色彩''形体'声音及其组合规律渗透在美的各个领域，又通过具体事物美的形式体现出来，它在美育中的地位十分重要。"① 民族特色的图案能够提升苗族人们的自我认同感、民族自豪感，并理解人与自然和谐相处的生态美学。苗族服饰纹样多取材于自然环境、天地风光、山川河流、鸟兽虫鱼、民族风俗传说等。苗族人民穿着苗族服装，有经验的长辈会讲述那些纹样图案背后的故事，以让后辈认识和理解苗族的民族文化，把这种文化的发展与个人的成长、生活紧密联合起来。在苗族服饰文化的耳濡目染之中，人们能自然地理解和欣赏图案背后的构成法则——对称、重复、渐变等，提高审美水平和艺术修养，在生活中发现美、感受美、创造美。

蜡染是板栗村特有的艺术技艺之一，湘西苗族蜡染技术传承人石杰忠通过家庭教育的方式习得蜡染的技能。在学习的过程中，他不但沿袭了其父亲的蜡染技艺，更是结合时代特点，进行了创新和改良，在湘西州、湖南省乃至全国都获得了突出的荣誉。他通过蜡染这种艺术手段让苗族的艺术文化流传下来。如今，他通过开设蜡染培训班以及售卖手工蜡染作品，获得了一定的经济收入，用来支持着全家人的生活。

板栗村中，有村民从事手工苗服、苗绣的制作，村民家中的"手打花带"纺织机就是当地人常用的制作工具。从事苗绣制作的主要是中老年妇女，她们身上穿的苗服大部分是自己年轻时所制作的。在家庭生活中，板栗村的女性成员之间会相互教习苗服刺绣。早些时期，每位家庭女性都需要为自己、为家人制作苗族的传统服饰。服饰上的传统纹样蕴含了苗族古老的民族文化，一针一线都承载了她们对民族的忠诚、对家庭的信仰、对

---

① 薛晓蓉：《论形式美教育的重要意义》，《太原城市职业技术学院学报》2009年第3期。

生活的热爱与追求。在多个民族文化的传播和融合之下，现在板栗村中穿着苗服的主要是上了年纪的长辈，年轻女性和男性追求时尚，除了在传统的苗族节庆民俗活动、宗教仪式中穿苗服以外，大部分时候都穿着汉族服饰。现代随着生产力的发展，人工的苗族刺绣创造出来的经济价值远比不上大规模生产制造创造的。在板栗村由村民亲自制作的苗族服饰越来越少，年轻人如今都更愿意选择购买工业生产制造的苗服。年轻人中懂苗族服饰传统技艺的人屈指可数，对苗族刺绣技能的学习远不如从前，当地苗服苗绣技艺的传承发展令人担忧。板栗村苗族刺绣技艺的传承和发展在新时代的冲击下，面临着前所未有的挑战。

四　板栗村的体育活动

苗族人民热爱文化，同样热衷于体育。在现代体育还没到来以前，这里的主要体育活动是跳桌子比赛：在空坪地间摆上三张至五张八仙桌、四方桌，看谁能跳得过去，如有多人跳得过去，那继续增加到只有极少数或一个人跳得过去为止，跳过去的才算是夺得冠军，勉强过去的只能算是亚军。另外还有顶杠，苗语里称为吉打杠，各人拿一头互相顶住，手硬的是赢家，手软的便是输家。还有舞龙、耍狮子、打苗拳等民族传统体育。这些体育活动一般都在春节期间举行。中华人民共和国成立以后，特别是人民公社以生产队为核算单位时，篮球、跳高、跳远、拔河等体育活动开始兴起，广大农村青年以生产队的晒谷场建篮球场。这些球场尺度宽窄不一，有一半左右达不到篮球场的标准尺度。由于当时的农村青年没有条件外出务工，只能到生产队做农活，人多且比较集中，在生产队出工以前、早餐过后的间隙里，年轻的小伙们早已带上生产工具，在篮球场上打起了篮球。这是当时农村青年们唯一的文体生活。人民公社时期，排碧乡是兴建篮球场最多的年代，全乡共有篮球场25个，基本上每个较大的自然寨都有简易的篮球场。

体育是个人生理机能的强化与品德素养的提升方法之一。例如在团体体育运动中，不仅需要个人运动技能，也需要有集体意识，分工协作，相互配合，完成这一项运动。这使得体育运动在提升生理指标的同时，也能够培养人的团队合作能力。少数民族体育指的是除了汉族之外的民族特有的体育活动。目前，板栗村居民的体育活动，正在被现代化体育所取代。随着现代教育的普及，体育教育也逐步推广开来，更随着时代的潮流走向国际化，这是社会文明进步的表现。花垣县"全县共有公共体育设施面积28.21万平方米，其中体育馆1座，标准运动场1个，篮球场198个，游泳池3个，乒乓球场215个，各种训练房3个，全县举办的县级运动会次数1次"[①]。在毗邻板栗村的排碧乡中学，就经常有各种体育比赛活动的开展。公共基础体育设施的丰富，能够让人民更加便捷地进行体育活动。人民在体育活动中锻炼身体、释放压力，更加健康快乐地生活，从而由"身"到"心"，锻炼身体，促进生长，同时培养出内心坚毅、平稳、乐观的美好品质，从而更好地适应环境，适应社会。

随着城乡流动的进一步频繁，为了获得更好的发展空间、获得更多的生存资源，板栗村村民越来越多地选择外出打工。在外出打工的过程中，为了适应新的生活、新的文化，村民不得不改变自己去适应当地社会环境，他们身上的苗族风俗习惯将逐渐被新的文化所取代，即被汉族的文化和生活方式所同化。在外出打工的苗族青壮年身上，除了苗族语言以外他们成长阶段习得的苗族历史传统、手工技艺、宗教礼仪等具有地域民族传统的特征逐渐被遗忘，与传统苗族村落的生活完全脱离。

在国家治理体系和学校教育日益完善的背景下，高等教育尤其是大学教育日渐兴起，工作就业对学历要求的门槛越来越高。然而，由于我国人口众多，大学教育录取名额有限，高考成为国家筛选人才的主要方式。少数民族的文化传统教育，在学生应试考试之中并无明显优势。板栗村的父

---

① 花垣县2015年国民经济和社会发展统计公报，2016年3月17日，花垣县人民政府网：http://www.biancheng.gov.cn/sitepublish/site326/14941/14995/15033/content_41016.html。

母大部分都希望子女通过高考改变命运，希望子女能够走出山村、迈向城市，逃离面朝黄土背朝天的农村生活。在这种观念的影响下，为了子女能够在高考中取得好的成绩，为了子女能够在未来的竞争中处于优势地位，越来越多的父母希望孩子能够把主要的时间精力花费在获得高分的知识以及帮助找到好工作的实用知识上，不愿意子女浪费时间学习与应试教育、与就业发展无关的民族传统知识文化上，如苗歌、苗舞、苗绣等。这种与传统文化传承相背离的家庭教育观念，是板栗村文化传承过程中巨大的绊脚石。

我国有 56 个民族，每一个民族的文化具有无法代替的独特价值。我们应该学会保护与传递这种文化多样性，让各个民族优秀的文化传统都能够在世界上闪耀与发扬下去。每一个民族的文化传统都在时代的变迁中逐渐发展变化，借鉴和吸收新的文化精髓并呈现出新的面貌，不断地否定和超越，在曲折中取得新的进步。在新时代的背景之下，传统的民族文化需要来自社会各界的支持和保护，让少数民族的文化体系能够不断地成长，既保持本民族文化特色又能顺应新时代特色，推陈出新，充满蓬勃生命力地传承下去。

第四节　法律与社会

在清朝"改土归流"之前，苗族在漫长的历史变迁中形成的习俗规约，受到以儒家社会价值观为主的外来文化的渗透。今天的板栗村，约束与规范人们行为准则是现代的法律规范以及社会主义核心价值观，并与历史上形成的习俗规约一起共同维护着村落的良好秩序。

一 习俗规约与礼法并存

世界上法律的前身一般都是从原始社会的行为习惯演变而成。法律表现在原始社会里，指氏族社会的行为习惯。到了原始社会末期，由于人类的进化和生产力水平的不断提高，原有的社会调控机制与当时的生产力发展水平不再相适应，从而导致原有的社会秩序全面崩溃，文明社会就此诞生。在一些相对封闭的苗寨，由于与外面世界鲜少交流，使它长期相对独立地处于封闭状态，导致生产、生活等方面发展的进程十分缓慢，但从另一个角度来看，较好地保存了遗留的氏族社会或者较为原始的社会规范，有利于形成这一地区特有的行为习惯，即大家心照不宣的一种法则。这种情况通常表现在少数民族地区，然而，湘西苗族习俗规约的形成不是单方面的原因造就，而是多种原因的共同影响，形成了现有的独具特色的样貌。尽管板栗村村民是少数民族苗民，但以忠孝仁义为核心的儒家伦理是具有普遍意义的正统思想。儒家、法家的共同性在于始终以维持社会、政治秩序为目的。儒家思想讲究仁义道德，倡导齐家治国平天下，从而更好地为统治阶级而服务。其不同点在于，儒家认为人有忠、贤、愚、智、奸佞、不肖等多种分类形成了参差不齐的社会群体。从事工、商、农业的人通过付出自己的劳动，展示自己的技艺，而士大夫则是饱读诗书，学而优则仕，成为治世之才，各有各的分工，从而有着从属不同的社会阶层。[①]

板栗村村民的祖祖辈辈遵循着其祖先在漫长的历史生涯中形成的行事准则，如今的道德规范有着深刻的历史烙印，在村寨人的生活随处可见。历史上，苗族没有发明文字，但是他们以苗歌、古老话代言，于是很多行为规范都是以"理词"（一种口传法律文化）口耳相传，从而得以保存下来。苗族地区传承下来的规范涉及了苗族人民的方方面面的日常生活，如农事生产、婚丧嫁娶等，有着丰富的历史文化内涵。其中承载的苗族悠久

---

① 瞿同祖：《中国法律与中国社会》，商务印书馆2010年版，第309页。

的历史文化，是对其风俗习惯的继承和发展。

清代实行了"改土归流"①，使得苗族的这套行为习惯在一定程度上受到汉族文化和儒家思想的影响，从而渐渐在形式上发生了演变，甚至其内容也融入了外来文化的元素。苗族因为没有自己的文字，遂便用汉字记载社会变迁中本民族已经形成的一套习俗规约，并将不再适应当前社会发展的部分进行删除并重新修订。通过如此不断进行自我修正、完善，强化了苗族文化与汉族文化之间的交流，推动了苗族社会的发展。儒家思想在维护社会秩序的同时，礼作为维护社会差异的工具同样不可或缺。板栗村村民讲究各种仪式上的繁文缛节，并乐此不疲。从其举办的赶秋节、太阳节等节会中的上刀梯、椎牛、接龙中可以清晰得见。不同的礼，彰显人们地位的不同，因而使贵贱、尊卑、长幼的区分更加明显。他们祭祀的对象为天地君亲师，多设一块天地君亲师的牌位供奉于堂屋。这是一种古代祭天地、祭祖、祭圣贤等民间祭祀礼仪的综合，遵循着敬畏天地、尊长孝亲、忠君爱国、尊师重教的传统价值观。

板栗村以往长期处于一种封闭的环境里，其村民养成了一种安土重迁的淳朴思想，且十分讲究礼仪。他们对礼仪的周到表现在长幼之间、平辈之间的称呼与礼仪上。例如幼辈在见到长辈时，不管长辈是男性还是女性，是第一次见到还是彼此熟识，都必须保持恭敬的行为，诚恳地说话，并以笑脸相迎，且要使用相应的敬语称呼。长辈以点头礼来回应幼辈。哪怕幼辈正在行走，见了老人或长辈，也必须站定并有礼貌地打招呼；如果幼辈正在坐着看到长辈走过来，应该立即起身让座。与长辈坐下谈话时，眼睛平视对方，双手自然放下。若是遇到自己不认识的长辈，估摸对方年龄比自己大一两轮的，便称呼男性长辈为"得那"，女性长辈则称呼为"得目"。如果目测年龄上了六七十岁，则称呼男性长辈为"阿打"（外

---

① 改土归流是明清时当朝统治者对西南少数民族地区进行地方行政制度的改革，废除自元代以来世袭的土官，以流官代替土官的统治。

公）或"阿内能果"（老人家），女性长辈则称呼为"阿达"（外婆）或"阿内能共"。称呼完毕后，幼辈才能坐下或相辞而去；年纪相仿，也须点头示意。若是相识的，要用固定的称谓相呼；如果不相识或者是三四十岁男性，可称为"阿郎"（大哥）或"把秋"（老表），可称女性为"阿娅"（大姐）。如果目测对方年龄比自己要小，则无论男女，都可称呼为"得苟"（小弟弟、小妹妹）。还有其他礼节也不可忽视：年长者与年少者一同行路时，年幼者需要与年长者保持一定的距离，让年老者或年长者走在前面，以示尊重。饮食上的礼仪也不容忽视，如果老幼围坐一桌，便邀请老人坐上座，壮年坐下座，除此之外，其余人才可选择座位就座。如果是逢年过节，还需等家中长辈将一杯白酒洒在地上祭祖并呼请祖先来用餐后，才可动筷吃饭、饮酒。男女老幼一同在地楼上的火塘边，入座烤火叙谈前，要将靠近中柱的那一方的座位留给客人和家中的年长者。通常上为长辈，下为晚辈，左边为大，右边为小，其他方面，随意自由。

长久以来形成的习惯法与礼仪的综合影响下，使板栗村建立了一种较为理想的秩序，故少有争乱。

二 德治与刑罚互补

苗族传统的道德规范带有自发性，表现为禁忌与古礼古规并存，主要是道德规范与宗教禁忌并存。禁忌是一种人因为对古礼古规这种"权威"的震慑之心，从而限制自己的某些行为，遵守某些禁戒规定的观念事物。通常有世俗性禁忌与宗教性禁忌两大类。苗族禁忌表现在平日生产、生育、婚丧嫁娶、节庆祭祀等方面，因为有信鬼好巫的宗教基因，从而带有一定的原始宗教的烙印。苗族的习俗规约源于一种原始的集体观念，且在社会的变迁中，古礼古规成了一种震慑人心的权威，道德规范渐趋条理化。这套古礼古规，是苗族理性智慧的结晶。今湘西、湘西南部以及邻近的贵州、重庆、湖北、广西等苗族地区流行着"议榔""榔款""合款"及"款规""款约"等古礼古规。

苗族禁忌与古礼古规之间具有天然的血缘关系,在稳定社区秩序、调节个人行为功能上具有互补性。儒家思想倡导以礼为行为规范,是统治阶级维护社会、政治秩序的工具。古礼古规在板栗村,比法律具有更大的效力。礼法使得人人严守遵礼,不敢轻易违反。就如瞿同祖提到"儒家认为无论人性善恶,都可以以道德教化的力量,收潜移默化之功"①,板栗村村民在这种道德规范的潜移默化下,起到了一定教化的作用,在一定程度上可以规范人民的行为,从而完成心灵上的改造,使人心保持向善,保持廉义知耻之心,去除奸邪贪恶。这种方法比法律更能在村里大行其效,更为彻底、积极地打造一种明礼的村风。

一切的善行皆教化所致。在乡间戏曲、故事和传说中可看到相关教化的存在,包括各种苗族戏舞、苗族歌谣、苗族古老话、苗族民歌甚至苗族民间宗教的各色宝卷中,都可寻这股教化的力量,春风化雨。

在湘西苗族广泛流传有大量的善恶有报的故事。其中,有一个是讲不孝儿女中有两个如何被水冲走,另三个如何被老虎吃掉:石家颇富,家有五女,长女贴败,次女贴盲,三女贴所,四女贴叭,五女贴舒。后两位老人病故,因为没有儿子,五个姐妹便争夺产业,各不相让,以致去打官司,连双亲的丧事也不操办。等五姐妹打完官司,双亲的尸体已经腐烂,而所争的产业却都被官府没收。五个姐妹一点产业没捞到,反而贴进了原有的家业,变得一无所有,只得去乞讨度日。在乞讨过程中,有两个姐妹被水冲走,另三个姐妹藏在洞里被老虎吃掉。② 类似这种善恶有报的故事具有很强的伦理说教性,在信仰神灵报应的板栗寨苗民心中,确实具有真实性与感染力,比法律更有效地起到了扬善惩恶、强化与规范苗族社会伦理的作用。

禁忌事例在中国的历史上屡见不鲜,其在劝导民众弃恶扬善等方面发

---

① 瞿同祖:《中国法律与中国社会》,商务印书馆2010年版,第328页。
② 陆群:《民间思想的村落——苗族巫文化的宗教透视》,贵州民族出版社2000年版,第240页。

挥了较突出的作用。例如苗族的古礼古规和禁忌中,"不许撒谎""不许偷抢财物""不许挑拨人和""不准散布流言"和"不许杀生造罪"等多种禁忌,都是对日常生活进行了一种道德约束,从而起到规范行为的作用。尤其是苗族家庭伦理中的"虐待老人天打雷劈"这一项,夸大了神秘力量的恐惧威慑力,震慑人心,从而起到维护家庭和睦的作用。苗族禁忌这股道德教化的力量,其道德规范借用各种禁忌的神秘力量更加强化了这股作用力,使其作为一种社会规定不可行之的规范,较好地实现了社会的控制。所以禁忌和古礼古规常用作道德教化,以增强对胡作非为的威慑力,制止有害行为的发生。

湘西文化源自荆楚文化,有着信鬼好巫的楚巫文化基因,带有神的意志,从社会规范体系而言,既是一种风俗的统治,又是神颁发的一部法律。在原始社会末期由于身处的地理环境恶劣,自然灾害时有发生等不可抗力给人民的生活造成了一定程度的威胁,使原始苗族人在处于文明未启蒙的状态下,更容易把出现这些现象的原因诉诸神的意志,因为进化的程度决定当时的他们无法找出真正科学答案,从而对大自然产生了一种敬畏之心,诞生了对自然物的崇拜信仰和宗教。正如恩格斯所指出的那样:"一切宗教都不过是支配着人们日常生活的外部力量在人们头脑中的幻想的反映,在这种反映中,人间的力量采取了超人间的力量的形式。"苗族人产生这种自然物信仰,由于自然环境的变化、楚巫文化的分支等原因增加了其宗教信仰的特点,因此促使湘西苗族将信仰和崇拜诉诸万物、自然神和祖先。在很大程度上,此种宗教信仰使得湘西苗族相信神明是公道的主持人,因此流行"神明判决"的审判方式。板栗村村民亦有此种信仰。他们信奉"万物有灵",有着对自然神和先人的信仰,始终认为"神"是公义的化身,虽然这种依靠神明来判决的方式,在唯物主义者看来颇有些荒谬。这种宗教信仰,更是催生了"求雨""祭祀"等民俗现象,从而使得湘西苗族传统的"吃牛""敲棒棒猪""椎牛祭祖"等许多相应的祭祀节日随之产生。这些都带有苗族父权社会的烙印,是湘西苗族的一种祭祀活动。因为以父系血缘为中心的家庭组织形式便在某种程度上促使了鼓社制度的产生,而宗教信仰在其中起灵魂核心作用。

鼓社制度,起源于因宗教信仰产生而来的祭祀活动,湘西苗族称为"鼓社祭",是历史上苗族社会的一种组织形式。苗家有个传说,在逐鹿之战失败后西迁时,每支队伍都置有一个木制的大鼓,以敲鼓前进来作为各个宗族之间的联络。为了保证成员不掉队,到一个驻地后便划分自己的宗族分支,便得名"鼓社"。在李廷贵的《苗族简史》中有相关记载称为"立鼓为社",一个宗族就是一个大的鼓社,然后再细分为社。苗族鼓社制的前身便是由此而来。由鼓社的最高决策人(苗语称为"果雄")掌管全社大小事务。鼓社中由"果叙"一名负责祭祀活动,"果茄"一名负责礼乐,"果当"一名安排各项议会的仪式和座次,"果扎"一名张罗祭祀中的杀牛事宜,"果西"一名安排来参加祭祀活动的客人的饮食起居,"顶王"一名负责保障祭祀时的安全,"顶堡"一名下达行政命令,"珈屯场"一名管全社财物,所以,他们也共称为"鼓社九鼓头"。人们投票选举出鼓头,但鼓头并不是终身制,在任期内全社人员唯他马首是瞻,受其领导与约束。到期再遴选下个鼓头。每个鼓社都有自己的民主议事原则,根据古礼和传统,按照当前实际制定规则,敦促人人服从并执行到位。鼓社制定的内容大都体现在保护公共的山林土地、保护村社环境卫生等公共生活方面等。"活路头"领导生产活动,宗教祭祀事宜由巴代主持,由"理老"调节人与人之间的纠纷与矛盾,生死攸关之事则动员全社成员商讨一致决议,所以鼓社制度与苗乡实际相契合,在湘西苗族社会非常实用。

湘西苗族的审判方式主要有三种。一是以明文条规和鼓社制定的规章制度为审判依据,再进行相应的处理措施。二是神明判决。神明判决是在没有相应的规则可以依据的情况下,理老也无法做出合理的调节时采取的一种迷信的方法,依靠"神"考验当事人,来对当事人做出是否有罪的判决。三是苗族社会的舆论审判。如果违规者触犯了生活生产中的禁忌时,苗族人最多只能舆论发声或者道德谴责,让其在心理上产生一定的压力作为一种惩罚。湘西苗族信鬼好巫的这种鬼神文化力量，能激起人民的敬畏、恐惧之心，在以前法律未能普及的板栗村更为彻底、有效、及时地解决一些问题，施展法律的告诫、警醒、指引功能，以达到对社会的控制，虽然层级较低。这还体现在苗族其他的宗教活动中产生的一些被大家共同默认服从的规范。

远古时代，战乱不断，被迫迁徙的艰辛过程中，苗族社会的约定规范一方面与此种特殊的历史环境相适应，另一方面对其衍生出的一些社会组织进行制度规范，带有军事化色彩。譬如风行于苗族社会的"议榔"制度，对内组织管理农事生产，并调解民间因田事、婚姻等各类纠纷，以求社会的安定；对外则组建军事力量，以御外族侵犯。"议榔"制度可以有效地组织起武装来与封建王朝的力量进行斗争与反攻，因而议榔制度很好地适应当时历史环境的需要，在不理想的外部环境下渐趋稳定。演变到近现代，军事化气息消退了，但议榔的效力不减，依然发挥惩恶扬善的作用。议榔制度是用于苗族地区不同宗族的组织，是一种地域性的民间议事组织，由某一区域各村寨选派代表共同参与。每隔几年，就要进行换届选举。召开一次新的会议，制定新的榔规。会议由各寨寨老、理老等推举的人负责主持，此人叫"榔头"。议榔得先由各寨寨老或理老们商榷议榔内容，再听取广大民意，最后一致通过，经宣读后才有效力。榔规对人民的行为进行有效的约束，人民不敢轻易触碰底线。寨子里的苗家人，如果有人违反其中的规定，寨老便派人杀掉违规者家中的猪，煮熟后通知每户派一人去吃，这便是"吃榔"。吃榔过后，再当众裁决，给予违规者一定的惩罚。但是，有时不免会发生吃错"榔"的情况。在板栗村流传着用"喝血酒"来判断是非的故事。每当发生了口角、婚姻等难解的纠纷时，便请巴代主持，宰雄鸡滴血至酒碗里。然后当事人双方跪天发誓，誓后饮下血酒。人们笃信理亏喝血酒的人迟早就会遭到惩罚，重则死亡，轻则病殁，所以心虚的人怕受到天谴不敢喝血酒，从而当场认错。这在一定程度上可以起到惩恶扬善的作用，却不能从根本上杜绝违法犯罪等社会问题。

道德教化与鬼神惩罚的综合影响下，板栗村的苗民基本上能恪守道德，很少做违法违规之事。

三 以礼入法

苗族由原始社会中一个个独立的部落，逐渐发展形成一种按亲属关系来划分和组建的宗族社会。同一个部落中，以血缘关系为纽带，存在许多宗族姓氏，部落内部禁止通婚。他们各自有着自己同族的首领，这种管理方式缺乏一定的理性和民主性，是根深蒂固的父系社会的遗风。据郑樵的《通志·氏族略》中有"姓者，统其祖考之所自出；氏者，别其子孙之所自分"的相关记载。姓氏标志着一种血缘关系，以此为划分依据非常普遍，尤其是湘西苗族迁徙到了沅江流域后，苗族将以姓氏或者血缘关系划分的方法正式确立为"立社立宗""立村立寨"的考虑和适用依据，同一支宗族共同居住并组建家园。湘西苗族就是以姓氏为宗族区分的依据，以宗族为基本单位划分栖身领域。板栗村主要为吴龙石三大姓人居住，便是由此而来。

此种划分组织下，礼制逐渐更为系统。板栗村深处大山，相对独立的自然地理环境，疏于与外界之间的联系与沟通。村民长期处于这种较闭塞的环境中，直到社会发展到了一个新的阶段。例如中华人民共和国成立，法制观念逐渐渗透到村里来，缓和村寨内的若干矛盾，起到一个调控的作用。这要追溯至远古时代居住于武陵山区的原始部落、氏族公社等社会组织，由于区域的独立且封闭，从而使这种新的社会组织形式发展缓慢而得以保留。因此，这种宗族社会具有独立性，受其特殊的自然环境和人文环境影响，奠定了苗族社会行为模式的基础。

苗族传统的伦理道德早期是一种"风俗的统治"，具体表现为禁忌与古礼古规互补，古礼古规与古法混融一体。苗族人的现代道德规范和法律的前身主要来自一种约定俗成的社会规则，这种模式既来源于生活，又高于生活。这些禁忌、古礼古规、古法后来与渗透的汉文化相互融合，通过苗族世世代代的风俗习惯固定下来，作为自发性的风俗习惯和戒律，奠定今日苗族现实社会中现实生活的人伦利益关系的规范和戒律以及民族内部和民族之间的各种人伦关系的调节依据。苗族传统文化特别注重现实生活，风俗呈现自发性、多元化、古朴性、神秘性等特点。现在在板栗村的民间生活中，风俗习惯仍然是综合维系社会秩序不可或缺的一种力量。

苗族社会倡导儒家思想中的礼法，知礼法，守礼法。他们用礼来维护区域的秩序，以道德的教化为辅助法律的力量。板栗村的村民崇尚一种健康良好的人际关系，认为人与人之间应该仁爱、友善、团结、互助。这种礼教的信仰和原则较好地起到了规范人与人之间的社会交往。现代法律倡导人人生而平等，在当今板栗村也有体现。儒家思想的仁义观，与苗族人骨子里的贞忠互相契合，宣扬仁义忠孝，在某种程度上维持了社会的和谐，并教导村民善施仁义、乐于助人，以作为一种特殊的社会运作手段。早期的苗族社会不具备相关的国家机构，将议榔和鼓社作为一种决策方式——苗族人具有民族特点的基层管理形式。

中华人民共和国成立后，法律渗入了以礼教为主流的板栗村，融合了有强制性的法律思想，决策和立法不再单纯依靠议榔制度和鼓社制度进行，民众有民主权利。邓小平曾经指出："我们这个国家有几千年封建社会的历史，缺乏社会主义民主和社会主义法制。"[①] 板栗村村委会的选举，响应时代的号召，讲究真实性和民主性，充分发挥人民当家作主的自主性。为了保证村民真正参与到本村重大问题的决策和实施中来，召开村民大会，经村委会议定得出决策后，在群众大会中通过，群众有权利对决策提出看法和意见。这既保障了村民自治的权利，又更好地体现了科学和民主决策。

因此，以礼入法有助于将苗族的原始民主提升到社会主义民主的水平上来。为了发扬主人翁精神，村委会干部的投票和选举需要全体村民到

---

① 邓小平：《邓小平文选》（第2卷），人民出版社1994年版，第348页。

场，全体决定村委会规则的通过和实施。在长期的道德教化中，榔规、鼓社社规等习俗规约早已融入当今的法律，贯穿于湘西苗族的礼法之中。这种道德教育和法律制度是相辅相成、缺一不可的。以前的神明判决渐渐失去权威性，彰显苗族社会文明的进步。

在湘西的文化建设和民主建设中，鼓社制度和议榔制度对我国基层民主组织建设起了不可小觑的作用。在湘西苗族的行为规范制定上，苗族人主要通过议榔和鼓社这两个社会组织形式，召开议榔会议进行创制榔规，榔规一旦全员通过便具有必须遵守的效力。所以，榔规在苗族社会生活中的效力源于"巫"和"咒"，是一种强制性的实施，在客观上迫使人民规范自己的行为。此外，鼓社也可以通过制定规约进行各自的民主议事，内容大多属于社会公共生活领域，保护集体利益。湘西苗族有着一种为公赴义的人生价值观。这种精神在生活中形成其他社会规范，表现为一种风俗习惯或者节日活动，是一种默认式的民族传统，如"一家有事，百家帮忙；一家出事，百家不安"。湘西苗族这种朴素集体主义的道德遗风，在苗族人的日常饮食起居、生活生产等方面处处可见。板栗村村委，作为我国的基层民主组织，其村民委员会自治制度在一定程度上能够保证板栗村享受一部分民主权利。苗族的议榔制度和鼓社制度，在某种程度上充其量只能成为一种习俗规约，是一种道德的他律，但是由于世代遵守和相传，苗族人已经将遵守这些习俗规约当成一种习惯，从而更好地促使其形成一种道德的而自觉，维护社会公共秩序和公共利益。

以礼来维持社会秩序的儒家，和以律法来维持社会秩序的法家，在不同时期表现的方式和程度都不同，在1949年以前，以礼教为主，法治为辅；在如今，礼教里的与法治社会相符合的古礼古规在某些方面对法律起到了调节和补充作用。古人言"法出于礼"，在今板栗村，礼与法皆为行为规范，同为社会约束，礼法互补，使得板栗村民风淳朴，人性善良。这种制度在维护社会稳定、净化民情发挥着积极作用。

第六章　板栗村的民俗文化与非物质文化遗产

提到文化一词，其最古老的含义便是"文治教化"，《易传》中提到"观乎天文，以察时变，观乎人文，以化成天下"。"人文化成"便是文化一词的由来。胡适与梁漱溟也曾在广义上对"文化"做出界定，认为"文化是人们生活的方式"和"文化是人类生活的样法"，并在其中确定了文化的基本属性——"人本性"。也就是说，虽然与特定历史时期对应的文化会在当时社会中占据主体地位，但究其本质，文化是人在历史实践与社会实践的结果，是社会集体中的人内在思维意识合力的外化。当文化指导或规范人的行为时，实质上是前人以文化为媒介向后人传授着历史总结出的生产生活的实践经验。正如人类学家蓝德曼所言："人必须保存祖先造福后代的发现。代替遗传的在此必须是保存的纯粹精神形式。这种保存的另一种形式，便是传统。通过传统，知识和技术如同救火线上的水桶一代一代地传递，而且靠典范传达给后世，于是前辈的传统引导着人们。"[①] 但在实际情况下，社会中的人同样会在实践经验的作用下，潜意识地对文化内容进行筛选与补充。因此形成了文化的整合性（社会适应性与自身内部各要素的适应性）。文化的整合性"指的是构成文化的诸要素或特质不仅

---

① ［德］M. 蓝德曼：《哲学人类学》，彭富春译，工人出版社1987年版，第277页。

仅是习俗的随机拼凑，而是在大多数情况下相互适应或和谐一致的"①。基于文化的"整合性"，本章将苗族的民俗风情、苗族医药、苗族武术划为苗族民俗文化，将当地的非物质文化遗产作为范例，以文化人类学的角度讲述板栗村的风土人情。

第一节　民俗风情

"民俗，即民间风俗，指一个国家或民族中广大民众所创造、享用和传承的生活文化。"②"当这种相对固定的生活方式显现出审美价值时，就称为风情。"③ 体验板栗村的民俗风情是了解、认可、赞美湘西苗文化最好的途径，因为这里包含了当地的婚丧嫁娶、岁时节日、饮食民俗与生产民俗。

一　苗族的婚嫁民俗

苗族的婚嫁习俗包括以下八个方面。

（一）婚约缔结之前

"会姑娘"又称"叉帕"或"叉伙计"，是湘西苗族社会中的传统习俗。"会姑娘"时要回避女方的亲人，这些亲人也不会去惊扰幽会的男女，如果不小心碰上了一般低头快速走过，不去注视他们。因为这种社交活动一般都是通过定期赶墟场进行的，所以又有人把这一习俗称为"赶边边场"。

苗族缔结婚约的方式有跳月、跳花，也叫作"踩花山""扎山"。男女

---

① ［美］C. 恩伯、M. 恩伯：《文化的变异》，杜杉杉译，辽宁人民出版社1988年版，第47页。
② 钟敬文：《民俗学概论》，上海文艺出版社1998年版，第1页。
③ 叶朗：《美学原理》，北京大学出版社2009年版，第220页。

相聚在一起载歌载舞，情意相悦者为婚，名为"跳月"。时间一般是在正月至四月。月场选择一片平地，场地中间立着竹竿，也有冬青树和木马两种不同的形式。父母与子女一道参加，男吹芦笙，女以舞蹈，歌声往来，彩球飞扬。最后相悦者相约幽会，或是男方背着女方回家，有的还相互"换带"，私订终身之后再通知媒妁议聘礼。每逢跳花节日，男女青年都着盛装。姑娘衣裙的多少和制作工艺的好坏，也是男青年挑选对象的一个标准。

"吃姊妹饭"代表女方主动追求男方的习俗。"吃姊妹饭"，是苗语"嚕嘎粮"的直译，又称为"姑娘打平伙"或是"姊妹节"，时间是每年的二月、三月。节日期间，村寨里会举办"吃姊妹饭"、跳芦笙、踩鼓、游方等各种节庆活动。妇女们在这两三天中，享有充分的自由权，任何人不得干涉和非议，父母还要给予物质资助。节日之前，姑娘们的父母淘米染色，蒸一瓶子染着红、黄、绿、紫等各种颜色的糯米饭，并杀鸭宰鹅、买肉打酒用来招待男客。①

此外还有对歌觅偶的方式，爱唱歌是苗族人民的习俗，很多事情通过唱歌的形式来完成，如对歌叙家常、待客、谈情等。乾隆十一年至十三年（1746—1748年）任永绥厅（今花垣县）同知的段汝霖撰写的《楚南苗志》，其中就有关于"放野"的记载，大概意思就是：苗族男女聚集在村寨开阔之处，互唱苗歌，或是一唱一和，一唱一答。遇到心仪的对象相互赠送礼物，男方一般赠送的是戒指、手镯之类的信物，女方则是赠送绣帕之类的信物，甚至男女结伴在林间游玩直至天明。这就是"放野"。双方都未成家的话可达成结为夫妻的意愿，之后请牙郎通知双方父母，议定酬礼。在这过程中男女一般是十分注意礼节的，不然会承受来自社会和人情舆论的责难。近代以来，湘西各地区苗族仍存在各种各样形式的"唱歌觅偶"习俗。

---

① 伍新福：《苗族文化史》，四川民族出版社2000年版，第345页。

在苗族中这种不禁止男方女方自由交往的优良习俗被传承至今，在有些地区还被完整地流传着。比如在花垣县，每年的正月初一至十五，苗族年轻的男孩女孩会聚集在一起举办歌会，彼此互动，相互吸引，寻找心仪的对象。若父母知道了少女跟男子相通，并不会禁止他们的行为，反而会给他们提供各种各样的机会，如置备酒菜热情招待男子，给他们制造独处的机会。这些表明了一种自由的恋爱形式而非不道德的男女关系，如果是成婚后则相对比较保守。

近年来，湘西苗族婚姻习俗跟随时代产生了极大的改变。在婚姻缔结方式方面：20世纪50年代以后，湘西苗族在政治、经济和文化方面进行了一些程度的变革，湘西作为中央管辖下的一个行政区，也跟随着进行了变革，自由的恋爱、婚嫁习俗仪式在当时的社会环境中有些水土不服。因此，传统的自由恋爱反而备受谴责，被父母与媒妁安排的婚姻取代。这种旧式的包办婚姻一直持续到80年代。改革开放后，随着社会经济的发展，人们眼界的开阔，湘西苗族自由婚嫁习俗逐渐被人们认可。"会姑娘""吃姊妹饭""对歌觅偶"等婚嫁风俗活动逐渐与现代生活娱乐手段结合，包括板栗村婚俗也不再是原汁原味的传统婚俗，而是一种比较趋向于现代化的形式，现代娱乐或通信手段也出现在传统的赶集或节日时互唱情歌。这也是湘西苗族跨进现代化比较显著的现象之一（见图6-1）。

（二）订婚议聘

"跳月"的活动后，由男方将二人订婚的消息告诉女方父母，补上聘礼，这也就省去了订婚的仪式。但自清初"改土归流"后，特别是近代以来，不管是自由婚还是包办婚，青年男女缔结婚姻，一般都先下聘礼订婚，再正式结婚。当然，"私奔"者仍例外。而聘礼由最初的牛马物资转变为银两，习俗礼节也随着至苗汉交往的加强有所改变。中华人民共和国成立后在湘西各地苗族中流行的各种订婚礼仪，愈加讲究。

第六章　板栗村的民俗文化与非物质文化遗产

图6-1　板栗村的一户娶亲的家庭

湘西吉首、凤凰、花垣等地的男女先要经过"试亲"和"合媒"，即由男方家请一个与女方家关系较亲的人当媒人，丰盛招待一餐。之后媒人到女方家试探，先不说明是受人之托来说媒的（"试亲"的苗语称"及沙秋"），意思是通过媒人辨析女方家是否有应允之意，在女方家用过餐后，再告知男方家具体情况。如果双方皆有意，才正式做媒，经过多次往返女方家，三求四恳好话说遍，求得首肯，再请一位同族长辈做"合媒"，身份既是媒人，又是男方的代表。两个媒人到女方家说亲，女方一般才正式答应。此后还会有往多次返，因为苗族讲究"亲要多求始为贵"，代表女子尊贵，不轻易许人。等到女方父母同意，开始操办"放口酒"，意思是放口许之。最后，男方准备多斤酒肉和两封爆竹送到女方家，亲族之间欢饮一场，女方父母当着众人正式许婚，燃放爆竹，通知邻里。

许婚后，便开始选择吉日定亲过礼，苗语称为"及站秋"，也有"讲秋"的说法，这种仪式通常都是在秋收后农闲季节举行。说媒的人会在一个月之前通知女方，再由女方通知其家族人员知晓。与此同时，男方家里要准备聘礼，一般是2—6盒米粑粑，4两茶叶，2盒糖，2斤茶油，2斤食盐，2—4缸酒，几十斤猪肉，女式苗服布料1—2套，裤料4套，还有银钱、手镯、戒指、耳环、鞋子、袜子、布巾、鞭炮、香烛等散物，分成几担。男方家族各出一名成员挑担，到了女方村头就开始燃放鞭炮，女方聚集在家门口表示欢迎。接过礼品，迎客入室，相互祝贺。女方置办宴席，男方与女方亲族之间共同宴饮。女方亲族之间各自宴请一餐，在宴请的酒席上年轻女孩唱歌助兴，历时两天两夜才会散席。订婚仪式完成后，女方还赠帽子、衣服、鞋袜各几件，媒人和送礼人各有一件裤料，附加另宰活猪，赠以猪头和尾巴，这才算完成订婚仪式。

进入21世纪以来，许多的仪式环节逐渐简化。都是男女双方相互定情后，才通知父母请媒人求亲，双方商定后选择一个日期，聚集家族人员就算是完成了订婚的仪式。如今的部分年轻人甚至不通过订婚就直接谈婚论嫁了。

（三）迎亲送亲

苗族习俗没有婚嫁礼俗，男女订婚后，两家的父母及一二十位亲人挽着新妇，手持雨伞，行至男方家，在牛栏前唱歌，新妇不开口。稍后在新妇前摆上碗和两块牛肉脯，商定过门日期。

新妇穿彩线绣的能够遮住膝盖的花领短袖衣裙，挽上发髻，光着脚，与众多妇女手挽在一起行到村外田间，席地而坐相互对唱。持续一段时间后，大声呼和，相继拥入男家敬酒。随后两家人开始围聚在一起吃饭，通宵不眠直至黎明，妇女间拥簇新妇挑水一担，倒入锅中后即可散会。

婚礼期间新婚夫妻是不同房的。客人围着火堆唱歌，一人唱众人和，或者是轮流对歌，通宵达旦。到第三天，举行"交亲"仪式。新娘伯叔在堂中召集新娘、新郎、男方伯叔及新娘公婆唱"交亲歌"，女方长辈所唱内容主要是教育新娘成为新妇要遵守的礼节，把女方带来的嫁妆陈列公布,并将钥匙交给婆婆保管。仪式完毕,送亲客人起程回家时,男方在出门的路口上用水泼路过的送亲队伍,表示"泼水难收"的意思,到这婚礼才算全部结束。

近代以来受到汉族文化的影响,板栗村成婚时的迎亲送亲习俗开始有了较大的变化,呈现出汉苗文化交融的婚庆习俗。湘西一些苗族地区,迎亲前几月或半年,男方请媒人到女方家取来新娘的年庚(生辰八字)与新郎的年庚相配(俗称"讨红庚"),选定良辰吉日后通知女方。女家开始准备嫁妆,包括棉絮、花枕、蚊帐、衣服以及衣柜、木箱等。新娘的耳环、戒指、手镯、项圈、排圈、簪花等银饰是男家提前送到女方家,也可以送价值相等的银钱让女方家自己购置。婚礼当天,取一杯酒、一块肉,画一套符焚化,一半给新郎吃,另一半给新娘吃,名为"合合酒""合合肉",寓意二人百年合好的意思。同时,男家的亲族轮流请"排门客饭",先请女方送亲正客,后请贺客。一般按血缘远近、家境好坏的顺序请客。早饭很重要,由最亲的、条件较好的房族承办。新娘"跨门槛"是整个婚礼的高潮部分,乐器齐奏,礼炮齐鸣,所有的亲朋好友都齐聚一起,场面热闹非凡。

到了20世纪50年代的时候,婚嫁习俗的一些仪式已经被减免了,时间也大幅度变短,没有轿辇,家离得稍微近点的选择步行到男方,住得远一点的也有选择用轿车代步的,仅仅是保留了女方进男方家门时的礼节,也省略了一部分复杂的请客吃饭程序。到了80年代,婚嫁习俗又刮起了一股向传统复归的风潮,但是选择时间没有向传统靠齐。近些年,这些仪式一变再变,现在是男方租用婚车队迎娶新娘,婚车装饰采用现代化元素,车头铺满鲜花,辅以红色系的蕾丝。另外,还要准备搭乘多人的汽车接女方亲属,以及货车装载妆奁,而用于避邪的火把换成了象征性的马灯。

(四)归宁和坐家

苗族的女子从结婚到定居男方家还需要等一些时间。在这段时期内,成为新妇的女子仍旧居住在娘家,也会参加"会歌"等形式的社交活动,男方会选择时间接新娘回去短住。直到女方怀孕和生育后,才固定地定居在夫家。这种"不落夫家"的习惯是一种较为原始的形式,近代以来开始有了较大变化,但在不少苗族地区还是有这种习俗的遗存,如湘西的南部地区靖县(今靖州苗族侗族自治县)的苗族。在花垣的方志中已经完全没有了"不落夫家"的习俗。

在男家举行婚宴后,新郎与新娘一起归宁,在娘家住一晚。娘家要买糖果礼品,次日陪女回夫家,一般由兄弟或族人护送回夫家,并将糯粑给亲朋好友分食。当晚也是新郎新娘洞房花烛的时期。再过三日,男家舂粑粑再陪伴新娘归宁,分送糯粑把给女方亲属,亲属备餐招待。坐家三日之后再回家,才算完成归宁。湘西州苗族地区大部分新娘"归宁"至今都是按这种方式。

(五)改嫁和转房

苗族自古有这样的习俗:儿子过世,公收儿媳妇;兄长过世,弟收嫂子;弟弟过世,兄收弟妇;父祖过世,子孙收妾室。从历史文献来看,苗族妇女在丧偶后是可以改嫁的,并没有"守寡""守节"的习俗,但是有一定的限制,主要表现为兄终弟娶其嫂、弟亡兄收弟妇的"转房"制。一般优先的是亡者兄弟,次则房族兄弟,再次是同寨同村其他亲属。寡妇要外嫁,则必须先征得亡夫亲属和同族、同寨的同意,如果亲属有意收妻,则不允许外嫁。

时至今日,改嫁的现象是很常见的,但转房的情况不再出现。相对于以前,现在的妇女拥有比较自主的权利,可以自行选择改嫁与否,不用事先征得亡夫亲属和同族、同寨的同族再决定。

（六）离婚

关于离婚，湘西各地的苗族具体情况是不相同的。离婚的原因，有这样四点：其一，遭遇家境衰落，生活变得艰难；其二，男人或女人有外遇；其三，彼此才貌不等，或有残废疾病；其四，已婚多年，不能生育。离婚必须请中证牙郎，订立退婚字据。若是女提出离婚，需要赔礼钱；男方要求离婚，赔女方礼钱，另外男方不能索回原聘礼。如果是双方自愿离婚，则互不赔偿，立字为据，即可完成离婚的程序。离婚后的子女，一般归男方抚养，如果是未断奶的孩子，由女方养大后送还给男家。要是男家贫困也可以由女方抚养。离婚以后，男女仍可以自由婚嫁。

在孩子的归属问题上，跟上述改嫁的道理是一样的，板栗村村民离婚时不是必须将孩子的抚养权判给男方，而是可以根据男女双方的抚养实力来争取孩子的抚养权，也有男女离婚后孩子改姓母姓的。

（七）还娘骨

所谓"贸籲姑婚"，就是姑家的女儿必须嫁给舅家的儿子，俗称"还娘头""还骨种"。如果舅家没有儿子，在姑家女儿出嫁时需要用银钱补偿舅家，俗称"外甥礼"，否则不能出嫁。这是舅权制的一种体现，这种习俗曾在苗族地区广泛流行。例如，张姓女子嫁给李姓男子，生下来的女孩仍旧嫁给张姓之子为妻，世代相传，不论年龄大小、外貌美丑、贫富差距，即称为"还骨种"。

中华人民共和国成立后，新《婚姻法》明确提出禁止姑舅婚，虽为表亲，但仍具有相关的血缘关系。以20世纪80年代为一个分水岭，在之前，湘西苗族仍旧存在着姑舅联姻的现象。之后，这种现象就不太常见了。

(八) 外族不婚与异支不婚

"婚配,各以其类,不通诸夷"所谓"外族不婚"(这里的外族指湘西以外的所有民族),即苗族人民不管男女都在本民族内部缔结婚姻。具体情况,在各地苗族不尽相同。在湘西的苗族有些地区就明令禁止与外族通婚。如果谁与外民族开亲,就会被列为"根骨不正"的人,受到歧视和冷落。事实上,如果苗族有与外族联姻的现象,要么是女子外嫁,要么是外族男子入赘苗族女子家。而其他民族的女子入嫁苗族只是极个别的现象。在旧时的板栗村也是一样,村民都是跟本民族的人结亲,形成了"纯苗民"的村子。

但是,近代以来,特别是中华人民共和国成立后,苗族同汉族及其他兄弟民族的经济、文化交往逐渐加强,苗族"外族不婚"的习俗已逐步消失。苗族青年男女同汉族及其他民族联姻的现象已越来越常见,形成了民族大融合的繁荣景象。

二 苗族的丧葬民俗

(一) 苗族的丧葬流程

在中国,远在夏商之前,已有埋葬死者的习俗。苗族的丧葬习俗,带有深厚的祖先崇拜的烙印,某些还渗透着宗教色彩。死者死因的不同会直接导致殡葬仪式的差异。因为苗族巫师(俗称巴代)在苗族宗教文化中被誉为阴阳两界的传达者,所以一般苗族的丧葬仪式是由巴代主持。办丧事的人家,需要亲自将巴代请到家里来,为死者进行种种祭奠仪式。下面分别介绍丧葬的八个流程。

1. 临终

苗家的男女离世的时候,其儿女都要围绕身边,听训遗嘱。而送终时，当家主人需要准备一把香火和三斤六两纸钱，俗谓之"落气钱"①。板栗村将老者的寿终正寝，视为"最大的悲恸"。村里的习俗是某家若遇有丧事，同寨的人都会热心帮忙，亲戚也赶来哀悼吊唁。当老人咽下最后一口气时，便将香和纸钱放入锅内焚烧成灰，再装进布袋，扎在逝者的身上，此时，全家都痛哭流涕。正如《楚南苗志》记载："亡故之后，以木板架床间，舁尸其上，不知殡殓。"接着为逝者梳洗，换上新制的寿衣，包上头帕，穿好鞋袜，将尸首停放在堂屋的中间或火塘边。苗族人认为，人死之后应迅速使之头朝火塘，可魂归家祖大殿。后择日移至中堂以汉礼再祭。事实上，病人在弥留之际就已躺在火塘边，可得烤火吃饭喝水之便。一般在老者亡故之前，就应该将"寿木"准备好，即时在家入殓，再抬到墓地下葬。

2. 斗鬼农

"斗鬼农"（苗语）指的是请死者释放生魂，要留五谷杂粮于子孙，切莫带去之义。②巫师巴代手持一把镰刀，在刀柄上系上一条白布，口中念着咒语。孝子头缠白帕，身着白衣，腰间系一个篾笞，左手握着亡者的手，右手拿着一块篾，从亡者手掌心刮至指头放入篾笞中。左右旋转三次，完成斗鬼农。

3. 堪舆与择葬

板栗村受汉族风水说的影响，对墓地的选择很是讲究。"先将孝家生庚记出，次开亡命八字。择入殓时，先安亡人；择开吊、下殡时，以便通告各方亲友，届期好来家吊唁。择定后，登山再看砂水龙穴定向，亡人葬所，何处大利，何处小利，何处相合，何处相生。求后来之吉祥，慰亡者

---

① 石启贵：《湘西苗族实地调查报告》，湖南人民出版社2008年版，第148页。
② 同上书，第149页。

之灵魂也。"①

对于殡葬对象的不同，地点选择也不同，正如一首苗歌曾唱道："把妈丢在石堆边，把爹丢在火炕旁。"这表明苗族意识里存在父系或母系崇拜的思想。

4. 买棺殡殓

由于苗家的鬼神意识，人一旦咽气，必须快速买来棺材装殓。在棺底需要铺灰包，棺壁需要粘贴皮纸。将钱纸作为枕头，在亡者口中含上朱砂与碎银。身上衾被覆盖齐整后盖棺。钉三颗苏木钉，避免走动，并系上五色的丝线。在棺材下，点燃一盏地府灯，脚前竖两扇门，挨着灵位。在灵前，香火灯烛须日夜通明祭之。

5. 开吊

苗家有守灵的传统。亡者入殓后，无论是邻里亲朋还是在外的亲友，都会在夜晚来到丧家吊唁，祭拜亡者。孝堂的布置也颇为讲究。张灯彩，贴对联，还得请道士或和尚诵经三五日。来吊唁的宾客，将香、烛、纸、米、肉、炮等作为礼物来送与丧家。亲家女婿，还得讲究阴阳席、猪羊祭等。上香时，须抬猪羊整只，拜祭结束再宰杀。在煮熟时，还得请巴代巫师通呈，献列于亡者灵前。煮熟的猪羊在祭拜结束后由众人分食。

6. 舅辈闹火把

舅辈闹火把是苗家特有的风俗。苗族称舅辈曰禾仲（ghaob jiongx），即"根"之意。② 大到重大祭典、红白喜事，小至家庭矛盾、邻里纠纷，均得请舅辈来评定裁决。俗称娘亲舅大，尊同此理。

---

① 石启贵：《湘西苗族实地调查报告》，湖南人民出版社2008年版，第149页。
② 同上。

7. 送殡礼节

苗人出丧,须巴代巫师用镰刀钩门。苗族巫师,身披一丈二尺之白布,手握一把镰刀,钩门上之卦房,口念咒语,并用镰刀啄门上卦房三下,高呼三声"何尾",随后方可抬柩出丧。抬丧的人众多,在途中若感觉费力口渴,可以向丧家女婿索要抬丧酒。而丧家女婿早已备好酒食,以便应酬。众人齐心合力,再继续抬丧上山。抬丧上山时,须舅辈亲自用火把在前引路。

8. 下葬

在挖好的墓穴,燃点油麻秆,安置朱砂酒,用大米画卦,放鸡去啄米,举起棺材覆盖之。用罗盘定好方向,撒下金米。此时,丧家的儿孙,须齐跪于墓穴前。风水先生手抓白米撒向墓穴,伴随着巴代的念咒,安葬亡者。随后,用旗招魂,封土为冢,用肉酒祭奠之。同时,巴代在半途中,拿一筒水和一根菖蒲,念咒招魂。只要踩过新坟的土的人都需要回到丧家。在丧家门外放置一碗饭,每人随便取一粒,含在口中后吐之才准进屋。事毕,才可自由行动。苗家的扫墓习俗,与汉族无太大区别,每年有两次,准备肉酒香纸,在清明和年终拜祭(见图6-2)。

值得一提的是巴代的丧葬仪式。当巴代弥留之时,须请另外两名巴代在一旁照料,一旦咽气,两个巴代就进行"开天门",一位上到屋顶,坐在屋顶上早已凿通的一个眼上,另一位巴代就在地下照顾亡者,下面一呼,上面一应,各自开展法事。相传一位巴代去世必须请其他巴代帮他开启天门,关闭地府,才能使亡者得"上中天"(巴代不升西天,而是中天正教之徒)。在此过程中,亲属全家大小不得啼哭,待天门开启后,才准动声哭啼。待到开吊吉期,还得请数位巴代在其灵柩前举行法事。绕棺庆祝,此谓帮打先锋。

图6-2 板栗村一位村民的墓

（二）苗族的丧葬内涵

在苗族丧葬传统中，死人的灵魂存在阴间的信仰一直存在。苗族的丧葬极有讲究，他们认为人生在世，爷娘父母为大，七父八母为尊，家庭观念极强，所以亲眷关系十分亲密。死亡是人生的谢幕，也是一个人世间责任义务的圆满完成。因此在苗家民俗世界中，个体的葬礼仪俗着呈现肃穆、庄重为主的风格，具有程式化的特点，同时体现了是苗家人的生命意识。仪礼形态上，交织着悲恸与责任的丧礼仪式按部就班，程序严谨，形成了一种苗族特有的丧葬仪式活动。

三 苗族的岁时节日

苗年是板栗村人最重要的节日。其他节日大致可以分为六类：第一类是纪念重大历史事件、英雄人物以及庆贺类的节日，如歌师节、龙舟节、四月八节等。第二类是与农耕劳作有关的节日，如看龙场、吃新节、降龙节等。第三类与苗族的总教官和尊崇祖先的传统有密切联系，是祭祀性节庆。例如，社日（龙头节）板栗村人祭祀土地神。第四类为男女社交、恋爱、择偶类节庆，如樱桃会（苗雨称作"柳比娃"）。第五类是娱乐、歌舞类节庆，如三月三、七月七、赶秋节。尤其是赶秋节，是板栗村村民乃至周边乡镇最为重要的节日之一。第六类是物资交流、商业类节庆，如赶集、清明歌会等。

（一）苗年

苗族自古以来有"过大年"的习俗。苗年一般是在秋后农历十月的第一个卯日或丑日举行，如季节来得较迟，秋收未完毕，也可改在十月的第二或第三个卯日举行，时间上具有一定的灵活性。① 往往湘西苗族一般在冬至后过苗年。农历腊月一到，家家户户开始张罗着准备柴米油盐酱醋茶，打年货、杀年猪、宰牛羊、腌制腊肉、灌香肠、打糍粑等，忙得不亦乐乎。除此之外，糯米酒（甜酒）、苞谷酒等也得提前酿制好，才能呈上一桌"七色皆备""五味俱全"的年夜饭。

苗族的"过大年"除了杀年猪、腌腊肉、打糍粑、吃团圆饭、串寨酒外，还有赛歌、赛鼓、抢鸭等活动。历时一般三五天，也有半个月的。在这段时间里，苗族人民载歌载舞庆祝丰收的喜悦，表达他们对辛勤劳作一年的欣慰与满足，所以有人说苗族"过大年"就是苗族人民的"狂欢节"。

板栗村有着悠久的历史，民俗文化的气息十分浓郁。村里现有一位百岁老人（1912年出生），数十位80岁以上的老人，是一个典型的古苗寨。长久以来，苗族就相当重视"过大年"等传统节日，更是讲究吃年夜饭。全村自然寨的家族"过大年"的形式虽不同，但都是由村里德高望重的长者进行策划、安排（如菜谱、集会地点、活动内容等）。在过年当天各户村民开展大扫除，张贴春联、高挂灯笼等，再去集体过大年的场所一起打扫卫生和布置场地。年节是祭祖活动的集中时段。"过大年"便从"交牲"

---

① 张士闪、耿波：《中国艺术民俗学》，山东人民出版社2008年版，第197页。

开始,"交牲"仪式在一种热闹、复杂又神圣的氛围中进行,由巴代主持。伴随着锣鼓和鞭炮声,巴代率众人将猪、羊、鸡、鸭、鱼等牲口抬起,村民身着苗族盛装从自家出来加入渐行渐长的队伍中,穿组走寨,吹吹打打,最后到达活动场地的祭坛前。在祭送祖先和祖师等仪式后,苗家"过大年"便正式拉开帷幕。仪式结束,村民们便各行其责,男性们扬起手里的刀宰猪、杀鸡、宰羊,而妇女们便投入磨豆腐、洗菜、蒸糯米饭(打糍粑用)的劳动中。老大爷在火塘边一边抽着旱烟一边聊着村内的事,老太太闲不住,乐呵着给苗家的姑娘指点梳妆、包头帕等。猪内脏经过洗干净后在锅内煮熟切好,男人们用篾条穿成串放在碗里,装成24碗后交由巴代进行敬祖仪式。当巴代吹起牛角,众弟子手持师刀(巴代祭器)和绺巾在坛前对祖先举行祭拜仪式。

"打年粑"(打糍粑)是苗家人过年的传统习俗,寓意请神灵祖先福佑子孙,祈求来年风调雨顺、五谷丰登。灶房里,烧火的老人忙着往灶里添柴。不一会儿,木甑里蒸煮的糯米香气扑鼻而来。按捺不住喜悦和兴奋之情的年轻人,急着要挥动粑槌开始打起粑粑来,身着华丽的苗族盛装,闪亮银饰叮当作响。苗族姑娘与小伙子,手拿起木槌,奋力打向粑槽,跳起欢快的"打粑粑舞"来。走出灶屋的老人们在一旁低声笑语,小孩子在队伍里调皮穿梭着。整个院子里充满了一片温馨祥和。"粑粑舞"跳得正欢,这时有人端了一盆蒸熟的糯米饭走到人群中间高叫一声"吃糯米饭喽!"然后倒进了粑槽内。顿时糯米的清香,勾出了人们肚里的馋虫,不分年龄、性别、辈分,大家为了表达自己先到年边,急忙放下手中的活,争先恐后地抢着吃上一口糯米饭。小伙有些调皮,打着糍粑便用粑槌嬉闹着旁边的姑娘和小孩。人们纵情地唱起了苗歌,害羞的姑娘们围坐在一旁窃窃私语着,小伙子隐隐约约地听到后以为是议论着自己而越发兴奋,脱了外套更是打得越发有劲。这时糯米饭基本打烂了,可以做糍粑了。男女老少们,在油亮的木板上蹭了几下,便抓起簸箕里的一坨糯米,搓圆揉扁便做成了一个糍粑。苗家祭祖的风俗讲究由几位长者专门做好9个大糍粑,再由巴代将它们放在神坛前,率弟子祭祖，祈求来年风调雨顺、五谷丰登。祭祖后便是苗族的赛鼓活动。苗家姑娘们早已将鼓棒准备好，只等鼓旁的苗歌一起，便和小伙们开始打起苗鼓舞动起来，展示着自己最美的身姿、笑容和风采。

腊月三十的申时或酉时一到，年饭年菜都开了锅，团年的钟声已敲响，堂屋内早已置放了一张大桌，已装好的24碗菜应巴代的要求备好，好酒摆上。巴代首先用三杯酒、三碗饭敬送祖先，祈求保佑全村的村民在新的一年里安康喜乐（见图6-3）。然后全家人在阶檐外鞭炮声中围成一桌吃团年饭。长者的座次也有讲究，需靠近神坛旁，再依次上菜，然后开席。桌子

图6-3 板栗村巴代

有八仙桌、四方桌、门板长桌等,在厅堂里展示出苗家过大年的盛况。懂礼的苗家小姑娘谨记苗家尊老敬老的传统美德,首先为老人夹一箸菜,再与其他的亲人们举杯说着祝福语,大人欢笑、小孩喧闹,一片热闹欢庆的场面。

年夜饭后,苗家人需要带着蜡烛、香火、纸钱上祖坟上烧香祭祖,俗称"送亮"。点上蜡烛或青油香,需要让所有房间彻夜通亮,再给屋前屋后的水井、猪圈、牛圈、羊圈、菜园等也点上蜡烛或青油送亮。苗家人认为,菖蒲是具有神灵的圣洁草,用菖蒲泡水可以洗掉晦气,故苗族全家在三十晚上都在一个泡了菖蒲的热水盆里洗脚。洗脚时手脚要轻,不能让水溅出盆外。洗脚水更不能溅泼在屋内,要倒出檐沟外,意为冲走灾祸。还得注意在烤火时,一定要选一根很大的柴火棒做年火兜,以示家中兴旺红火。且年火兜不能一次烧完,要留一截正月十五晚上再烧,以表示年已过完。

夜幕降临,篝火慢慢燃起,巴代们为安置祖先而单独举行仪式。长辈们酒后聊天儿,年轻人怀抱着憧憬展望明天,小孩子则尽情燃放着花炮。每年到了农历十二月除夕,苗家有送旧年的习俗,在外的儿女都会从远方赶回家,和家人团聚过年。嫁得不远的女儿,也会回娘家来吃顿年夜饭再回婆家。这种全家聚会,欢喜热闹,一个都不能少,否则留下了遗憾,以为年团而人不团。①

板栗村苗族村民们讲究各种风俗仪式的举行,年俗便是其中最重要的传承和载体。苗族作为中国最古老的少数民族之一,其年俗文化在中华民族璀璨的文化星河中,熠熠生辉。板栗村在较长一段时间里相对闭塞,地远偏僻,有利于其保持较完整的苗族文化,并实现了薪火相传。苗族文化也在代代相传的风俗仪式、民族禁忌等家庭教育和村社教育中得到传承。板栗村作为纯苗族村寨之一,他们通过年俗、仪式、禁忌等方式,实现了

---

① 石启贵:《湘西苗族实地调查报告》,湖南人民出版社 2008 年版,第 157 页。

对自己的身份认同和民族认同。

苗族尽管没有文字，但有自己的语言与文化。对年俗、仪式、规矩的耳濡目染，有利于苗族文化的传承。传承于祖辈的年俗仪式活动成为最为牢固的情感系带，展示着苗族人民对自身民族起源和历史的深刻认同感。

（二）四月八

每一年的农历四月初八，是苗族人民盛大欢庆的节日，亦是集会的一种。"四月八"源于祭祀活动，曾经主要是祭天地、祭祖先、祭英雄、祭魂灵。四月初八当天，苗族人民便身着民族盛装，穿戴银饰，从四面八方向活动场地聚集而来。这一天里，要上演傩戏、上刀梯、下火海、狮子舞、打花鼓、赛歌、吹唢呐、吹木叶、打秋千、武术、茶灯等节目。

相传苗族古代有一个名叫"亚努"的首领，带领苗民向当时的统治者发起起义。亚努曾组织各寨的苗族头领人在"喝血坳"喝鸡血，共同盟誓联合，抗争到底，并约定于四月初八在某山聚众起义。起义后，起义军连连获胜，一直打到了四川、贵州。翌年四月初八，亚努不幸战死在今贵阳市的喷水池附近。苗族人民为了纪念这位民族英雄，于是在每年的四月初八举行纪念活动，追思亚努的丰功伟绩。清代乾嘉苗民起义后，当朝统治者为了统治需要，禁止湘西苗族人民举行这一活动，导致了这个有着特殊意义的活动几近消失。中华人民共和国成立后，随着"破四旧"等系列运动的展开，"四月八"这类节庆活动亦是劫后余生，直到近年来，人们才重新发掘这些传统节日具有的文化意义。

在传统乡土社会中，世俗生活需要信仰的导引，而神灵世界也离不开乡民活动的维持，"四月八"其间由神圣与世俗交织而成的种种信仰活动概由此产生。这些信仰仪式是在家族社会中定期上演的一种"社会戏剧"，旨在定期清理人们生活中的不和谐因素，强化其文化认同意识与内部秩序感。①

---

① 张士闪、耿波：《中国艺术民俗学》，山东人民出版社2008年版，第203页。

2011年，由吉首市申报，苗族"四月八"被列入第三批国家级非物质文化遗产名录①后，各地苗族聚居区又逐渐恢复了"四月八"的祭祀活动。近年来，苗族"四月八"逐步加进了歌舞表演，纪念活动亦增加了经贸洽谈、旅游观光、艺术文化研讨等新内容，使得今日的"四月八"已成为苗族人民展现民族文化的一个窗口，吸引了越来越多的学者、游客和商人来到板栗村，有机会体验到丰富多彩的苗族文化。"四月八"祭祀活动的开展，不但有利于促进民族团结，而且有利于促进当地经济的发展（见图6-4）。

图6-4 板栗村驱邪仪式

（三）赶秋节

苗家的赶秋节可谓苗族除了苗年以外的第二大节日。蚩尤是苗族的灵魂和精神支柱，是苗族共同敬仰的祖先。赶秋节的祭祖活动要追根溯源到几千年前，一年一度的苗族赶秋节是苗族区域具有悠久历史和独特风情的传统节日，在此节日之中寄寓苗族的文化和精神灵魂。赶秋节是苗族原生

---

① 刘路平：《中国湘西》，湖南人民出版社2005年版，第105页。

态文化的鲜活展示，着力挖掘历史上已经失传的文化，尽可能地还原苗族文化本色，力求其文化活动生态化、民族化、多元化和群众化，同时会对现有常态的文化节目进行改进和创新，以更好地弘扬和发展民族传统文化。这样的赶秋节保护和传承了苗族文化，在积极打造民族文化品牌节庆活动的同时，促进了苗族文化旅游的大力发展，丰富了人民群众的精神文化生活，唤醒了埋在心灵深处的乡愁，掀起了苗族人民热爱民族文化、建设民族文化、弘扬民族文化的热潮（见图6-5）。可喜可贺的是，在2014年，花垣苗族赶秋节被列为国家级第四批非物质文化遗产项目。

图6-5 板栗村苗族赶秋文化活动（1）

2015年8月8日，花垣县赶秋节在板栗村举行。此次赶秋节由板栗村非物质文化遗产赶秋节传承人吴海深主持策划并导演。活动开幕，两门古炮震响、45地铳连放、数十支生态号角齐鸣、百鼓擂动、数十面五色龙、凤、狼、牛、蝴蝶图腾旗穿花式绕场三圈；双龙在场中央盘旋绕舞，数头"狮子"在场中央太极图中欢跃。赶秋节庆典的文艺表演内容包括"夯军"凹田、开元春秋、苗胤祭祖、游猎苍桑、巴贵射鸢、秋神驾贺、八女赴会、柳叶舞、接龙祭祀、赶边边场、苗服走秀等（见图6-6、图6-7）。我们在这里主要介绍苗家鼓舞、接龙舞、绺巾舞三种苗族村民喜闻乐见的艺术形式。

图6-6　板栗村苗族赶秋文化活动（2）

图6-7　板栗村赶秋节的八人秋

(四) 太阳会

苗民认为太阳是光明之源、生灵之母。旧时,认为日食是天上的恶魔同太阳搏斗,需设案焚香,请巫师念咒祈祷,驱魔救日。拜祭太阳最热闹的活动是"太阳会",人们敲锣打鼓,高歌太阳的功德,祈求太阳神的保护。

"太阳会"又称"日月会",苗语意为"许鼎许娜"。它既是一种节日的祭祀活动,又集民间文学、诗歌、戏剧、舞蹈等多种元素为一体,是苗族历史上最宏大的民间活动。太阳会的主题是祭祀太阳和月亮,苗族重阳节亦是起源于此。

板栗村的非遗传承人吴海深热爱民俗文化。出于对板栗村传统文化的独特情怀,多年来他广泛收集了历史传说并辛苦整理成相关资料,结合古老的祭祀太阳和月亮的仪式流程编排出一场传统与现代兼备的大型的民间会演。2004年在板栗村举办的这场大型民间原生态节会以"太阳会"为名,吸引了近两万名观众观看,并受到省市领导、文化部和专家学者们的高度评价和肯定,被誉为"苗族文化的盛宴"。湖南电视台、湖南日报等多家媒体争相报道了此次文化事件。

据笔者对吴海深进行的访谈整理,他回忆了2004年在板栗村太阳会的举办过程。这次活动十分讲究,需要九类祭祀物品,共计45种。其中分为五畜、五禽、五兽、五谷、五果、五鱼(类)、五草(木)、五土(石、矿)和五色,分别摆设于四十(张桌)处。外设108盏灯(火)、72(柱)香、36碗酒、分别摆在四十处内。

太阳会的活动对场地大小亦有要求,至少不小于6000平方米。活动中心设置一幅太极八卦图,一根神柱,外围分别设四层祭祀人员,分男、女、老、少四圈,人数不限。中央置立一杆太阳旗,外围东、西、南、北四角各放置放一杆祭旗,分为五色,祭台一个(见图6-8)。

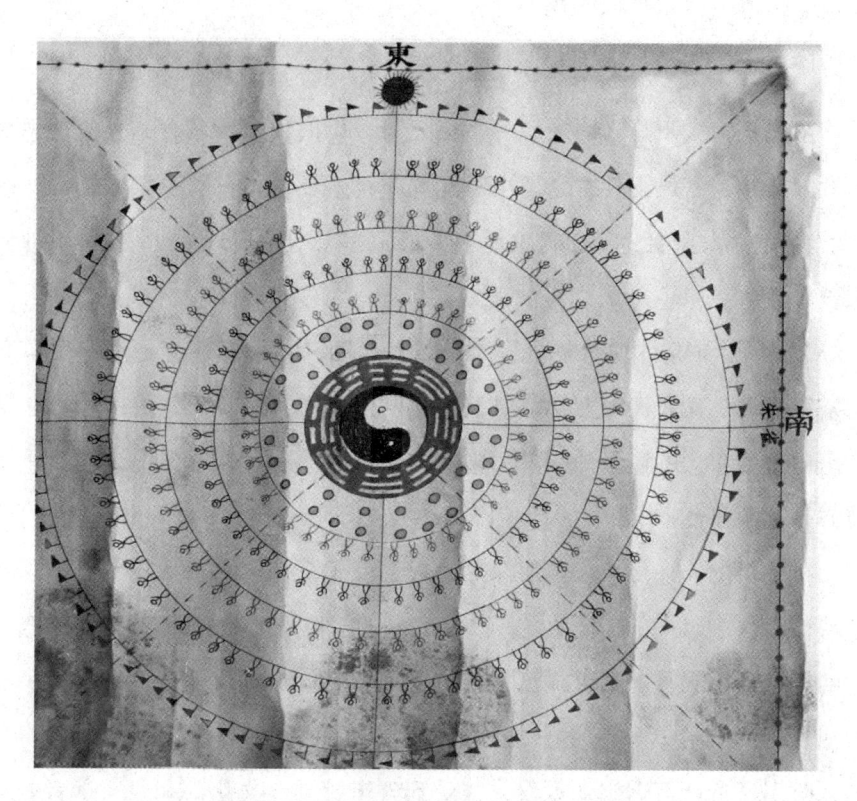

图6-8 吴海深绘制的太阳会的分布图

外圈东方设太阳图一个，西方设月亮图一个，北方设北斗图，南方设朱雀图。按原始传教法，从启祭（九月一日）至结束历时九天九夜（九月九日止）。此祭设主祭师一人，副祭师若干人。此外，九月九日（正祭日）太阳归位后须设大庆贺，以示万物大欢、人间同庆。可附加各种欢乐活动以表天地同庆，规模和时间不限。

太阳会是苗族的一个古老的神话典故，是以口头传承的形式展现其民族特色的民间文化活动。它展示着远古时代苗族先民们丰富的想象力，体现着古人对自然现象的一种美好的理解，彰显苗族祖先一种热爱生活、追求美好、向往和谐的诉求。其历史悠久、文化内涵深刻和神秘，具有很高的人文价值、艺术价值和历史价值，是苗族民间最庄重最盛大的群众文化活动。

苗族传统节日的背后，彰显了苗人内心的心理需求。敬神、祭祖贯穿整个岁节狂欢的仪式，协调了现实中的人际关系与村邻关系。通过相互交往的这种仪式，引导着人们的现实生活。伽达默尔说："在节日场面中总有一种激昂的东西，使参与者超出了他们的日常存在进入一种普遍的交汇之中。因而，节日总具有它自己特殊的时间性。在节日中，我们的目的特殊性让位给了在高度自我充实瞬间中的心灵交汇，这种自我充实的瞬间意义不需要从任何尚待完成的任务和任何要进一步达到的目的那里获得。"① 作为我国传统乡土社会中的整体文化诉求之一，苗族对岁时节日寄寓了一定的生活情感与希愿，并在长期的践行中凝聚升华为一种群体性的情感与意志。

四 苗族的饮食民俗

中国是个饮食大国，有"民以食为天"的古谚。一方水土养一方人，板栗村地处僻壤山区，这种特殊的地理环境孕育出颇具地方和民族特色的苗族饮食文化。下面分四部分予以介绍。

（一）板栗村的饮食文化

经济原因。板栗村地处山区，野生资源丰富，苗族素来有"取山所长，吃山所长"的饮食习惯。喜欢随不同季节采集、捕猎、打捞各种野生动植物作为食物来源，如蕨菜、椿木尖、竹笋、野紫菜、野荠菜、野蘑菇、八月瓜、野猕猴桃、虫蛹、虾、鱼、野兔、田鸡、河虫、黄鳝、泥鳅等，其中有许多是湘西特有的。如此多的食材原料互相搭配，产生相应的膳食结构和肴馔风格。花垣县地处湖南西部，地形以山地为主，为亚热带湿润气候，民间有言："南甜北咸，东辣西酸。春酸夏苦，秋辣冬咸。"板

---

① ［德］伽达默尔：《戏剧的节日特征》，严平编选、邓安庆等译，上海远东出版社2003年版，第547页。

栗村海拔 600 余米，坐落于山林环绕之中。这里夏季湿润多雨，冬季寒冷干燥的气候条件与山林丰富的野生资源，孕育了这一方苗裔，一代又一代的板栗村民们自然而然地养成了"就地取食"和"因食制菜"的饮食习俗。

湘西苗族的饮食习俗有着悠久的历史背景，蕴含了深厚的文化背景。板栗村的地理环境和社会经济文化发展的特殊性，使得其饮食民俗特色别具一格，从而孕育出其独特的饮食文化。

（二）板栗村的饮食结构

我国的南北地理差异，使得北方以谷类、豆类面食为主，南方以米饭为主。湘西土家族苗族自治州位于秦岭的南侧，故属于我国的南方地区，自然亦是以米饭为主食。关于传统饮食类型，《凤凰厅志》（1824 年版）等记录了湘西苗族"杂谷栽培型刀耕火种""苗乡山多田少，几乎不产稻谷，山坡上种杂谷，其中苞谷最多。其次是粟、紫黑稗。荞麦和高粱。最后是麻、豆和薏米"。正如佐佐木高明的推论①，照叶林带的人们在前农耕阶段对薏米种子淀粉黏性的嗜好，催生了对糯种作物的偏爱。板栗村处于亚热带湿润气候，其植被类型属于照叶林带。板栗村在历史上曾为大面积的石山，经过他们的先民辛勤改造后才成就今日之田土。民国学者陈国钧在《生苗的食俗》中谈道："少数糯稻，悬放屋内的梁上，只因稻草的胶黏性极强。与谷粒不容易脱落。非一再使之干透，谷与草是不易分离的。"过去，生苗家庭不存储隔夜舂好的米，部分地区至今每天仅食两顿，因此需隔夜由家中女子从仓内取每日所食分量的糯稻提前放置在火塘上方的禾炕训上烘烤（禾炕离火塘约三四尺距离）然后将烘好糯稻放入船形石臼内用秆臼舂米，是为舂碓。每到饭时，寨内舂米之声此起彼伏。这充分说明

---

① ［日］佐佐木高明：《照叶树林文化之路》，刘愚山译，云南大学出版社 1996 年版，第 61 页。

苗族火塘与禾炕的设置方式及间距都与传统饮食模式长期适应。① 因为贫富不均，所以食不一致。在中华人民共和国成立前，大户人家，在丰年时产有千余担谷，中户只不过百担，贫穷人家仅仅只有数十担，甚至只有杂粮而无稻谷。八口之家，衣食住行皆来于此。② 大抵一年之内，统计每户平均产量，食净米饭者有30%；食米兼杂粮者50%；食杂粮兼野菜蕨葛者20%。甚至还有由于没有田土，只能以杂粮或野菜果腹之情况。在中华人民共和国成立之前，板栗村苗民以大米、玉米为主食，辅以红薯、大麦、小麦、小米、马豆等杂粮，为了农事生产，一般每日仅食两餐。遇上荒灾年，贫苦人家只能以糠菜充饥。中华人民共和国成立后，村民们的生活随着经济的发展有所改善，20世纪70年代后期，大米逐渐成为他们的唯一主食，其他杂粮逐步转为食品工业原料或牲畜饲料。自90年代以来村内的大米能在满足本村村民的需求量的同时，还能销往周边县市。从清朝末年到现在，村内的粮食作物一直以水稻为主，因为地处海拔600多米，水稻一季一熟，90年代以来村内的水稻产量喜人。

板栗村苗民以饲养鸡、鸭、猪、牛为主，鹅、羊次之。他们秉承苗家人自古以来的热情好客本性，每逢有客到临，必以酒肉相待，拿出自家酿制的酒，以糯米或玉米为原料经过发酵制成，称为糯米酒、玉米酒，肉有猪、牛、羊、鱼，鸡，鸭等。在中华人民共和国成立之前，他们平日里，若没有什么特别的原因，以吃素食为主。过年逢节，才以肉食为珍品，可见其对客人的深情厚意。

板栗村民善于制作腊肉。家家户户都有火塘，每年入了冬，当地人便开始筹备熏腊肉事宜。熏制腊肉是苗家人的一项传统。熏制腊肉，对于身居山区的板栗村以及其他苗寨来说，是他们临近年关的要事。生肉需要柴火恰到好处的熏烤，才能使口感肥而不腻，汁香四溢。大半个月后，腊肉

---

① 汤诗旷：《苗族传统民居中的火塘文化研究》，《建筑学报》2016年第2期。
② 石启贵：《湘西苗族实地调查报告》，湖南人民出版社2008年版，第134页。

就熏制好了,洗掉腊肉上的烟灰,阴干,待水分完全蒸发后将其放到谷堆里,可以保存2—3年。烹饪前,腊肉做菜前须洗净,依据个人的喜好切成片,可蒸、可炒、可煮,待煮熟、蒸软再切片,既可直接蘸酸汤辣子食用,也可加佐料翻炒,香味独特,菜色亦佳。不用放任何佐料,那透亮的模样便可知肉质的香醇。熏制工序有三点讲究:首先需先将猪肉切成三至五斤一块,揉盐和各种香料后腌三五天,待盐及香料浸进肉内,再用铁钩穿串挂到火塘之上,用烧水做饭时的烟火慢慢熏干。熏制得比较好的腊肉一般可保存半年以上甚至可达2—3年。橘子皮或柚子皮熏烘过的腊肉,油中透红,红中透亮,不见烟灰,颜色煞是好看。腊肉堪称苗家人的待客珍品(见图6-9)。板栗村形似梅花的地貌,漫山遍野的枫树,为熏制腊肉提供了得天独厚的条件。村内家家户户都有一口火塘,火塘上方悬挂着一个个铁钩和熏烤架。因为笔者到达时正处盛夏,所以有些许遗憾,未有机会领略那通透绛红的风景。

这种具有民族特色的腌制手法和熏制手法,有利于食物的保存,隔年都可以食用。腊肉腌制好悬挂在烤架上,从山里收集回来的松柏枝、茶枯、茶树蔸,放在火塘里熊熊燃烧,火塘里的热量熏烤着腊肉,腊肉颜色渐渐变成绯红,油渍透亮,有时还会滴下一滴油,在火塘里和柴火碰撞后发出一声噼啪响,激得火苗闪跳,香醇的滋味热量微咸而味美。除了熏制腊肉,几乎家家都有腌制食品的土陶坛,他们统称"酸坛",这种腌制食品的方法称为"酢"。还有油炸食品在板栗村也很常见,如糖油粑粑等。除了肉食,豆腐制品也深得板栗村人的喜爱,有菜豆腐、血豆腐、米豆腐等,还有一道很有特色的"泥鳅钻豆腐"。

湘西人喜食酸辣,甚至到了不吃辣子没有味,没有吃酸菜不得劲的地步。板栗村也不例外。他们的菜食讲究"酸、辣、香、鲜、活"。板栗村居民热情好客,客人光临,必以好酒好肉悉心款待。苗家酸鱼是招待宾客常备佳品之一。板栗村鱼养在稻田中,每年清明插秧后便往稻田里放入若干鱼苗。待到水稻将要成熟时,鱼儿也肥了,便可以抽干田水

图6-9 板栗村的腊肉食品

捉鱼了。主人将一部分鲜鱼拿到集市上去交易，另一部分自留，以备腌制酸鱼。腌制酸鱼要将鲜鱼剖腹并取出内脏、洗净后，洗净血迹，将鱼腹朝下放进坛中，辅以食盐、米粉、花椒、烤酒等佐料，铺一层糯米粉放一层鱼肉，两三天后再撒上若干糯米粉或苞谷粉在上面，放入陶坛，封好坛口，在水盘注满水，使其保持水分，放在阴凉处，15天左右就可开坛食用。这道酸鱼可生食，亦可煎炸、烹炒，鲜嫩爽口，使人食欲大振。酸鱼在常年保持坛口的水盘不干涸的环境下，可保存一两年。板栗村村民觉得如果没有鱼肉陈列桌上,诚意难表,所以发明如此聪明方便的一道菜品。苗乡僻壤,平时要到集市才能买到鱼肉,若突然有客来唯恐有所怠慢,故而想到用腌制好的酸鱼和腊肉待贵客。随着经济的发展,交通日渐发达,现在腌制酸鱼的人已逐渐减少,五六十岁的人还好这一口。例如从板栗村走出去的龙登高,自己在家里腌制了酸鱼,想传承这门手艺。现在,板栗村招待客人的酒菜基本与汉族无太大差别。

板栗村苗民除酸坛腌鱼外,还有腌制特色酸辣食品,如酸菜、酸汤、酸辣子、酱辣子等,因腌酸制品能够以酸代盐,以酸代味,消暑解渴,开胃助消,杀菌防病。板栗村苗民喜食的青菜酸菜、萝卜酸菜等,也是将青菜、萝卜、芋头的叶子洗净切好,经水煮熟后置于罐坛中加热,数天即可取食。酸辣食品具有解腻、开胃、增进食饮的功效,甚至可以解酒、解毒、治肠胃炎、止泻止吐,若遭食物中毒只喝一碗酸汤,毒解病愈。①

苗族人偏好辣椒,有"无椒不成菜"之说。板栗村的苗民也不例外,他们将辣椒加工为泡辣椒、酸辣子、糯米酸辣子、玉米酸辣子、剁辣子、酱辣子等。酸辣子的做法极其简单,将若干红辣椒晒干,在舂窝中捣碎,将其与糯米粉或玉米粉和之,再移之坛罐中,过十天半月就可以食用。

民谣有云"乱石旮旯地,牛都进不去。春播一把种,秋收几颗粒",历史上板栗村土地耕作条件的恶劣可见一斑。板栗村苗族为了生存繁衍,只有依靠大山的资源,只有依靠自己的力量,因此他们取山林中常有的多种野菜,如蕨菜、椿木尖、竹笋、野紫菜、野荠菜、野蘑菇等,经过加工处理后成为桌上的美味菜肴。在山中自然生长的野菜有蕨类、春笋、猪耳菜等。蕨菜是一种味道鲜美、香嫩可口的山野菜,经常食用蕨菜,有助于对头晕失眠、关节炎、高血压等病的舒缓治疗。这自然的馈赠既是板栗村苗民家餐桌上的特色美味,又可作为酿酒的一种原料。平时只需将新鲜采摘的野菜洗净切好,锅中放适量

---

① 刘路平:《中国湘西》,湖南人民出版社 2005 年版,第 109 页。

油，大火烧热，将菜投入锅中，翻炒几下，待到七八分熟，加以适量的盐，再翻炒几下即可出锅食用。板栗村村民还种白菜、青菜、萝卜、莴苣、辣椒、生姜、大蒜、瓜类（丝瓜、苦瓜、冬瓜等）、豆类（豌豆、刀豆、黄豆等）于园圃内，一部分用来售卖换得经济收入，另一部分自留食用。

湘西苗家的食用油除动物油外，多是茶油和菜油。板栗村苗民喜爱菜油，每年冬季撒种，初夏即可收割，产量甚好。一部分自给自足，另一部分远销外地，获利不少。他们食盐，以川盐、淮盐为主，但偏爱川盐（又称为"巴盐"）。

"无酒匪不勇，无酒歌不飞，酒是湘西人的根基和灵魂。"板栗村苗民生性爽朗，有饮酒的习俗，酒分为米酒、烧酒两种。米酒用黏米酿制而成，品性温和，不易醉人。入口颇觉微苦，刺激性强，尝出甜头，便觉醇香爽口，爱不释手。烧酒性烈，度数较高，多以玉米酿制而成。炎炎夏日里，糯米甜酒成了板栗寨村苗民家庭里的一道不可或缺的佳酿。

板栗村因全村种植板栗而得名。一排排的板栗树守卫着这古老的寨村。当地的板栗味美可口，其营养丰富，可鲜食、爆炒、烹煮，还可制作栗子羹、栗子粉等数十种精制食品。板栗村的板栗为油板栗，具有果大、色优、质艳、较耐储藏的特点，9—10月成熟，坚果单粒重8—11克，出仁率75.2%，果皮红褐色，油光发亮，表面无绒毛。这种清香爽口、甜糯细腻的板栗在早些年成为重要的出口商品，甚至远销中国港、澳地区和日本。[①]

苗族的饮食礼仪周到得体，文化底蕴深厚。村民平常忙于农事，鲜少有时间做客和待客。但当有客来临，相当注重礼节，必定杀鸡宰鸭盛情款待，不会有一丝怠慢。若是贵客远道而来，主人家必须手持牛角酒（自家酿制的米酒盛放在牛角里）在路口迎候，此酒需要双手毕恭毕敬

---

① 刘路平：《中国湘西》，湖南人民出版社2005年版，第80页。

给客人奉上,将牛角敬奉于贵客。客人须双手相接,将酒饮尽。请客人饮下这盅自家酿制的米酒,是湘西苗族待客迎送的礼仪,以示对其身份的尊重。敬酒后,主人用一束捆成一把的筷子,蘸上朱红,在客人额上点一个红印,以示祝福客人。送客的礼节与此同之。餐桌上,客人均按年龄大小依次就座,尊老爱幼始终是苗家人的待客信条:主人会先给客人中的长者敬酒敬菜;吃鸡时,鸡心或鸭心要留给客人,表达以心相托。依照苗家风俗,对鸡鸭心客人不能马上自己吃掉,须同在座的老人一起分享,以示自己是主人的知己,大公无私,不会有二心。[①] 鸡腿一定要赐给年纪最小的客人,以示偏爱。如果不懂规矩,则被视为不懂礼节,不免会扫兴。主人作为陪客,自己吃得比较少,为了将客人招呼周到,便热情不断地为客人添酒夹菜。如果客人酒量小,若有所禁忌,可以事先向主人家说明详情,主人便不再勉强,但一定要保证让客人酒足饭饱,唯恐有一丝怠慢。

(三)板栗村的饮食审美

对板栗村的饮食审美下面分三部分予以论述。

1. 各类食物的艺术制作

人类饮食的历史阶段大致可分为果腹—美味—健康三个阶段。随着生产力的不断发展,现代人对饮食的追求过渡到健康养生阶段。过去,板栗苗民们为了祭祀神灵的特殊需要制作出形形色色的供品、礼品,以提高祭品的造型水平与观赏效果。后来,随着文明的进步和生产力水平的进一步提高,人们对于日常饮食逐渐有了更多的追求。他们一方面有意识开始注重色香味的美化、和谐,以外观提高食品的档次,增强美食的美感品位;另一方面讲究烹饪与加工技术,提高腌制和熏制食物工艺的同时,致力于

[①] 周明阜等:《湘西风土志》,中央民族大学出版社2012年版,第129页。

研制出更多的烹饪方法。湘西苗族是一个善于博采众长的民族，在迁徙的过程中，他们因为与汉族、土家族的交流与往来，有所收获。他们被其他民族先进的生活方式所影响，逐渐引进现代的食品原料、成品和半成品、饮食器具等，甚至吸收和融合了其他民族的饮食文化特色。例如，板栗村逐渐吸收了湘西土家族的某些食品制作方法，部分家庭过春节时候甚至会像汉族一样包起饺子来（见图6-10）。其他饮食文化的渗透，丰富了湘西苗族的饮食文化，板栗村的饮食不再是一味注重味和香，慢慢地讲究对食物的色、形和营养。

图6-10 板栗村的日常饮食

2. 饮食器具的讲究

陈国钧所记民国时生苗火塘取火使用火镰①，用时须互向各家讨要。当时苗人用一种木制圆桶形炊具煮饭，仅适用于蒸煮。随着时代的进步，

---

① 石启贵：《湘西苗族调查报告》，湖南人民出版社2002年版，第115页。

火烹不再是烹饪食物的唯一选择。烹饪历史大抵经过了无炊具烹饪时期、石烹时期、陶烹时期、铜烹时期、铁烹时期直至现代的电器烹制时期。板栗村现较完整地保存着火塘文化，烹饪形式多样，俗话说"美食必得美器"，有着美味饮食的板栗寨村餐饮器具还呈现着古朴原始，取材源于自然的风貌。竹筒、粽叶、芭蕉叶、铁三角、土钵、陶罐、瓷器、鼎罐等为他们的餐饮器具，大多就地取材，清雅古朴。用粽叶包裹夹带豆沙、蜜枣等馅料的糯米，折叠粽叶并压实馅料，煮制而成的粽子，带着清香，很是美味。板栗村的人们喜用石材和木材加工餐饮器具，村里的石碾、水碾、镭钵、石槽、木槽到处可见。他们认为饭菜盛在这样的器具里，才能保证食物本真的味道、香气、特色。他们的观念与现代"生态"和"绿色"观念不谋而合。这些器具便成了一种饮食风格的象征，一种生活情感的点缀，一种艺术个性的表达。

3. 礼乐人情

中国式筵席素来充满团结、礼貌、主宾相谐的气氛。美味佳肴既是一桌人欣赏、品尝的对象，又是大家情感交流的媒介物。板栗村风景优美，清幽僻静，其筵席充满了朴素地道的风味。平素家宴，身在茅屋草舍之中，欣赏田园野趣和自然风光，与家人围坐一起，无拘无束，谈笑风生。若遇红白喜事，便摆上筵席，村里不论男女老少，都热心参与，村里一派热闹增添了筵席的欢乐气氛。历史的积淀，造就了板栗村丰富多彩的食俗文化，体现了苗民追求幸福、崇尚自然的淳朴民风。"以乐侑食"是中国饮食文化的一大特色。历史上的统治阶级在进食时往往喜好以歌舞助兴，用以渲染气氛，激荡情绪，引导程序，大张威仪。[①] 湘西苗族的节庆日繁多，板栗村的亦各具精彩。每逢赶秋节，椎牛、椎猪的仪式初始，牛角声起，巴代们跳起了绺巾舞。祭祀仪式结束，大家欢

---

① 张士闪、耿波：《中国艺术民俗学》，山东人民出版社2008年版，第128页。

欣地分而食之。遇上哪户人家操办喜事，欢乐的歌声更是络绎不绝，板栗村的苗家儿女们便在这丰盛的筵席前，观看传统的婚礼仪式，感受着渐入佳境的生活带来的甜与美。独特的饮食民俗对于村民的文化性格也有着显著影响。一般来说，饮食文化类型的形成首先受到自然环境的影响。不同的地理环境，由于气候、温度、水源、海拔高度等指数的差异，其物产食料多有差别。① 板栗村苗民由日常饮食活动长期积淀而成的饮食习惯，每时每刻都在规范着其自身的礼仪习俗、行为规范、思维方式、审美特征等。当这一切相对稳定地被后世传承接续，他们的群体性格便在岁月的长河中不知不觉凝结而成。此种独特的历史背景和地理人文环境，孕育出了苗家儿女的敢爱敢恨、耿直坚强。

（四）板栗村饮食民俗的发展

随着交通运输的改善和经济的发展，村里外出务工的人增多，带回来的现代生活方式与饮食习惯渐渐影响着全村。人们追求新鲜和刺激，求新求异，不再那么热衷传统的苗族饮食口味，促使了一些传统的食物、加工工艺和器具逐渐退出历史舞台，在某种程度上导致了苗族饮食文化的"断层"。此种尴尬局面的出现，可从以下三个方面去改善。

1. 凸显文化底蕴，宣传地域特色

传统的湘西苗族饮食口味注重以"酸、辣、香"，但由于时代的发展，食物品种更新换代的周期加快，现在以"酸、辣、香"为主的口味渐渐趋于淡化。板栗村首先可在继承传统苗家菜风味的基础上，将"酸、辣、香"特色发挥到极致，同时注重营养与健康，将苗家菜精品化、商业化甚至国际化。其次，使自己的民族饮食文化走向全国乃至国外，让更多的人知道和了解本民族的饮食文化；需要大力宣扬其民族饮食文化特色。充分

---

① 张士闪、耿波：《中国艺术民俗学》，山东人民出版社2008年版，第131页。

利用各类电视、报刊、网络、广播等媒介,宣扬板栗苗寨饮食文化特色。同时,在对外宣传中要凸显地域和人文特色,要将板栗村食品原料种类繁多、野生原料突出的优势资源发挥得淋漓尽致。最后,致力打造独具特色的苗家菜品牌,树立旗帜,吸引消费者。另外,多渠道研发食材的多元化食品,在保证食材质量的前提之下,提高食材的美观性,突出苗族的地域文化特色。

2. 扩大商业市场,打造精品品牌

酸鱼、血豆腐、湘西腊肉、湘泉酒等现已在国内享有一定的知名度,但湘西还有很多富有特色却少有人知的特色饮食,如苗家米豆腐、苗家米粉、苗家豆腐乳、苞谷酸菜、灌肠粑等。这些食品仍有很大的开发空间,还未形成自身的民族饮食招牌。板栗村可利用本土的丰富资源,将自然资源转化为经济资源,努力打造精品品牌,提高知名度和美誉度,将饮食文化传承接续,将饮食民俗特色发扬光大。随着每个节日的特色不同,其饮食内容和活动也不尽相同,抓住时机推广板栗村苗族饮食文化,利用湘西苗族的春节、清明节、端午节、七月半、赶秋节、吃新节等节庆日,最大限度地将饮食文化贯穿整个节日,深入人心。湘西苗族素来有自然崇拜、图腾崇拜、祖先崇拜等宗教信仰。板栗村有着丰富悠久的历史,有优势对这些具有神秘色彩的资源进行合理开发,亦可促进其饮食民俗的推广。板栗村青山环绕,风景怡人,民族风情旖旎多姿,近年来被选为赶秋节等节日的活动场地。

3. 政府支持引导,规范卫生质量

板栗村有着独特的历史背景和地理人文环境,但其饮食文化未得到全面的认知和开发。村内许多传统的食物加工方法,不够科学环保,效率较低且存在一定的卫生隐患,缺乏统一的规范和科学的指导,导致绝大多数饮食风俗依然披着神秘的面纱,停留在民间故事里。传统祭祀仪式里的祭神鼓、祈子嗣、求雨水、祭五谷神等的饮食忌讳，缺乏专业人士的收集和整理，其生命已逐渐衰亡。板栗村的众多资源，如果相关部门可以组织相关专家设立专门饮食文化研究中心，从文化、科学、历史、心理等多种角度对板栗村苗族饮食文化的历史渊源、形成背景、影响因素、民族特点等进行深入挖掘、探讨分析并记录保存。板栗村苗族饮食文化在理论层次将得到巨大的飞跃，亦能为研究对整个苗族乃至中华的饮食文化起到不可磨灭的作用。政府还可鼓励设立灵活的经济实体，进行市场实践和操作，鼓励板栗村饮食文化资源的开发和利用，鼓励、保护和支持民族饮食开发公司、民族饮食研究所、民族饮食文化旅游公司、民族餐馆等实体的设立。如此，湘西苗族饮食文化才能得到进一步的保护和发展。板栗村这得天独厚的自然和人文资源要"物尽其用"，须通过对其饮食民俗的悉心研究和科学引导，才能保护并传承苗族的饮食特色，才有可能使板栗村的饮食民俗得以存续。

五 苗族的生产流通民俗

生产是一切物质财富产生的基础，是人类最基本的实践活动。在传统农业社会里，"人生天地间，庄农最为先"。农事活动是最重要、最基本的一种活动。农业生产习俗指包括一切农事劳作及与之相关的活动，既包含耕种、收割、加工储藏等生产劳动，也包括卜种、祈雨、禳灾、谢神等各种仪式。下面分别介绍求雨和祭龙两种习俗。

（一）苗族的求雨民俗

苗族自古有着对神灵崇拜的民间信仰并延传至今。苗族是农耕民族，以产粮为主，且居住地区大都属于亚热带季风湿润气候，典型的喀斯特地貌。夏季炎热少雨，有时长达十几日的干旱影响了农作物的生长，给当地的农事活动造成了一定的困扰。所以，苗族人不得不向神灵祈求下雨。求雨，在苗族人看来是一个神圣、庄重的仪式，在苗族东部方言区，须由苗族巫师巴代扎（俗称巴代）主持这场法事。苗族巫师分为文官巴代雄和武官巴代扎两种，求雨仪式一般由巴代札主持。巴代扎身为武官手下兵马众多，据说如在与神灵沟通无果的情况下可以强行派兵，兵力不够时还可以向其他巴代扎借兵，威胁甚至强迫神灵降雨。但身为文官的巴代雄只能请求神灵或以祭品数量多少为筹码与神灵讨价还价，以达到降雨的目的。每逢天旱的时候，村寨中的人一同出资购买求雨所需物品，再请巴代札到有水的地方（寨边的水沟、河边或者附近山洞）诚心祈求龙王降雨。

求雨的方法众多，主要有抬城隍神及龙王神求雨法、茶枯毒捞求雨法、扎台求雨法、拿龙求雨法、抬天王神求雨法、抬狗求雨法、封斋求雨法、关城求雨法、除旱鬼神求雨法。以迎天王神及祭雷两项最为盛行，拿龙方法次之。求雨仪式神圣、庄重，正式开始之前，要悉心布置法事现场，其仪式分为请神、敬神、送神三个环节。下面分别介绍五种求雨法。

1. 抬城隍神及龙王神求雨法

若遇天旱，由村内若干受旱人家议定，择定日子，于某月某日某时去城隍庙和龙王庙集合。由四人抬着城隍神和龙王神神像，在场的求雨众人都要捧着香，将杨柳藤或葡萄藤绾成一圈戴在各自头上，神像也要如此。由巴代或巫师作法，讨得筶子，才可请神整队出发，几十号人甚至几百号人前往旱地田野游行，摇神旗，吹喇叭，打乐器，进行求雨。游行完毕，将神像置回原位，点燃香烛，燃放鞭炮，由求雨的当事人各自磕头作揖。求雨仪式到此礼成。

2. 茶枯毒捞求雨法

茶枯毒捞也属求雨的方法之一。遭遇天旱时，苗民常常使用此法。若干苗民，筹备几许茶枯皮，锤成小块状，碾成粉末，择日选择一个穷凶险恶的地方"毒捞"。常作毒捞地有大小龙洞、雷洞山等。届时将茶枯挑至毒捞之地，燃烧香纸，摆好肉酒。求雨之苗民各抓一把茶枯粉放捞，口中大喊："龙神，快些涌水出来，降下雨霖，救济禾苗。"传说龙在水里，受不了茶枯的气味，便会自然涌水，翻云覆雨。这种方法，不需要巴代作法便可行之。虽属迷信，有时也有应验。

3. 扎台求雨法

若干苗民邀集几户人家，筹备钱款，请一位巴代或几位巴代，依情况而定。在田野坪场中扎两个求雨坛，用一张桌子或几张桌子，布置整齐。桌子上放置有香米红包，点燃香烛，上安总坛及各方龙王的牌位，其写法分别如下：

> 东方青帝，行雨龙王之神位。
> 南方赤帝，行雨龙王之神位。
> 西方白帝，行雨龙王之神位。
> 北方黑帝，行雨龙王之神位。
> 中央黄帝，行雨龙王之神位。
> 五方五帝，行雨龙王之神位。
> 闪电娘子，行雨龙王之神位。
> 天地虚空，行雨龙王之神位。
> 龙公龙母龙子龙孙之神位。[①]

众人吹响牛角，敲打锣鼓，祈祷上天降下霖雨。一旦应验，便杀猪谢恩，倒坛送神。

4. 迎天王神求雨法

湘西奉天王神为最尊贵之神，因其可通阴阳两界。若遇干旱，苗民便邀集若干村寨人，去天王庙里抬天王神。大尊座像由八人合抬，小尊行像

[①] 石启贵：《湘西苗族实地调查报告》，湖南人民出版社 2008 年版，第 548—549 页。

由四人合抬。在苗乡求雨，多用行像。都是由巴代进行竹筶，得知哪一位王爷愿意相助，若是胜筶，就是大王爷；若是阳筶，则是二王爷；若是阴筶，则是三王爷。请得筶子，便请王爷上轿。求雨众人不得戴斗笠，且须跪拜，才行将起来。王爷上轿时，须锣鼓喧天，鞭炮齐作。太阳实在太大，各人可围一圈葡萄藤或杨柳藤在头上遮阳。行进途中，执事者摇动龙凤旗，鼓吹喇叭，燃放爆竹；其余众人手持长香，鱼贯而行，秩序井然。抵达目的地，早扎有一座雨坛。上面摆放有香、米肉酒、五供果品、净茶等多项。由巴代请神下轿，安排上座，打筶问得神下雨的日辰。一旦应验，天便立降甘霖，救济禾苗。求雨人家需宰杀肥猪一只，酬谢神恩。大家集合，一同食之。食毕，请神上轿，送回庙里，安奉神像，完成仪式。

5. 祭雷求雨法

祭雷求雨是苗乡盛行的一种祈雨仪式。由巴代在高坡或深洞处设求雨坛，摆置一张大桌，上摆置酒肉饭各七碗，"禾枯"（用一根竹子，上端破开一节，用细篾编织作鹊儿窠形，里盛一个蛋，一块不撒盐的熟肉）一个。相传雷神忌食盐，恐遭雷劈之祸。巴代举行法事，击竹筒，摇金铃，燃黄蜡香许愿。一旦下雨，须立即杀猪或牛还祭，先交生而后上熟，肥肉五脏，切做小块，陈列于桌上。众人一同食之，送神完毕，求雨仪式结束。

其他求雨方法，与以上五种类似，祭品和物件稍有各异，实则大同。这些举动在长期的仪式化过程中，便自然生发出一些审美的艺术因素。例如，巴代进行讨筶用的"阴阳板"，本来是一种简单的求雨方式，顺着人们心中娱神意识的引导，慢慢形成了一种娱人且颇具艺术味道的民间舞蹈。在苗人的心中，"阴""阳"二字是非同寻常的，大至乾坤宇宙，继至春夏秋冬，小至人体本身，皆不出阴阳之律。旱、涝皆是自然大道中阴阳失调所致，人类的阴阳和谐能转化自然之逆，有导致风调雨顺五谷丰登之效用。手持的阴阳板以竹子制成，两块长短相近。竹子正面则为阳，背面则为阴。手执阴阳板,按照上、下、左、右、前、后等不同位置敲打拍击,舞步变化多端,按照各种和谐的图案相应做出种种姿势和造型,意为向上苍祈祥。

这些民间艺术都是从农事活动中生发出来的,沿用至今,独具风味。长期以来它在苗乡自然传习,满足着自然经济状态下苗民的精神需求,丰富着艰辛、贫乏的劳动生活。

(二)苗族的祭龙民俗

湘西苗族的龙崇拜属于一种自然神信仰,自然神信仰主要包括自然物质神信仰、动物神信仰和植物神信仰。① 苗人在其生活中遇到各种困难,难免对日月山河土石一类自然物质萌生了信仰。渐成规模的农牧业生产与自然物质、自然现象关系密切,为了祈求风调雨顺、五谷丰登、六畜兴旺,苗人向这些自然物质之神祈祷、祭祀。龙在苗族人民心中,代表吉祥幸福,能带来康宁和好运,崇龙习俗便因崇拜龙而逐渐形成。苗族人崇拜各种形貌各种类别的龙,赋予了一定的文化含义。虽然龙的种类繁多,但是苗族人眼里,几乎什么都可以成为龙,只要是他们能够想到的,都可以制作成龙。②

苗族的宗教文化气息浓郁,接龙逐渐演化成一项重要的宗教仪式活动。"接龙",又称祭龙,苗谓之"然戎",即邀请龙,是以信奉祖先和自然为对象的原始宗教③。通常由苗族巫师巴代主持,一般选在农历二月或十月举行。接龙之前先要"闹龙",须在家中设置好祭坛,男女老少齐集,唱歌、打鼓、吹唢呐,隆重地将龙神请到家进行祭祀,才能祈求风调雨顺、六畜兴旺、村社平安。

接龙分为安隅、叩角请神、吹角、讨答、领受、打柳旗下马、吃起

---

① 张士闪、耿波:《中国艺术民俗学》,山东人民出版社2008年版,第169页。
② 刘丽:《苗族崇龙习俗研究》,硕士学位论文,湘潭大学,2010年。
③ 周明阜等:《湘西风土志》,中央民族大学出版社2012年版,第377页。

马、造圣水、造火把、造五谷、扫堂洗堂、引龙、龙神吃饭、安龙、撒龙耙 15 个程序。

祭龙有着原始的自然崇拜色彩，是湘西苗族绵延至今的宗教习俗。其祭祀费用由全寨平均分摊，祭龙时需要自带粮食，这种共同消费带有原始公社相近的农村公社制的特点。春季为雨水多发时节，故祭龙时间选在春季，再者为了凸显对雨水的重视和渴求的心意，祭龙地点一定要选在有水的地方——河溪或水潭处（见图 6-11）。祭龙仪式最早可以追溯到苗族先民从平原迁徙进入武陵山区时期。在母系氏族社会之后或母系氏族社会向父系氏族社会过渡时期，龙崇拜的信仰可能在这段时间里产生，社会以男性为中心，男权在日常生活和宗教生活中占主导地位，故求雨仪式长久以来只能由男性参加，男尊女卑的封建社会制度下，女性不能参加。受古代族长制的影响，由主祭及村寨长老任龙头。

图 6-11　祭龙

苗族崇龙习俗作为中华民族崇龙习俗的一个重要分支，有着丰富的文化内涵。苗族人将头领、保护神、水神、民族文化等文化含义赋予龙。这些文化含义都经过了漫长的演变过程。苗族对龙敬而不畏,没有把龙置于不可侵犯的位置。很多时候苗族兴盛骑龙、训龙、戏龙的活动,但他们骨子里的疾恶如仇,不能容忍恶龙——他们对其惩罚,甚至宰杀而分食之。苗族现存的崇龙习俗带有原始宗教的巫术烙印,具有鼓舞民族团结、凝聚民族情感的功能。这种习俗是苗族人想象力的有力体现,是一种重要的民间信仰,亦是中华民族灿烂的文化遗产。苗族崇龙习俗的古老历史,可以追溯至江淮流域的太皞部落龙崇拜,与汉族同源,至今在湘西苗民中仍有深刻的影响。因此,苗族崇龙习俗作为生产流通民俗的一种,具有重要的理论价值和现实意义。

第二节 苗族医药

一 苗族医药的起源

苗族医药的起源要从原始社会说起,在为了生存而与自然界做斗争的过程中,苗族人民开始了最原始的医疗活动。比如,在打猎时遭遇猛兽的袭击而受伤,在采集野果的时候误食了有毒野果,遭受疾病的折磨等,聪明的苗族先民逐渐总结出原始的治疗方法。他们无意中发现某些植物的根、茎、叶、种子、果实等可以治疗某些伤口病痛,就将之作为草药。他们发现动物的血液、内脏等吃了可以治愈某些疾病,就将之作为治疗的秘方。久而久之,这些治疗的经验就形成了苗族医院最原始的治疗方法。"千年苗医,万年苗药"的说法就是对苗族医药悠久历史最形象的描述。神农氏尝百草中七十毒而求医的故事为华夏族人所皆知,苗医的来源也与此类似。

西汉刘向的《说苑·辨物》中提到,"吾闻古之为医者曰苗父。苗父之为医也,以菅为席,以刍为狗,北面而祝,发十言耳。诸扶之而来者,举而来者,皆平复如故"。上古时期的苗族将医生称为苗父。苗父治疗病人的方式非常玄乎奇神,他的诊治手法和过程是非常奇特而超常的:他把编席子的菅草用于坐和卧,又用草把子扎成狗的模样;每当有病人来临,苗父就拿起草狗,面朝北方念道只有十个字的祝词;在苗父的治疗下,所有被扶着来的、被抬着来的病人都能康复如初。据文中所言,苗父根本不像后世中医那样用望、闻、问、切的"四诊"来诊病,也没有采取根据疾病的阴、阳、表、里、寒、热、虚、实八种不同性质的"八法"去治病,更没有像后世西医用到任何正常的手术治疗。不管是中医还是西医,"苗父"都不像是后世"医生"的概念。他们好像具有一种神奇的法力,在坐卧和念念有词中就能将病人的疾病治好了。有人说,这位被记载于史册的苗父就是传说中的"药王爷"。这位"药王爷"全身都是透明的,如现世的玻璃一般,有翅膀,能四处飞翔。他为了给苗族人民寻找治疗疾病的医药神方,日夜奔走,历经了千辛万苦,走遍了世界每一个角落,终于找到了一套秘方。苗族民间"一个药王,身在八方;三千苗药,八百单方"的歌谣就是讲"药王爷"的故事。至今,在苗族各地,都对"药王爷"如祖先"蚩尤"一般崇拜非常。甚至在贵州苗族地区,每到节年,都会以杀鸡祭祖的方式来敬祭"药王"。

据研究统计,在《神农本草经》《本草纲目》《五十二病方》《黄帝内经》等医学典籍中都有苗族医药的记载,这些史料都充分证明了苗族医药的起源之悠远。

二 苗族医药的理论基础

起源于上古时代的苗族医药,以长期以来丰富的治疾经验为基础,结合借助传统的中医知识,将零散的医药方法和知识汇集起来,逐渐形成了一套系统完整的理论,这些研究主要在于花垣县之内。苗族医药理论中的"医"和"药"是分开的,分属苗族医学理论和苗族药学理论,简称"苗医理论"和"苗药理论"。显然,苗医理论是针对疾病的预防和医治而形成的,而苗药理论上针对苗族丰富的药材而形成的。下面分三部分予以论述。

(一) 苗族医学理论

苗医理论分生成学理论、经纲症疾理论、三界学说、交环理论、四大筋脉学说等。经历了千年的发展历程,五次大迁徙将苗族人民分散在全国各地,不同的地区都有不同的苗族医学理论,这些理论之间既有区别,又有联系。现代医疗技术高速发展,结合苗族自古以来的各种"治病说",给人类的健康送来了福利。下面分别介绍这五种理论。

生成学理论来自板栗村所处的湘西花垣地区,是在历史文献资料、民间流传的古老传说和歌谣、苗民们预防和治疗疾病的经验,加上苗族人民自古以来日趋成熟的人生观、世界观、价值观三观形成的哲学理念逐渐总结而来。世间万物相生相克,同一种药物可以作多种用途,能治疗多种病症,能将患者治愈,也能催人性命,而不同的药物之间可以互相协调搭配起到良好的治愈效果,也有的在同一时间共存于人体内之时会引起突发病症。这就是哲学对苗族医药启发的最大成果。在苗族人民在对医药学不断认识和学习当中,不仅对药物学有了一定的完整、系统认识,也能对症下药,在疾病学的基础上以苗族医药应对,这就是具有苗族风俗特色的生成学理论。

在生成学的基础上,又添加了"经纲症疾理论"。苗族人民在不断的医药实践过程中,将疾病分成了冷病、热病两种,称为"疾病二纲"。在"经纲病症"中,冷病和热病具有完全不同的两种性质,要以不同的方法应对,据此而产生热病冷治、冷病热治两种不同的治疗方法。

在"经纲症疾"的基础上,又出现了"三界学说"。"三界学说将人体自上而下分成了树、土、水三界,锁骨以上部位为树界,包括头部和颈部,是生命之精;颈部以下至肚脐以上的胸腹部为土界,为生命之基;

人体肚脐以下大腿以上的下腹部为水界，包括肾架和性架，是生命之源。三者相资相制，一荣俱荣，一损俱损，树需要扎根土中、吸收水分才能成长；土需水的滋养、树的扎根稳固才能长久；水需土的吸纳、树的转运才能灵动。在治则治法上，有补水养树、补水润土、培土固水、培土养树、通灵调水、养树固土等治疗方法。"①

此外，苗族民间还有"交环理论"之说。交环理论是由花垣县已故苗医大师龙玉六根据行医经验所创。交环理论认为，"人体分为上、下两个交环，这两个交环是人体饮食功能交汇的环域，以摄食营生为天职，同时也是人体各架组功能交汇之处，对辖区下的组织、器官和架组在生理上具有相需、相资、相制的关系；两个交环以食为天，以和为贵，以乱为病，以帮为治，以保为康。上下交环和套，相互功能信息能及时反馈传达，则人体就能健康生长发育，否则就会产生交环不和的病候，主要包括交环阻滞、交环上亏下亢、交环上亢下亏、交环两亏等病症，就需要以帮为治。交环理论体现了一种以交环为枢纽的人体生命活动规律"②。

最后，还出现了针对治疗外伤的"四大筋脉学说"。四大经脉学说是苗族外治法的理论基础之一，在板栗村内也有所流传。四大经脉学说认为，筋脉是联系四肢、躯干、内脏、大脑、各肌肉组织的生理体系，在身体系统中起着不可替代的重要作用：筋脉通，身心畅；筋脉塞，身心病。不管是外伤还是内伤，都有可能让筋脉受损，进而让身心带来不适，引起病痛。由此，苗医往往通过对筋脉进行一定程度的刺激来治疗各种身体疾病，让筋脉流通，身心舒畅，最终达到病愈的目的。

苗族民间广为流传的苗医理论是以上所述的生成学理论、经纲症疾理论、三界学说、交环理论、四大筋脉学说五种。五种学说各具特色，在其形成和发展的过程中造福于苗族人民。

---

① 袁航、郑健、陈抒云等：《苗族医药理论及发展现状概述》，《中医杂志》2014 年第 17 期。
② 同上。

（二）苗族药学理论

苗族药学理论上基于对苗族药材的研究而形成的，主要有苗药药性理论、苗药属经理论、苗药架组理论（药物走关理论）、苗药公母理论四种。下面分别介绍这四种苗族药学理论。

苗药药性理论大致有两类。第一种是严格以"经纲症疾"理论为标准将苗族药材分为了"热性药"和"冷性药"，分治"冷病"和"热病"，还有介于"冷性药"和"热性药"之间的"中性药"。第二种是根据药材的来源及生长环境而分的"水性药""土性药""岩性药""矿性药"和"动性药"五类。这两种分类都是基于不同的分类标准而有不同药性的区分。

苗药属经理论根据苗族药材的不同性质、起效快慢和作用时间，分为了"五经理论"和"十二主经理论"两种。"五经理论"将苗族药材分为了冷经、热经、快经、慢经、半边经。"十二主经理论"将苗族药材分为冷经、热经、快经、慢经、轻经、重经、强经、弱经、内经、外经、昼经、夜经。拿夜经来说，顾名思义，是指治疗夜里发作或日轻夜重之类疾病的药物，如治疗失眠、夜汗、遗尿、遗精、梦游等病症的药物。

苗药架组理论（药物走关理论）综合来说就是"药物入架与走关"，苗药架组理论将人体结构分为9个架组，每个架组都有浅层、中层、里层三个关口，药物对这9个架组的选择作用被称为"入架"，药物对关口的作用力度被称为"走关"。走关的力度，入架的适宜都需要进行多重考虑和权衡。

苗药公母理论是苗族人民根据同一品种或者具有相同属性的药材因生长环境的不同导致药材药效与外形差异的区分理论。例如，生长在湖南的苹果和山东的苹果是有区别的，生长在西藏和云南大山深处的天麻比生长在平原地区的天麻也有很大的区别，这区别不仅仅在于生长出来的药材的形态特征不一样，最重要的在于其药效的不同，有强弱之分。生长在西藏、云南的天麻自然比生长在平原地区的天麻药效要好很多，这种药效好的天麻在苗族药学上被称为"公药"，而药效差一些的天麻被称为"母药"。生长环境的不同给植物体内的化学成分造成显著差异，这种差异体现在植物的药性、药效、颜色等上。公药药性偏温和，生长的过程多向阳，叶片往往呈单数生长，颜色较深，药效强；母药药性偏寒凉，生长的过程多背阳，叶片往往呈双数生长，颜色较浅，药效弱。

苗族民间广为流传的苗药理论是苗药药性理论、苗药属经理论、苗药架组理论（药物走关理论）、苗药公母理论四种。苗族药学理论将药材区分开来，对中国传统药学做出了巨大贡献。

在千年以来漫长的求存与生活当中，苗族人民将其对疾病和药物的知识归纳成了一套完整、系统的理论学说，其学说固然有其不足，但不可否认的是，苗族人民的医药学说为中华民族传统医药学做出了巨大贡献。

（三）苗医诊断与治疗的基本方法

中医诊断讲究"望、闻、问、切"，而苗医诊断在其基础之上形成了"望、听、嗅、问、摸、弹"六种方式。苗医在诊断过后按照诊断出来的病症结果进行治疗，"苗医配伍"便是苗医用药治疗的一种有效方式，历史悠久而漫长。苗医诊断与治疗的方法在时间与经验里逐渐被系统和完善，成为中国传统医药学的重要组成部分，苗医奇特的治疗效果也让许多人受益。历代以来，板栗村的人们生病时便依靠苗医进行诊断和治疗，大多数情况都能取得良好的治疗效果。

苗医诊断的基本方法为望、听、嗅、问、摸、弹。诊断的目的是辨别病患所属于冷热两种不同纲的病症，对应配以热性药、冷性药以治疗。诊断是一个重要的环节，为其后续治疗的基本方法提供了最根本的依据。苗医诊断之"望"的方法被称为"望诊"，望诊主要在于凝视病患的神色、五官等。值得一提的是，苗医望诊对望四毛（头发、眉毛、睫毛、毫毛）、口舌、鼻、指纹、指甲、掌纹方面形成了独特的特色，如"牛胎病""猪胎病""麻风证""突眼病"等病症皆可由望四毛而诊断出来。苗医诊断之"听"的方法被称为"听诊"。听诊主要在于凝神聆听病人发出的声音高低低沉变化，如根据病人说话、呻吟、咳嗽、呼吸、打嗝、肠鸣、排屁等声音的变化来判断患者属于"冷病"还是"热病"。苗医诊断之"嗅"的方法被称为"嗅诊"。嗅诊主要在于嗅或闻病人的身体的气味、口腔的气味、排泄物的气味、分泌物的气味等味道来进行诊断，以判断患者属于"冷病"还是"热病"。苗医诊断之"问"的方法被称为"问诊"，主要在于询问病人发病的时间、发病时的感觉（冷热、疼痛、汗出等）、饮食、睡眠、二便、经带等的状况等内容来进行诊断，以判断患者属于"冷病"还是"热病"。苗医诊断之"摸"的方法被称为"摸诊"，主要在于摸病人的体表的有关部位和摸脉来进行诊断。苗医将病人的脉象称为"大脉"，分为病脉、喜脉、寿脉三种脉象。苗医诊断之"弹"的方法被称为"弹诊"，主要在于用五指提弹病人的腋前、肩背、脊旁、肘窝、腘窝等处的大筋或皮肤，根据弹后的大筋和皮肤的变化现象来进行诊断，弹后病人出现明显变化和现象的多为"翻"病。

苗医治疗的基本方法可从苗族医药学理论得知，一般来说，"冷病热治、热病冷治"，是苗医治疗的两大法则。常见的苗医治疗法有十六大法，这是依据不同的病候而来，分治不同的症状。其一，赶毒法，用于治疗体内积毒的病候。其二，败毒法，用于治疗体内雄毒的病候。其三，攻毒法，用于治疗体内恶毒的病候。其四，止痛法，用于治疗身体的疼痛病候。其五，冷疗法，用于治疗体内急热的病候。其六，热疗法，用于治疗体内急冷的病候。其七，提火法，用于治疗体内的内冷病候。其八，退火法，用于治疗体内火毒的病候。其九，止泻法，用于治疗泻肚的病候。其十，健胃法，用于治疗胃弱的病候。其十一，帮交环法，用于治疗交环不和的病候。其十二，补体法，用于治疗亏损的病候。其十三，表毒法，用于治疗风冷气水毒草的病候。其十四，退气法，用于治疗气壅的病候。其十五，止塞法，用于治疗外漏的病候。其十六，解危法，用于治疗危急的病候。另外，苗族医药的治疗方法还有外治和内治之分，内治法与外治法也是苗医治疗的基本方法，苗医治疗以外治法最出名。弩药针疗法、挑筋疗法、刮治疗法、外敷疗法、熏蒸疗法是五种基本的外治法，具有不同的疗效，可作预防，也可作治疗，各具特色。例如，弩药针疗法便是用于治疗身体局部的病症，"传统弩药针疗法是用自制木柄针具蘸取弩药液（民间验方）浅刺患部，后在针刺处施以罐疗，取罐后再涂擦弩药液的治疗方法，多以治疗局部病症为主"①。

苗医诊断和治疗的基本方法让我们更进一步了解苗医，了解作为非物质文化遗产的特色之处，更了解板栗村人们的生活。

三 苗医研究的成就

如今，苗医已进入非物质文化遗产的名录，是国家重要的医学财富。苗医的研究开始于20世纪80年代初，"1981年至1983年湘西自治州凤凰县龙文玉、欧志安先生先后在《贵州民族研究》《健康报》《团结报》等报纸杂志上发表或报道有关湘西苗族医药研究成果。欧志安研究完成的《湘西苗药汇编》成果获1981年度湘西科技成果奖，拉开我国苗族医药研究的序幕"②。经历了近30年，迄今为止，苗医研究仍然向着好的方面发展，在各方面都取得了不错的成就，苗医成为传统中医药学不可缺少的部分。具体体现在以下三个方面。

第一，苗族医药学得到了良好的继承和发展。苗族医药学从20世纪80年代初便得到了政府的高度重视，并组织了关于苗医的会议和调研活动，广泛收集了苗医的资料。这些工作为苗族医药学的良好继承和发展打

---

① 罗典、王兴桂：《苗医外治法研究与临床应用概述》，《亚太传统医药》2016年第5期。
② 田华咏：《苗族医药研究20年评述》，《中国民族民间医药》2007年第2期。

下了坚实的基础。《湘西苗医初考》《湘西苗药汇编》《苗族医药学》《苗族药物集》《贵州苗族医药研究与开发》《苗族生存哲学》等关于苗族医药的著作陆续出版。另外，各地的医学杂志和高校的学术论文皆有苗族医药学的相关内容刊登及发表，苗族医药已经成为医学界无法避开的话题，各种专题会、学术研讨会等的开展都促进了苗医的继承与发展。

第二，苗药研究与开发取得了可喜的成果。苗族药物、苗族临床医学、苗族医学史、苗族医学文化及理论、苗族医学发展等都取了不错的进展，其中，对于苗族药物和苗族临床医学的研究为最多。例如，关于苗族药物的研究便有许多专著出版，苗族药物的研究包括了对苗族药物的综合性研究、特色苗药研究、区域性苗药研究三大方面。"邱德文、杜江主编的《中华本草·苗药卷》与《中华本草·苗药卷彩色图谱》，前者由贵州科技出版社出版，后者由中医古籍出版社出版，两者所记载药物内容一致"①，还有许多针对不同苗药的专著出世。这些书籍的出版为医学界了解苗医提供了强大的支持力量，书中对苗药的成分、特点、用药等都有详尽的解释，配以真实的图片，并且其解释的角度皆从现代医学理论出发。苗医的研究与开发在众多学者的努力了取得了很好进展，但仍需不断地努力。

第三，苗医学术理论体系得到了系统的完善。苗医学术理论体系成为我国传统医学理论体系不可分割的一部分，在近30年来各界学术研究者的努力之下，苗医学术理论的内容知识在不断扩充并得到了系统的完善。例如，本章节中对于苗族医药学理论的描述皆有详尽的苗族医学理论书籍作为参考。这些书籍将有着悠久历史、博大精深但分散的古老苗医学知识进行了详细而又系统的分析，对苗族医药学进行了系统的理论描述，让我们更加简便而详尽地了解苗族医药，为广大人民造福。

近30年的研究以来，在各界学者兢兢业业地努力之下，构建了具有民族特色和"世界性"的苗族医学体系。作为现代非物质文化遗产的苗族医

---

① 周妮：《中国苗族医学研究综述》，《三峡大学学报》2016年第2期。

药走出了深山,走出了苗族内部,走进了现代医学大堂,给全世界人民带来了福音。

第三节 苗族武术

湘西苗族山地农耕文化的产生孕育了苗族传统武术文化。苗族武术产生自苗族人民自身的现实需要为了生存,抵御外来入侵和反抗阶级压迫,在这种背景下,苗族人民创造了属于他们民族自己的武术"苗武"。苗族武术是湘西苗族文化的一种活化石,见证了历史的变迁和时代的轮转。苗武传承的范围主要在湘西州境内的凤凰、花垣、古丈、保靖、吉首、泸溪等地区。

一 苗族武术的基本内容

从有无器械的角度分苗族武术的类型,没有器械的类型属于基本的套路招式,有器械的是在基本套路招式的基础上附以兵器。这也是中国传统武术的共性。从最开始的基本功、简单招式的习练,过渡到兵器的习练,最后再到暗器的习练。下面主要介绍三大类。

(一)徒手

基本手法招式套路有三家拆手、三膀拆功夫、练习劲力法。其中三膀拆功夫的招式有上膀拆撩斫撇夺、中膀拆横成吞吐、下膀拆乌鸦扑地。

拳术主要有七十二拳术、三十六拳术、十八大手拳术、九大手拳术、三大手拳术、神拳十二套等。例如,神拳十二套的拳法内容有八合拳、四门拳、闭四门、开四门、六同拳、六合拳、十扣拳、二合拳、九滚十八踢、八虎窜幽州、哪吒闹海、罗汉拜灯。湘西苗族拳术有四大派系。其中，花垣的蚩尤拳属于正宗苗拳，而凤凰、古丈的苗拳集自身与其他拳术的优点于一身。

(二) 器械

器械的类型有刀、剑、斧、矛、钗、棍、鞭、铜；带有苗族特色的有棒棒烟、钩钩刀、竹条镖、连枷刀、流星砣、镋耙、"巴招欧"等。

器械套路有棍法三十六路、神棍十套、双铜六套、双刀四套、镋耙四套、流星四套、八合棍、神鞭、八大装等。其中，神鞭配以化身咒、迷敌咒，才能如钢铁一般，棍棒加身不痛，枪炮近身不进，有点类似少林功夫铁布衫，以现在的观点来看是一种迷信的说法。其实际效果为未可知，也不能多信。八大装有箭装、马装、扫装、大子午装、小子午装、扣装、滚装、个字装。

蚩尤拳、小四门、穿四门、闭四门、六合拳等主要流传于花垣县的各个乡镇。其中，苗家八合拳主要由吉首、花垣、凤凰、保靖、泸溪及古丈等地区传承；小四门、大四门、猴儿拳以及猫儿拳等一般在凤凰县腊尔山镇等一些乡镇流传。只有在苗民比较密集的村寨苗族武术的传承程度才会比较深。①

(三) 绝技

绝技有点穴、神砂暗器和特异功能。点穴是指把与穴道相关的常理与格斗的基本招式融合在一起，同时是苗族武功拳术的根本理念。点穴手法和穴道名称在湘西各地分别有不同的手法和称呼。神砂是用铜铁细砂拌以毒药放到空筒子里面，面对敌人时，揭开棍筒盖子撒向敌人，敌人会双目失明，直至无药可救。绝技一般都是巫师作为表演者在祭祀活动中进行表

---

① 鲁林波、龙佩林、李清平：《湘西苗族民间武术文化遗产保护博弈机制探析》，《搏击：武术科学》2013年第3期。

演,具体的形式有"板凳打架"、空中固定鸡蛋、丝帕挑水、竹背篓背水、招聚群蛇、摸油锅等。一些绝技在如今的乡寨农家乐表演活动中还能看得到,但大部分的绝技都已见不到了,只留下一个简单的名字。

二 苗族武术的主要特点

"作为湘西武术文化代表的苗族武术,本身是其鬼神文化的一种现实体现。苗族人民继承了战神的崇武尚勇,蚩尤拳尤具'蚩尤'战神文化特征。苗族武术的代表拳种蚩尤拳,就是'附魁性'的一种表现。"①苗族武术有这样三个主要特点:其一,武功与武德紧密联系,强调道德情操;其二,意、气、形相统一,重视防卫本领的锻炼;其三,健身与防卫相结合,培养全民族优秀素质。

具体到动作招数上来说,苗族传统武术动作不像太极拳那样大幅度伸展开合,灵活多变。动作套路简单直接,以"品"字形的脚步路径框架为基础,招式来往反复,力量集中,形成以"品"字中心为一点,向四周短距离击打。单独讲苗拳,表现在手部招式上,身形不动,手部辗转翻腾,结构紧密。"劈实挑拨推插勾拦",起势时手肘相贴,发气与力息吐纳结合,"以气催力,劲力实出"。身法上"垂肘沉肩拔背含胸",上身呈现一种包合,犹如虚握掌心的状态。招式是一个套路由去到返再到合的套路结构。几乎在所有的拳法当中,连接去返的"合"都是相同的。例如苗族拳师石巴志的六合拳,六个合数都用"拜山门"这个动作来衔接。② 通常在一套合拳中,其手势在左右方向上的基本招式是一样的。这有利于训练左右手的均衡度,在比武中不会出现短板问题而失去先机,有利于身体机能的均衡练习。一套拳法基础部分由套路、策手、套头三部分组成。套路,属于基本功训练方法之一;策手,属于散打训练;套头,就是把上百个拳

---

① 徐泉森、秦可国:《湘西武术文化研究》,《河北体育学院学报》2011年第2期。
② 石兴文、龙秀琼、石邦春:《湘西苗族武术情况调查》,《新课程学习》2015年第10期。

谱的动作划分成 11 段或 21 段之类，再按照顺序，口唱拳谱，手脚出动作，唱打合一。这三招也是苗拳的关键部分。①

中国传统武术器械有刀、枪、剑、棍这四大类，苗族传统武术也有，但是除这之外，如苗族的头帕、竹楼和板凳在日常生活中作为生活用品或者装饰品，面临抵御外敌时又可作为有效的武器。现在穿苗服的少了，类似于这种应用也相应变少。

三　苗族传统武术的传承和发展

苗族武术招式动作的最大特点就是动作非常紧凑严密，基本套路不变，招式灵活多变。在古时候的湘西苗族，武术可以称得上是全民活动，不管男女老少，均有练习。板栗村当地俗语"男十有九能"讲的就是在当地几乎每个男人都会些武术，可见武术在湘西苗族传播得广泛。伴随时代的发展，不再有防御性的战争，因此苗族武术的应用性大大降低。不仅如此，发展至后期，苗族传统武术开始寻求新的出路，那就是与表演娱乐相结合的"游艺"（通常所见的都是杂技表演），发展成一种表演技艺，如苗族的"上刀梯"（俗称上刀山）"隔空踩纸""踩豆腐"等，习练这些绝技，不仅需要技巧，还需要毅力和气功。在传统苗武的传承脉络中，拜师学艺前仍需经过立誓、审核和受戒三个严格的过程。

（一）传承方式

拜师的人通常最重要的是先要准备猪头、大米、酒和香纸，此外如果还有其他的礼品，那就要根据家境的好坏来自行判断了。立誓就是拜师的人先向师傅立下誓言，表明自己想要习武的愿望和目的。师傅一般情况下是不会立刻就接受学生，还需要对学生进行一段时间的严厉考核，这就是审核的过程。如果发现求学者已经具备了习武的基本素质，师傅会选择吉

---

① 石兴文、龙秀琼、石邦春：《湘西苗族武术情况调查》，《新课程学习》2015 年第 10 期。

日良辰,然后进行拜师敬祖,传授徒弟基本的门规戒律,这就是受戒。

受到重男轻女的封建思想和礼法的影响,苗族传统武术一直以来都是以父传子,代代顺延下去。在一家里,苗族武术一般是传男不传女,传内不传外。苗族武术的传承方式不是一成不变的,武术与武德结合,武术与苗族医术相结合,是一种很科学的融合方式,既可以强身健体,又可以博采众长,汲取各种类型技艺的精髓。由苗族武术演变而的表演形式,逐渐成为苗族人民生活中不可或缺的一部分。苗族武术开始作为大家茶余饭后休闲的一种娱乐的手段。具有简单的竞技性质,分不同年龄阶段,难易程度不同。小孩子就是抱团扭打、踢踢脚架之类的,成年人的动作难度系数则会高一点,运用功夫套路招式进行比较,比赛规则较为简单随意。虽然苗族传统武术在湘西苗族地区得到较为广泛的传播,但是,因为山区地形的阻碍,苗族武术没有得到向湘西以外的地区发展传播。

苗族武术作为苗族民族生存不可缺少的一种防卫手段,除了战争时期用于军事作战,抵抗外敌和保卫民族,休战时期也做强身健体的之用。再往后,渐渐没有战争,苗族武术逐渐偏离了作为原始生存本领的形式而存在,而是被赋予了极具表演性质的形式。直到现代体育精神的崛起,苗族人民开始有了体育运动意识,苗族武术开始偏向于技艺、竞技的形式,被称为"舞吉保"。虽然历经时间的洗练,苗族武术各种派别、套路、桩步、拳法、棍法、秘诀依然在板栗村等一些区域有着完好的传承与保护。

(二)传承现状

人们的生活水平越来越好,社会也在高速发展,相对于古时的苗族,苗族武术一度收到了现代文明的冲击。学习苗族武术的人也很少,一些传统的形式逐渐消退。人们的价值观念也随之改变,认为练习武术不再有用。年轻人被大城市的新鲜所吸引,不愿留在农村,选择外出务工,所以需要年轻人传承的苗族传统武术也逐渐地失传。留在村里的都是一些老人和小孩,他们没有进行武术锻炼的意识,再说有了新的生活娱乐消遣,看电视、打牌、上网、打游戏，更不愿意把时间花在练习武术上，这对苗族传统武术的传承和发扬是最为直接的打击（见表6-1、表6-2）。

表6-1　　　　　湘西苗族武术传承人保护状况一览①

项目名称	申报地区或单位	姓名	性别	传承人级别	年龄(岁)	资历
苗族武术	湖南省花垣县	石仕贞	男	省级	85	传人
		石兴文	男	州级	53	传人
		石志开	男	县级	64	传人
苗族武术八合拳	湖南省古丈县	龙云海	男	州级	54	传人
		向光平	男	县级	70	传人
苗族武术	湖南省凤凰县	龙启勋	男	州级	60	传人
		吴荣臻	男	—	71	传人
		廖精武	男	—	40	传人
		龙怀安	男	县级	55	传人
		龙正云	男	县级	60	传人
苗族武术	湖南省保靖县	龙承道	男	县级	62	传人
苗族武术	湖南省吉首市	秦可国	男	—	60	传人
苗族武术	湖南省泸溪县	贺才铁	男	县级	55	传人

① 鲁林波、龙佩林、李清平：《湘西苗族民间武术文化遗产保护博弈机制探析》，《搏击：武术科学》2013年第3期。

表6-2　　　　　　　　湘西苗族武术项目保护状况一览表①

项目名称	申报地区或单位	项目级别	批次	立项时间
苗族武术	花垣县	省级	省级第一批	2006.06
凤凰苗族武术	凤凰县	州级	州级一、二批扩展	2009.11
苗族武术八合拳	古丈县	州级	州级一、二批扩展	2009.11
苗族武术八合拳	古丈县	县级	县级第二批	2010.05
苗族武术	保靖县	县级	县级第一批	2008.01
苗族武术	泸溪县	县级	县级第二批	2009.01

苗族传统武术作为重要的非物质文化遗产，是中华武术文化不可或缺的一部分。苗族传统武术的继承与发展离不开相关部门的协助与支持。随着社会、时代、环境的发展变化，为苗族传统武术的发展提供了更大的机遇与挑战。在面对汉族武术文化、世界竞技搏击文化的双重压力下，政府有关部门可以从以下五点出发完善苗武的保护机制。其一，政府要重视苗族武术文化的发展，将武术与现代表演形式结合，规范加创新，既可以继承苗族传统武术，也可以为武术表演者提供经济支持。其二，加大苗族武术特色文化保护的宣传和保护工作，通过多种媒介传播，提高人们的体育锻炼意识，达到强身健体的目的。其三，从根源上着手，改变苗族村落的社会结构，鼓励年轻力量回归乡村就业，发展中青年支柱力量。其四，改变日常活动方式，村民不再只是分农，闲暇时还可以学习苗武练拳脚。其五，促进经济增长同文化发展脚步的一致性，不能顾经济丢文化。文化传承需要的不是一个人的力量，而是万众一心的力量。

---

①　鲁林波、龙佩林、李清平：《湘西苗族民间武术文化遗产保护博弈机制探析》，《搏击：武术科学》2013年第3期。

在国家要求全面提升文化软实力与传统文化繁荣复兴的文化背景下，武术的文化价值被慢慢挖掘出来。然而，武术本身作为一种文化形态，"把中华民族传统的文化思想反映得既集中又深刻，不仅具有中国传统文化的共性，而且具有武术本身独特的个性内涵"①。在 2012 年，花垣县职业技术学校的 200 多名师生进入村寨，进修传统的苗族武术。苗族传统武术已成为湘西州第一批省级非物质文化遗产。苗武省级非遗项目申报成功在湘西地区民族传统文化的传承和发展方面添上了浓厚的一笔。

四　苗族武术的人文气质

苗族武术产生的原因，一是与环境的竞争，二是抵抗外敌战争等产生的实战经验。苗武中孕育的具有湘西苗文化特性的价值判断、审美观念、思维方式、人文精神正是苗武文化的精髓所在。从文化层面出发，对苗族武术的保护表现出各种各样的形式，如非物质文化遗产中苗武的招式技法、竞技、媒体影视、学术研究、学校体制教育中的方面等；专从武术本身的系统出发，其中必须要谈的是苗族武术源头支系、拳术原理和宗法、形成一体的传统武术派别及其包含的苗族传统文化精神。

任何武术都是以竞争和技术两方面为核心的一个复杂的运动体系。苗族武术的招和法是苗武文化中的灵魂，一辈辈的苗族武师在寻求招和法的过程中将内心的韵律体现在肢体语言上，从而在招式的行进中达到招与法、文与武主观上的统一。武术的人文归属不应该偏重于技术、概念和身体其中任何一面，而是应以身体为表现结构，运用肢体的形式语言，将武术法理的概念外化于身体，与山川、河流的韵动自然和谐。在武术的最高境界"天人合一"中人的力量与自然的规律得到完满的统一，而人肌体方面纯粹的力量则显得不那么重要。以武入道、以武修德讲的就是习武的最终目标应指向对人、对宇宙、对世间万物的哲学认识层面，而非对胜负、

---

①　王岗：《中国武术文化要义》，山西科学技术出版社 2009 年版，第 19 页。

力量、占有等欲望的满足。"未习武,先观德"中的"德"字便是"内外兼修"中的"内修","德"也是中国优秀传统文化的核心内容,武德二字如若详尽拆分,可理解为"仁、义、礼、智、信、勇"六字。仁是以和为贵,义是舍己为人,礼是笃实谦让,智是开拓进取,信是抱诚守真,勇是坚韧不屈。这是一笔自古传承下来的精神文化财富。对苗武文化的发掘不仅要形成一种文化保护意识,而且要从民族文化的角度,建构起一种深植于内心的文化认可与文化自觉意识。

中宣部和教育部2004年4月3日联合颁发了《中小学开展弘扬和培育民族精神教育实施纲要》,其中提到"体育课应适量增加中国武术等内容"[1]。这种做法无疑为非物质文化遗产传统武术在教育体制中继承和发扬奠定了坚实的基础。只有在苗族武术的技术和文化两方面之间形成一种平衡关系,使得武术技术在武术文化主旨的指导下实现"知其势,明其法"的正确认识,多方面继承和发展,才是对传统苗族武术的合理继承。

---

[1] 中宣部、教育部:《关于印发〈中小学开展弘扬和培育民族精神教育实施纲要〉的通知》,教育部官网,http://www.moe.edu.cn,2014年3月30日。

第七章　板栗村的民俗艺术与非物质文化遗产

"民俗艺术"是民俗研究的一个方面,它是传承性的民间艺术,或指民间艺术中融入传统风俗的部分。民俗艺术也是重要的审美领域,它表现了人生、历史的图景,反映了老百姓对幸福、美好生活的向往和追求。它"以衣、食、住、行等有形的物化形态以及情趣、风尚、习俗等无形的心意表象,通过口头、行为、心理的载体,沟通了代与代之间、一个历史阶段与另一个历史阶段的连续和同一性,构成了一个社会创造与再创造自己的文化符号,并为人类的有序发展奠定了基石"[①]。"传承""传统"和"群体性"作为民俗艺术的特征,使其具有深厚的文化背景和坚实的社会基础。[②] 既融入苗族人民生活又呈现出超功利性的苗族民俗艺术是当地少数民族的民族生活和民族精神的直观展现。作为一种艺术形式,民俗艺术往往在岁时节令、人生礼俗、民间信仰、日常生活以及民俗旅游等艺术活动中广泛应用。湘西苗族的造型、表演、口承类民俗艺术以它悠久的历史、特有的形式和深厚的内涵,在社会发展的历史长河中,显示了人类群体的思维观念和物质生产、生活方式。

[①] 陈绘:《民俗艺术符号与当代广告设计》,东南大学出版社2009年版,第124页。
[②] 陶思炎:《论民俗艺术学的研究》,《东南大学学报》(哲学社会科学版)2008年第1期。

第一节　造型类民俗艺术

一　苗族的银饰

（一）苗族银饰的起源

马克思曾说："人们自己创造自己的历史，但他们并不是随心所欲地创造，并不是在他们选定的条件下创造，而是在直接碰到的、既定的、从过去继承下来的条件下创造。"[1] 苗族银饰，是苗族人民在长期的社会实践中发展成型的一种民间手工技艺，亦是不断创造和积淀的文化成果。爱美之心，人皆有之。苗族这个在不断迁徙的苦难中成长起来的伟大民族，自古以来就很爱美，喜欢打扮与装饰。在原始时代，就以野花、树叶、贝壳等自然材料来装饰自己。据民间传说，苗族先祖蚩尤发明冶炼制作劳动工具和兵器时，催生了银饰。银首饰，现今依然是湘西苗族妇女喜爱的传统装饰品。今凤凰县三江区、腊尔山区，花垣县雅酉等地苗族妇女仍然十分讲究佩戴。如颈圈、银链、银扣、银花、手镯、耳环、戒指等仍为常见的饰品。笔者通过实地了解到板栗村的一户苗族银匠家庭，专做银饰品，日日夜夜，忙得不亦乐乎（见图7-1）。

湘西苗族在很早之前就用金银作为装饰品。迄今流传的苗族的创世史诗《苗族古歌》是苗族最早设计金银饰的铁证，其中讲述了有关苗族先民铸日造月、造柱撑天、运金运银的故事。又如，《苗俗纪闻》载：苗族"邪无老少，腕皆约环，环皆银，贫者以红铜为之，项着银圈。富者多至

---

[1]《马克思恩格斯选集》（第一卷），人民出版社1997年版，第603页。

图 7-1　板栗村苗家银匠正在制作银饰

三四，耳珰迭迭及肩"①。苗族银饰彰显着神秘的巫术文化，历史上曾扮演过货币的角色。凝聚着苗族人勤劳智慧与辛勤汗水的结晶的银饰，既象征着光明和吉祥，又是富有的象征。清朝"改土归流"后，佩戴银饰者越来越多，不管是贫穷还是富有，苗族妇女都有银饰。银饰种类繁多，主要有头饰、项饰、胸饰、手饰等。一套价格不菲的银饰，还是苗家几代人的传家宝，常用于婚嫁。苗家女儿戴上这精美的银饰，是最好的陪嫁物品（见图7-2）。苗族银饰现今演化为苗族最重要的文化载体，变成一种文化符号，穿戴在身（见图7-3）。

从最原始的装饰品到以贝壳、岩石为元素的装饰品，接着从花卉植物吸取灵感而成的装饰品，再到如今闪闪动人、精致玲珑的装饰品，银饰制作技艺一直在不断提高。殊不知，苗族先民经历了几多艰辛，才将

---

① 李禧:《湘西苗服与苗风初探》,《东南大学学报》（哲学社会科学版）2008年第1期。

图 7-2 着银装的苗家女子

图 7-3 板栗村苗族银饰

其慢慢传续下来，才发展至基本定型的现在银饰的造型和形态。随着大众审美需求的变化，又对传统的银饰提出了新的发展要求。品种式样不断翻新，从而打造了一条新的饰品链，同时推进了苗族社会的演变。

（二）板栗村的银饰

花垣苗族银饰主要分布在花垣县的雅酉、吉卫、补抽、龙潭、道二、排碧、民乐、两河、排吾、长乐、董马库等苗族聚居区乡镇。排碧乡板栗村的银饰较为突出。[①] 板栗村人的聪明能干、智慧机巧、善良友好通过其制作的银饰充分体现出来。银白玲珑的银饰，淳朴无瑕，质地坚硬，彰显着苗族坚毅、正直的精神品格（见图7-4）。丰富深厚的民俗文化底蕴通过各种各样的图案、造型表达得淋漓尽致，散发一股浓郁的民间乡土气息。银饰在苗家人心中，与汉族人心目中的珠宝和藏族人钟爱的天珠一样有着珍贵的地位，通常在对外交流中作为馈赠贵宾的首选。

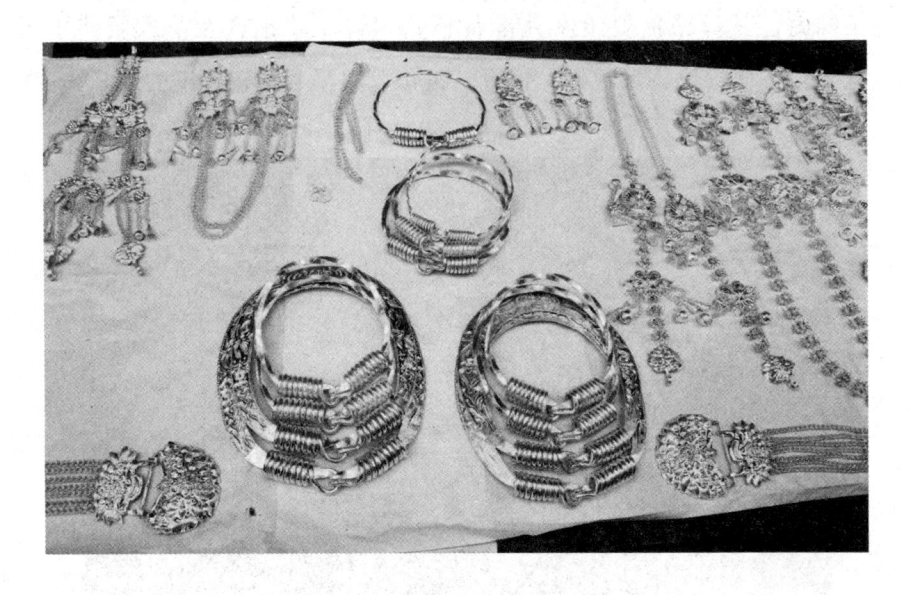

图7-4 琳琅满目的苗族银饰

[①] 田特平等：《湘西苗族银饰锻制技艺》，湖南师范大学出版社2011年版，第9页。

围绕服饰产生的民间工艺行业包括染、织、绣、印。苗族服装最鲜明的艺术特色,当属苗服最重要的"佩饰"——银饰,有了银饰,衬显五彩的苗服熠熠生辉,韵味十足。

银饰是苗族服饰中的特色,一般是由家庭作坊手工制成。苗族银饰锻造的工艺是苗族文化传承中不可或缺的一部分,流程大致可分为银饰的胚胎制作、银饰的半成品加工和打造、银饰成品的焊接与装饰三个阶段,程序复杂而艰巨。第一个阶段包括四个方面,首先为原料选择,再将银进行高温溶解和冶炼(见图7-5),第三步开始制作银饰的胚胎,最后再进行处理。第二个阶段也很重要,这道工序中须运用锻打、捶揲、压模、充模、镌刻、鎏金等手工艺,才能产生精美的图案纹样,再加以手工编制成型。关于剪裁与装饰银饰这一阶段,整体工艺流程复杂,包括剪裁、焊接、铆接、镶嵌以及修饰,技术性强,需要耐心与细心(见图7-6)。苗族银饰是苗家女儿最好的陪嫁品,女儿出嫁时,其母亲需要给女儿准备整套银饰。"银饰在苗族服装中可以分为:头部银饰,如银帽、银冠、银角、银箍、银簪、银梳、耳饰等;

图7-5 正在将碎银进行高温溶解

颈部银饰,如圆圈、圈花圈、羊角圈、扁圈、盘圈等;腰部银饰;手部银饰及其他银饰。"① 苗族银饰制作的传承方式较为封闭,为了保护家族成员的共同利益,家族中父系传承,只传给家族中的男性成员,后来有人招收徒弟传授技艺。

图7-6 板栗村银匠正在拉丝

(三) 苗族的银饰审美内涵

湘西苗族的银饰,以大为美,以重为美,以繁为美。其审美意蕴醇厚,具有极高的艺术价值。在盛大的节庆日里,苗族女性必定穿上华丽的服装,佩戴好银饰,丝毫不嫌银饰的重量,有的重达几公斤,依然笑容满面,展示自己的美丽。湘西苗族银饰工艺的锻制流露出一种情怀,是其民族物质与精神文明的综合载体,维系着苗族各个社群的互动与交流。从那些工艺饰品中,可感知其博大精深的巫术文化、图腾崇拜和宗教信仰从心理上给人们的安全感和依赖。在社会生活里,苗族银饰作为一种维持良好秩序的标志,体现着历史迁徙、民俗生活等方面,凝聚着同为蚩尤子孙的

---

① 陈国强:《黔东南苗族服饰的风格特征与传承发展》,《轻工科技》2012年第5期。

归属感，让人透过表面，窥见其里，深深领略到其在中华传统文化大观园里的灿烂光景以及其民族的精神实质。

银饰的基本功能属于物质消费品，第一层属性是实用功利，第二层属性打上直接美化自身的审美烙印。一般来说，除部分男子戴项圈和戒指外，湘西苗族男子佩戴不多。银饰品种繁多，不仅有银帽、颈圈、镯环、扣钮链子等，还嵌饰在衣裤襟边、袖口、围裙和腰带上。镯子种类繁多，有手镯、臂镯和腿镯。苗族的手镯，又称臂环，苗语谓"禾抱"。其造型有的能开能合，有的为整个一体，有的实心，有的空心；最重的可达370克，最轻的40克。花垣苗族以戴手镯居多，平时一般只戴一只，每逢节日盛会就会一手戴多只，一般三四只，两手所戴需要对称。手镯充当着苗族男女的装饰品角色，又象征着如意吉祥。但凡自然界中的花鸟草木、飞禽走兽，以至人们想象中的腾龙飞凤，都能成为银饰的图案选材，主要纹样以几何图形和动植物居多，变化无穷、绚丽多姿（见图7-7）。纹样极富有艺术韵味，又融入了苗族的信仰观念和审美情感，体现出苗族简洁明快、朴实淳厚的审美心理。

图7-7　精致的苗族银饰

二 苗族的服饰

《释名·释衣服》中有记载"上曰衣,衣,依也,人所以依以庇寒也;下曰裳,裳,障也,所以障蔽也"。服装最早是作为人类生存的必需品,具有保暖抗寒的功能。随着经济和社会的发展,服装的功能进一步发展变化,不仅仅是当初的基本生存物资,服装的功能也渐趋多元化,有了更加具体和丰富的精神内涵,从中可窥见人们的日常生活习俗、审美情趣、色彩爱好以及种种文化心态、宗教观念,沉淀为一种服饰的感性与理性的结合面貌。在我国古代,服装还具有区分人群阶级,表示所处场合的统治功能。"艺术总与一定时代社会的实用功利紧密纠缠在一起,总与各种物质的(如居住、使用)或精神的(如宗教的、伦理的、政治的)需求、内容相关联。"[①] 服饰是人类特有的劳动成果,它既是物质文明的结晶,又具有精神文明的含意。服饰是艺术的呈现方式之一,在满足生存需求的同时也是人类文化历史的载体,通过服饰能够反映出一定时期内人们的生活状态、经济水平、精神信仰等。下面分三部分予以论述。

(一)苗族的传统服饰

湘西苗族缺少文字,其历史文化的变迁通过多种方式记载才得以流传,苗族服饰就是它传承历史文化的一种载体。湘西苗族的服饰记载了苗族自古以来的历史变迁,这种记载是通过服饰的图形纹样来传承。后世的人们通过解读苗族服饰中的图案,来了解苗族先民流传下的风俗文化。板栗村村民多为苗民,在村街巷中能看到身穿苗族传统服饰的村民,若走进村居民家中,也不乏制作苗族服饰、苗族刺绣等传统手工艺的人们。尤其是到了苗族举行重大节日之时,如赶秋节、太阳会等节日,村民穿好自己的苗族传统服饰去参加节日,场面无不喜庆。苗族传统服饰是板栗村居民

---

① 李泽厚:《美学四讲》,生活·读书·新知三联书店1989年版,第177页。

服饰中时间最久远、意义最深刻的服饰。

　　板栗村村民的传统服饰也是苗族的传统服饰，具有少数民族服饰色彩鲜艳、重视细节装饰的特点。它深深地扎根于民间生活、民俗活动中，有着浓郁的乡土气息和旺盛的生命力。流传至今，苗族的服饰也被称为"苗族的文化史书"。苗族服饰的变迁是在迁徙中进行，地方文化对苗族服饰加以影响，不同地区的苗族服饰也有所不同。苗族传统服饰材质中棉麻材料一直流传至今。苗族服饰用料旧时以家织棉布为主，辅以丝、麻。只有在棉麻材料中，苗族人民才能感受到苗族祖先对于自然文化的坚守。苗族的服饰也是苗族青年们感情的载体，在苗族青年的爱恋活动中有对唱苗歌和赠送礼物等。服饰中的花巾、披肩等是男女之间传递情意的信物（见图7-8）。

图7-8　苗家节日的盛装

苗族妇女服装有着"中国民族服装之最"的头衔，有着上百种的款式，光配饰发髻就有数十种。苗族妇女的着装精美复杂、丰富多彩。一般是上身着窄袖、大领、大襟短衣，下身着百褶裙。蓄着长发的苗家妇女，头戴赭色花帕，上身穿花衣，下身穿长裤，镶绣花边，系一幅绣花围腰。上衣没有衣领，过腰长而大，衣袖短而大。款式有琵琶襟、云肩式、云襟式、叠摆式、四岔式等。款款都有用五彩色线绣的精美图案，不乏"二龙戏珠""双凤朝阳""蝴蝶戏梅""八仙过海"等吉祥图案。一圈刺绣花边有的镶在了肩背胸前，有的镶在袖口摆襟，还有的镶在背篓围宽处。女裤较短而肥大，裤筒边缘绲边，亦用五彩丝绣出精美图案。这样的服装配上头尖口大的船形绣花鞋、叮当作响的满身银饰，苗族妇女便光彩夺目，美得叫人移不开眼。

板栗村苗族服饰的风格整体符合"湘西型"苗族服饰中的花垣式苗服。"湘西型苗服"是苗族地区中保存最完好的服饰之一，花垣式苗服以花垣县吉卫镇为典型。其中，百褶裙是妇女们用14—20米的布料，不断折叠，缩短成1米长，再用针线将褶子封好，如此就制成如百褶堆积的样子。苗族的百褶裙象征河流波浪，是对苗族先辈迁徙生活的一种怀念。裙子上多有自然纹样，如点套纹意味着灌溉田野的水渠，总叠花表达了苗族居住地山区的连绵起伏，兼套花寄托了对肥沃良田的希望。苗族男子的服装再现的是苗族迁徙的历史和发展。为了彰显其粗粝豪放的性格特征，头缠青（蓝）布帕，身着紧身对襟短衣或右衽长衫，肩披上绣有几何装饰图案（云纹、水波纹、菱形纹等）的羊毛毡，短而肥大的裤，用黑带束腰，喜用青布缠裹绑腿，脚穿麻履或水草鞋。苗家服装以青、蓝颜色为主，花条、花格的颜色为辅，多出自乡间的染坊。苗族中青年以前很少穿棉衣，更不怎么穿毛衣绒衣，平日便以单衣为主（见图7-9）。平常劳动最多穿两三件单衣，每逢节庆、赶集等日子，未婚的家庭较富有的，为了显示其富有并获得异性青睐，将家里的新衣全套上，有的多达七件以上。青年男子多穿花格衣，纽扣是用布条绞成，有5颗、7颗、9颗之分。[①] 在扣布扣时，

---

① 周明阜等：《湘西风土志》，中央民族大学出版社2012年版，第102页。

亦有讲究，从外面的那件只扣最下面的一颗布扣，第二件扣最下面的两颗，以此类推，七件衣裳显露无遗，尽显风采。

图7-9　板栗村苗家老太

苗族儿童服饰最有特色的是童帽。不同的季节戴不同款式的帽子。品种繁多，颇有春秋戴"紫金冠"，夏戴"蛤蟆帽"，冬戴"风帽""狗头帽"的讲究。每一款的帽额上都用五彩丝线精心绣着寓意吉祥的图案，有名贵花鸟的图案，也有"福禄寿喜""长命富贵"等字样，并且在帽子前后镶嵌着精美的银饰，如"八仙过海""十八罗汉"图案，形状不一，色彩鲜艳，暗藏着对下一代的希冀和感情。

日、月、星辰、动物植物等图案，在苗族传统服饰中占据很大比例。例如，动物图案常有"枫木蝴蝶图案"、鸟纹、兽纹等植物纹样中，苗族多为荷花、石榴、向日葵、桃花、梅花等；几何图案中有水波纹、雷纹、云纹等。这反映了苗族人民对神灵的信仰和崇拜，以及对大自然的感恩之情。"历经数千年的历史进程，巫教精神的血液源源不断地注入苗族服饰的躯体，造就了苗族服饰独特的品貌和神韵。"[①] 苗族独特的巫教文化也让苗族的服饰独具一格，苗族人通过各种图形记录着苗族的巫术礼仪、祭祀场景，使得苗族的服装可看可读。湘西地区苗族服装受到和其他民族的融合以及外来文化的影响，图案中逐步出现了中原文化的元素，如二龙抢宝、老鼠娶亲、松鹤延年等。这些图案具有汉族传统文化的内涵，苗族将其当作一种装饰图案运用在服饰的设计上。

苗族服饰一般以冷色调为底色，如青色、蓝色、白色。包头的布帕是青色，裤腰是白色，鞋子是白底青面。蓝天白云，青山绿水，都是大自然中美丽的色彩，表达了他们对自然的热爱以及人与自然和谐相处的生活方式。苗族人认为人与自然的关系并不是改造与被改造的对立关系，而是相互依存的共生关系。从整体上看，服饰为沉静的冷色调，颇有种苍凉悲壮质感，是苗族对自然的敬畏，是苗族人们长期迁徙漂泊的隐忍，是在雨雪风霜中对艰苦生活的承受与服从。从功能上看，整体深沉的色调能够让苗民与山林的景色融为一体。早先苗民生存在山林中，通过狩猎的形式获得食物，这种自然的色彩有利于苗民隐藏自己，不被其他动物发现，从而顺利地捕获猎物。色彩的主次搭配、强弱对比、渐变过渡等技巧的运用，让苗族服饰色彩丰富多样，富有层次感。在以深色布料为底面的服饰上，常常运用鲜艳的红色、蓝色、紫色、黄色等色彩加以衬托点缀，让整体服装显得灵动活跃起来。不同年龄段的苗民有不同的苗服色彩，年长的苗民选择深色苗服，年轻的苗民选择浅色的苗服。同

---

① 杨鹓：《天·神·人——苗族服饰的巫教精神》，《民族艺术研究》1993年第3期。

时，苗服色彩是区分判断苗族不同支系的方法之一。苗族人的常用色彩有红色、青色、白色、黑色、蓝色，有些地区也用黄色；而苗服的衣料色彩主要偏重蓝色、青色、黑色、紫色等深色。[①]

苗族文化多以口耳相传，因其民族饱经沧桑，服饰携带和保存方便，便成为记录苗族历史的重要证物。在其穿戴的演变过程中，可寻见其民族发展的脉络和特色。苗族服装具有实用的物质属性，也有审美、镇邪等抽象属性。多姿多彩的服饰既属物质层面，满足了基本的生存需求，是生活必需品；也属精神层面，对其服饰制作、审美、使用场合及年龄、性别和宗教信仰颇有讲究，表现了对社会文明的诉求（见图7-10）。苗服既是苗族妇女聪明才智的结晶，又是苗族历史和文化的集中概括与具体体现。湘西传统苗服体现了苗族人的自我，表现了独特的苗族哲学和服饰美学。

图7-10 风情万种的苗服

[①] 华梅：《中国服装史》，天津人民美术出版社2007年版。

美国人类学家、解释人类学学者格尔茨（Clifford Geertz）强调："文化并不是禁锢在人们头脑中的东西，而是体现在公众符号之中，社会成员通过这些符号交流思想、维系世代。"在人类的发展史上，饱经风霜的苗族人，其曲折的历史、蕴含着深厚的古老文化，苗服是其对色彩的感受和情感表达的直接展现。随着社会的发展，苗族服饰的民族特色渐渐淡化，年轻人几乎全部被汉化，只有一些中老年妇女在赶集时依然穿着苗服。

（二）苗族的现代服饰

服饰是文化的表象，文化是服饰的精髓。就如人的面相一样，内在的气质、精神、秉性等会通过外在表现出来，呈现出不同的面貌。板栗村居民的服饰从传统走向现代的变化，反映的是近年来社会的变革。中国 100 多年以来，不断向西方学习，这种学习几乎是全方位的，从科学技术到政治制度乃至生活方式，而服饰成为其中一项。

随着信息时代的发展，西方文化逐渐被中国人所了解，现代的服饰多数受到西方的影响，服饰由以往的烦琐复杂变得简单轻盈。我国服饰的发展趋势借鉴了这一潮流，板栗村服饰变迁也随着我国整体服饰趋势的发展而变化。近代中国贫穷落后，知识分子首先开始质疑自身的传统文化，被西方文化所吸引的同时不断否定自己的传统文化。中华人民共和国成立后，人们物质经济水平低下，简朴实用的服饰成为社会的主流；1950—1970 年，虽然在城市中山装、军便装、人民装、连衣裙等服装颇为流行，但在农村地区上衣下裤的服装形式才是农民的主要选择。1978 年后，随着我国改革开放政策的实行，人们视野更加开阔，选择更加多样，对传统服装的观念进一步改变，相较从前服饰的颜色更加丰富，款式更加新颖，面料更加多样。现在西装领带，长短裙装等西式服装已经开始在板栗村中出现。其中，服装是一种彰显身份和地位的符号，一定程度上代表着个人的政治地位、社会威望。板栗村中有声望有地位的男性青年，穿白色西装配衬衣，搭配深色裤装，而普通劳作的男性农民一般则是上衣下裤的西式便装形式，色彩较为深沉，以方便其劳动耕作。板栗村年长的女性，传统观念较强，平时生活中会穿着苗族传统服饰，只有穿着苗族的传统服饰才能够让她们感受到民族的归属感。而一般的女青年服装形式多样，西式裙装、裤装都有存在，依照个人的审美不同，随意搭配多样性强。人们通过服饰表达出自己的个性特点，是表达内心情感、文化修养的一种外在语言。随着经济发展和国力的强盛，中国人民变得更加自信，对早先否定的部分传统文化开始重新审视，具有中国民族特色的现代服饰也进一步发展开来。

（三）苗族服饰的未来发展

"服饰是人类文化最早的物化形式，是人类物质文明的标志，也是识别民族的直观重要的标志。"① 服饰是民族文化的表现形式之一，少数民族的服饰更是宝贵的非物质遗产，板栗村居民的传统苗族服饰，是他们区别于其他地区文化的特色所在，具有当地独特的民俗风情。近年来外来文化对我国的服饰行业有非常大的影响，如商场中能够常常见韩国风、原宿风、波西米亚风等各色服饰。这种文化的输入不只在大城市中有所影响，受电视、网络传媒的影响，一些传统村落的人们也乐意接受这些新鲜的外来服饰文化。传统村落颇有逐渐被外部流行文化所占据的趋势，让我们不得不心存警惕。在我们被外来服饰文化影响和渗透的同时，不能忽视了中华民族服饰的美。

板栗村居民多为苗族，苗族的传统服饰就是一种非常具有民族特色和当地风情的服装。从服饰的材料上看，当地苗族传统服饰采用天然材料，健康环保的特征非常符合当下以及未来可持续发展的趋势。这种环保自然的特性将使得苗族传统服饰从生态上被世界所接受。从服饰的制作上看，

---

① 李淳信：《20 世纪 80 年代以来中国苗族服饰研究略述》，《云南民族大学学报》（哲学社会科学版）2001 年第 3 期。

苗族传统服饰多使用刺绣、印染、扎染等技术，手工制作和工业生产的模式都能够展现苗族服饰的传统图案。好的苗族服饰是苗族历史的展现，它承载了苗族从古到今的发展和变迁。把这种苗族传统服饰推向世界，在保护传统行业、促进就业以及带动当地经济发展的同时，能够进一步保护和发扬苗族的民族文化。

苗族传统服装款较为复杂，无领，上衣部分腰宽袖长，右侧开口用纽扣扣住，腰系花带和腰裙，下装裤子短，裤脚大，服装底色以蓝色和黑色为主，加以鲜艳的花边装饰。对现代人日常生活来说，这种复杂的苗族传统服饰会给生活带来诸多不便，所以，苗族服饰的保护和发扬需要结合现代人生活需求的特点，在保持民族服饰基本特色的基础上，将款式设计进一步简化，力求大方、美观、简洁、实用，适应现代消费群体的需求。这就为原有苗族传统服饰增添了新的生机，让具有当地文化特色的服饰也能够出现在现代人的日常生活中，成为生活中富有内涵价值的一部分。这种对地方民族文化的保护和传承，也是对中华民族优秀文化的保护和传承，能让我国的民族生态文化在未来依旧闪耀，在世界文化之中绽放出独特的魅力。

二 苗族的刺绣

对苗族的刺绣，下面从两个方面予以论述。

（一）板栗村的刺绣

在湘西苗族的传统织绣工艺中，以"苗绣"最富有民族特色，审美内涵最为丰富。史书记载"以麻丝为经，纬挑五色绒，其花样不一""妇女衣缘领袖皆缀杂组，藻采云霞，悉非近致……"板栗村的苗绣，手工精巧，图案别致。苗乡妇女基本上人人能织，织锦能手遍布各地。苗绣品种繁多，不仅有床单、被面、枕套、壁挂、头巾、挂包、背带心等，而且嵌饰在衣襟边、袖口、围裙和腰带上。她们从大自然中汲取灵感，选择花草树木、飞禽走兽为对象，纹样以几何图形和动植物居多，甚至想象中的腾龙飞凤，也会被她们信手拈来创作。苗族姑娘长到六七岁，便开始在其母亲等女性长辈的教导下，学习刺绣挑花。她们接受能力强，很快便掌握了基本要领。随着年龄的增长，刺绣水平日臻成熟。待到十四五岁时，用木制绣花架绷着事先绘制的剪花或描花，已能独立熟练运针，对配色亦颇有心得，其细密的针脚大显其水平。这与她们有空就绣的练手分不开，针法工艺自然进步喜人（见图7-11）。

图7-11 板栗村一位妇女正在制作苗绣

苗绣分为绣花和挑花两种技艺。花垣地区苗家姑娘的衣裤上都绣有龙、凤、夔、蝶、鱼虾、花草。她们从你身边走过，仿佛将你带入我国远古时期的龙凤世界、鱼虾湖海、花草园林之中。湘、蜀、苏、粤是中国的"四大名绣"，代表精湛的刺绣水平，诉说着我国这门古老的传统艺术。作为苗族民间传统艺术的刺绣，也有上百年的历史，它是我国各民族文化艺术百花园中灿烂的一朵。各种几何图案，或相互组合，或单独排列，或作为衬底纹，再在其上编织出各种写实性的动物或植物团，体现出主次分明、对比强烈、色彩绚丽、规整美观、变化无穷的艺术效果。内地汉族刺绣具有细腻秀丽的特点，苗族妇女的刺绣艺术则带有某种血性，粗犷有力。她们常在胸前、衣袖、裤脚、白衣等发挥聪明才智绣上喜爱的图案，绣花所用的针法和纹样，既富有艺术韵味，又融入了苗族的信仰观念和审美情感，体现出苗家简洁明快、朴实淳厚的审美心理。

出嫁前苗族姑娘们在嫁衣上绣上自己喜欢的图案。苗族姑娘的嫁衣，大多都是从学绣花时绣起，一直绣到出嫁。一件精工的嫁衣寄托着她们对爱情与未来的憧憬。这色彩鲜艳的嫁衣凝结了长年累月的心血，细密的针脚无不饱含着女儿家的情思。逢年过节，才舍得穿上一次嫁衣。这最好的陪嫁品，成为苗家几代女性的传家宝，又是一件最好的工艺品。

逢场赶集，其乐融融，尤其是有着苗族纯洁的"爱情演练场"之称的"赶边边场"，更是别有一番味道。漂亮的姑娘穿着翠蓝色滚花边的衣服，手执一把青布伞。缠着青色布帕的小伙子，肩头挎着黄布包，唱着情歌，他们自由地追寻着喜欢的姑娘，给人一种说不出的愉悦感。苗族以歌传情，不用媒妁。小伙子们拦住姑娘们，以歌来问其心意。穿着最美丽的服饰的姑娘引得小伙子们的倾心爱慕和不住称赞，说到底还是那些心灵手巧的姑娘更容易赢得小伙子的青睐。

刺绣有平绣和凸绣两种针法。平绣就是用纸剪好花样，贴在布上再用丝线刺绣，这种针法绣出的纹样具有细碎、连续的特点。板栗村所在的花垣和凤凰等县，多采用平绣。凸绣是在布上铺上几层花样，打造花鸟虫鱼的立体感，多为吉首苗族使用。除平绣外，还有辫绣、结绣、缠绣、贴花、补花、堆花、粘花等针法，实则都是凸绣。[①] 其中，"辫绣"是采取扎辫子的手法使其成花形，"牵线绣"与其相同，宽绰、粗犷、饱满。吉首市的寨阳、丹青等地多采用辫绣，而保靖县中心、水田等地多采用牵线绣。还有的地方用打结的"打籽绣"。刺绣的针法有的厚实稳重，雍容华

---

① 周明阜等：《湘西风土志》，中央民族大学出版社2012年版，第300页。

丽;有的平滑光亮,清新鲜明;有的朴实大方,坚固耐用(见图7-12)。闪闪发亮的小铜片在空隙处点缀在用木机织成各种变形图案的围腰上,摇曳生姿,形成富丽堂皇的视觉冲击,又给人一种淳朴自然的美感。

图7-12 苗家刺绣展示

刺绣的针法如同一行一行的诗句,朴实优美,刺绣的纹样则是一幅幅美妙、多彩的画。刺绣图案表现出的艺术,寓意意味深长。"艺术源于生活,并高于生活",在此表现得淋漓尽致。其取材丰富,又具有浓厚的乡土气息,多以民间经典的传统纹样为元素,每个纹样都有相应的称呼。"五谷丰登""瓜瓞绵绵"等反映生产发展、人丁兴旺;"鸳鸯戏荷""鱼水相怜""双凤朝阳"等描绘着青年男女的爱情和美;反映家庭幸福的如"双凤朝阳""百鸟争鸣""孔雀开屏"等;有的甚至还有美丽动人的民间传说。其创作极富想象力,手法大胆,处处流露着对生活的热爱。

苗族服饰主要集中在衣袖、衣领、衣肩、围腰、背带之处进行装饰,这可是苗家妇女大显其刺绣手艺的最佳平台。她们采用多种针法,以长短交错的线条和丰富多变的色彩,在这些部位绣出一块块绚丽的图案,图案以百合、荷花、牡丹、兰花等植物居多,动物图案有飞舞的蝴蝶、龙凤呈祥、叫喳喳的喜鹊以及寓意福气的蝙蝠等。苗家妇女对构图颇有讲究。居住在山寨偏爱以鸟兽、花卉构图,以蓝、绿二色为主;居住在溪河边的喜以人物、鱼虾为元素构图,采用红、黄两种颜色;描绘风土人情的图案多以凉亭、房屋建筑为元素,不乏各式各样的几何图形。

(二) 苗族刺绣的审美含义

自然景物经过苗家妇女的巧手,经过艺术加工、提炼与变形,赋予具体物象寓意,彰显其艺术才干,又将她们向往幸福、热爱生活的精神状态呈现无遗。这些纹样图案,细细查看,其想象力的天马行空与表现手法的精巧之处让人叹为观止。其饱满的构图、生动的造型、强烈的对比色调,使其艺术特色具有鲜明的特征,体现了清新、典雅、简练、大方的民族性格,体现了她们洞察世界的慧眼,也给生活增添了美丽的色彩。

华丽的服饰配上银光闪闪的项圈、手镯、戒指、耳环、髻簪、挂胸和插头银饰,这样叮当作响的苗女朝你走来,宛如仙女下凡,光彩照人。"苗乡椎髻女,亦有巧于人。"湘西苗族风土淳厚,民情淳朴。苗家的刺绣反映了苗家妇女的聪明才智和热爱生活、追求幸福的精神诉求。随着经济社会的发展,在全球化经济的浪潮下,服装文化受到了外来文化的冲击,服饰渐渐被西化、汉化。可喜的是,虽然服装的花色品种在不断增多,但板栗村苗家妇女依然热衷于在自己做的衣服上刺绣。苗族刺绣这门传统工艺,是苗族文化的血脉,是展现苗族古老历史文化的一个窗口,又是我国民间艺术宝贵遗产中不可忽视的一部分。

三 苗族的花带

关于苗族花带,下面分两部分予以介绍。

(一) 苗族花带的历史

苗族花带是一种色彩鲜艳、纹样小巧精致的民间工艺美术品。花带，斑斓瑰丽，图案纹样丰富，是湘西民间传统工艺百花园中的一株奇葩。

相传，花带的历史十分悠久。众所周知，苗族男人打苗银，可苗族女人织花带的传统，却少有人知。早在几千年前，生活在深山峡谷中的一位聪明能干的苗族姑娘，看到自己的同族常常遭到毒蛇的侵害，心里十分难过，便从毒蛇不咬同类的事实得到启示，将五彩丝线织成一条与蛇长短大小相等、花纹相似的带子拿在手里，让毒蛇误以为是自己的同类，从而使族人避免侵害。她将自己的创造遍告族人，大家纷纷仿效，果然十分灵验。从而，织花带的习俗便在苗族中形成了。这个传说与《汉书》记载的南蛮"断发文身，以示与龙蛇同类，免其伤害"的说法十分相似。

今天，苗族人不再需要用花带来表示自己与龙蛇同类，免其伤害了，花带更多的是作为苗家青年男女爱情的定情信物。每当一位姑娘有了心仪的男子，便以自己亲手缝制的花带为信物送给男子。男方一旦接受了花带，并将花带缠在腰间有意露出花带的须头，便表明男子对女子亦心有所属，同时告知人们已经有一个年轻的姑娘爱上他了。花带多用于自身装饰，也时常作为礼品赠予宾客，深受苗族人民的喜爱，是她们心血与汗水的结晶。

(二) 苗族花带的艺术特点

苗家姑娘从小就学织花带，是人生的必修课，母女相传，姐妹相授。苗家女个个都是打花带的一把好手。她们织成的花带具有灵性，随着成长而改变，见证着她们的美丽与哀愁。苗家姑娘织花带的习俗，至今在今湘西的花垣、凤凰、吉首、古丈、泸溪、保靖等县的苗族村寨可见到。

织花带，理出经纬线是很重要的。织花带所需材料主要以丝线、单色棉、麻为经线，再将其预先固定在"×"形木棚架上，结耳作综，根据图案安排好蓬数，按奇数排列组合，一般21—29蓬，多可达到七八十蓬。这取决于花带的宽窄，蓬数越多则花带越宽，蓬数越少则花带越窄。花带的宽窄决定了花边纹样的衬边经线多少。全部经线牵毕后，用一根扁长的牛骨或长5—8寸、两头翘、一头滑尖的铜制板，挑数根纬线，来回编织打牢。织出的图案与绣花、挑花迥然不同。心灵手巧的苗家姑娘凭着她们的聪明才智能在这只有一寸宽左右、一米长上下的带子上织出花木虫鱼、蝴蝶蝙蝠、双龙抢宝、双凤朝阳、喜鹊闹春、蝴蝶采花等图案，甚至还有六耳格、万字格及文字图案等。图案纹样变化无穷而又小巧精细，还可二方连续、四方连续甚至一样连续到底，叫人无法不赞叹。

花带的纹样纷繁，用色讲究，对比和谐。颜色颇多，有黑白两色的素带，亦有彩底、彩边、彩纹的丝带。其配色很讲究，苗家姑娘们虽不懂色彩学，但也知道以一色为基色，再搭配另一色。花色如果较浅，底色较深，才能使花带产生强烈的对比，产生视觉冲击力，夺人眼球。湘西苗族花带，最初是一种生活实用品，如今演变为苗族人无比喜爱的一种装饰品。

四　苗族的印染

关于苗族印染，下面分两部分予以论述。

（一）苗族印染的由来

《诗经·邶风·绿衣》中说："绿兮衣兮，绿衣黄里。心之忧矣，曷维其已。绿兮衣兮，绿衣黄裳。心之忧矣，曷维其亡。"可见在那时，我国民间就有了染黄染绿来创造一种美的工艺。自古人们都追求美的事物，染色可以满足其审美需求。在男耕女织的社会里，苗家就有了印染技术，苗家女掌握了这门手艺。古话曾云："男人难清一天粪，女儿难染一天庆（苗语称红色叫'庆'，此处引申为染色工艺）。"可见印染工作很脏很累，可与清理粪便相比。苗家的印染需要体力与脑力的结合，因为技术性强，需要非凡的耐心和恒心，每道颜色都需要经过好几道工艺流程，掌握好火色尤为重要：稍有不慎，便会前功尽弃，染不出理想的颜色，还会造成原材料的浪费。苗族人自古以来爱美，在平凡的生活里追求不平凡的美感，他们喜爱鲜艳的衣裳，便自己动手，给衣裳染色。碍于当时苗乡僻壤的环境，无法接触到外面的世界，没能及时引进新技术，苗家人便就地取材，将天然矿物提炼后加工成染料，从而染出多种颜色来。板栗村今以扎印染和蜡染为主，其中蓝印花布技法相当出彩，它沿用夏代就已开始种植提炼蓝靛染料的植物"蓼蓝"。《夏小正》记载："五月……启灌蓼蓝。"经过沤制，提炼成染料。染布时先呈黄色，渐显绿色，最后变为深蓝色。后来，在染的过程中，用打结、涂蜡、镂板等办法，在布上形成白色图案花纹，成为苗族地区普遍流行的"蓝印花布"①。蓝印花布在中国民间是一种很常见的布料，在今湖北天门、江苏南通、山东潍坊，甚至东北三省也随处可见。随着电脑印染技术的更新，人们审美品位的提高，蓝印花布渐渐式微，染坊的数量也越来越少了。

（二）板栗村的印染特点

草本染是将植物的根、茎、叶、皮作为染料，来给纺织品上色，这种手法成本低，是一种最普通、最传统的民间印染工艺。板栗村苗族服饰中，装饰的工艺手法别具一格。浸染、印染、扎染和蜡染是苗族传统的染色工艺，板栗村主要运用蜡染染色的工艺。蜡染是一种独特的工艺，风格自然、纯净，色调素雅，图案丰富精美。蜡染第一步是绘图，需要一支毛笔或一把蜡刀，蘸着熔蜡在布料上将图案点点绘出，再将其放入蓝靛染料缸中充分反复浸染，保证让布全部上色，有蜡的地方则染不上色。蜡除去后，布面就呈现出蓝底白花多种图案，甚至出现特殊的冰纹，浑然天成，尤具魅力。这是因为在浸染的过程中，有些蜡自然龟裂。蜡染的图案多以花木虫鱼和几何图形为主，活灵活现。

---

① 张士闪、耿波：《中国艺术民俗学》，山东人民出版社2008年版，第118页。

板栗村居民石杰忠是当地有名的蜡染手工艺人,也是一位蜡染非物质文化传承人。他从小自学美术,爱好画画,经过长期的研习,其产出的印染作品曾获若干殊荣(见图7-13)。他就地取材,传承并钻研其中技术,使得蜡染设计和蜡染技术在湘西很有名气。

图7-13 石杰忠的长卷印染作品(局部)

在蜡染过程中多使用天然环保的植物染料。蜡染图案是一种基于线条的图形形式,在染色之前,需要用蜡来涂抹勾勒出所需图案的外部轮廓,之后在浸染的过程中,上蜡的部分将不被染色,图案的轮廓就在染色部分的对比之下凸显出来。底色与空白之间的界限并未完全断开,呈现出某种浸色的圆润,使得边界有一种温馨、朦胧之感。染过的布料可用作头巾、围腰、衣服、裙子、床单、被面等,其蓝白相杂的花色图案,层次丰富,朴实大方、悦目清新、如梦如幻。蜡染的制作工艺有涂蜡、绘图、染色、脱蜡、漂洗五道流程。绘制蜡染的织品一般都是用民间自织的白色土布,但也有采用机织白布、绵绸、府绸的。防染剂主要是黄蜡(蜂蜡),有时也掺和白蜡使用,所用的染料为蓝靛。由于蜡染是手工制作,使得每件蜡染成品都具有独一无二的特点。

石杰忠还擅长扎染，扎染的手法生动活泼，分为撮扎和串扎两种。撮扎的效果颜色对比强烈、清新活泼，串扎则稍显沉稳和典雅文静。用针线将织物按照图稿，用绳捆扎形成防染的部位，被捆扎部分由于染液的浸透而形成了美丽的色晕，因此扎染的纹样充满了偶然性，神奇多变。由于扎线的松紧程度、染液和水分的不同，其效果也不同。扎染营造了一个蓝白主宰的宁静美好的世界，散发出一种古朴的意蕴，有一种"青花瓷"般的淡雅素净之感，随机形成的纹理变化和斑斓的晕色效果如梦如幻，乡土气息浓郁，惹人喜爱。苗族妇女依照设计好的图案，用刺绣的手法加以装饰。其中，常见的刺绣手法有平绣技法、挑花技法、贴花与堆花技法。

如今社会文明的不断进步，给这门手艺造成了一定的冲击，化学颜料的大行其道，印染工艺渐趋专业、高效、批量化，导致手艺人的生存环境有些困难。如今苗家的印染技术面临着失传的尴尬局面，只能从若干历史资料领略昔日的鼎盛。石杰忠不愿让这门苗家的传统工艺退出人们的视线，所以他在板栗村创办苗族民间工艺厂。各级媒体都有报道过他的事迹，通过这些宣传，他希望湘西苗家印染文化和绝技能够被更多的世人所知，从而继续流传下去。

第二节　表演类民俗艺术

一　苗家鼓舞

《乐记·乐象》写道："诗，言其志也；歌，咏其声也，舞，动其容也。三者本于心，然后乐器从之。"苗族鼓舞，被誉为苗族最具代表性的民间舞蹈。2006年，湘西苗族鼓舞经国务院批准列入国家非物质文化遗产名录。这种鼓舞模拟原始劳动情景，用简单淳朴的舞蹈动作再现捕猎活动和采集过程，是苗家人完成劳动后的一种庆祝或祈福活动。它与季节有着密切关系，一般多在节日庙会、集市和民间集会上进行，是苗族长盛不衰的民俗项目。

湘西苗族鼓舞分为庆年、庆神两大类，大多在节庆集会中上演。例如春节前后、农历"四月八"、赶秋、婚嫁、迎宾客等重大节庆日里，击鼓奏乐来表达自己的情绪和心思。苗鼓主要集中在阴历正月初四至十五这一段时间里。苗家人用过晚餐后，若有空闲便将鼓置于空敞宽阔的坪地，打起苗鼓来庆贺新的一年，这是一种民间公共性的娱乐活动。神鼓是一种娱神的活动，常在秋冬季节进行，如赶秋等节日里的椎牛椎猪祭典仪式中，万万不可少了苗鼓的助兴。

苗族是一个能歌善舞的民族。苗族鼓舞是鼓与舞蹈的完美结合。湘西苗鼓的基本演奏形式是准备好一面苗鼓，斜置于木架上，两个演奏者站立鼓旁，每人双手各持一根木槌，一人负责敲击鼓面，一人敲击鼓的边缘，也可称为"敲边鼓"，主节奏由敲击鼓面的人来负责，另一人则为伴奏。鼓点的基本节奏有一点鼓、三点鼓、五点鼓、七点鼓等类型。苗族打鼓讲究节奏的统一与变化，"打边"作为固定的节奏，指挥着鼓乐。打边分为单打和双打两种，大大小小的鼓点节奏能烘托出相应的氛围。鼓舞的种类繁多，有单人鼓舞、双人花鼓舞、四人跳鼓、团圆鼓舞等多种。单人鼓舞，于鼓正面随着敲边鼓节奏的缓急快慢，两手轮换，施以打击，从而传来有力铿锵的鼓声，左手击鼓，右手舞之；右手击鼓，左手舞之。鼓点随着身体的舞动，忽而飞驰电掣，忽而清风徐来，若断若连，前后旋转，疾徐有节，是一场视觉与听觉的盛宴。苗族鼓舞的共同性是全身不停扭摆，动作节奏简明轻快，双脚轮转跳跃，让人有点眼花缭乱。湘西苗族中的节奏因地区而不同。例如，花垣、吉首、保靖等县市和古丈部分地区的打法颇特别，左手先打两拍，右手再打一拍，双边都要伴奏，始终以双手来调整节奏的轻重缓急。敲边鼓随着节奏的高昂激越也越发热情高涨。敲边鼓有二夹一的打法，首先左手打一捶，右手再打两捶。"呱、打、打，呱、打、打"的节奏，如此敲之，是为鼓舞者伴奏。

表演鼓舞时，为了渲染喜庆的情绪，苗家男女会盛装打扮，穿上节日的华服。当鼓声响彻在山野之间，坪场之上时，如同滚雷震耳，气势磅礴；如同风雷裹挟着闪电，洪流滔滔，从空中倾泻而下；如同山谷訇然中开，霎时顿感自己的渺小和鼓声的浩瀚。

　　在鼓声中，颂扬了民族独特的文化，一方面满足强身健体的需求，另一方面得到了极大的愉悦和满足。苗族鼓舞将音乐、舞蹈、表演等多种艺术有机地组合在一起，形成了一种形式独特、内容丰富、娱悦身心的民间艺术。苗家鼓舞中凸显了苗家人独特的审美情趣、崇高的社会理想、意气风发的精神风貌和勤劳勇敢的民族韧性，凝聚着一代代苗族人的智慧与汗水，传达着苗族人民的喜乐等情感（见图 7-14）。

图 7-14　苗族气壮山河的鼓舞

二　接龙舞

　　接龙，苗语为"然戎"，即邀请龙的意思。① 相传在很久远的年代，太

---

① 周明阜等：《湘西风土志》，中央民族大学出版社 2012 年版，第 253 页。

阳山有48条真龙，主管苗区行云降雨。苗家人便住在这草木繁盛的太阳山上，阳光充足，风调雨顺、庄稼收成喜人，生活非常红火。但是"长毛鬼"看到心生忌恨，便挑唆雷神将龙赶走。于是，从此连年干旱，苗家人田里的庄稼都枯死了，甚至难以喝到水。他们走投无路，只好上山求雨，求雨未果，便想到去将龙接回来。他们一心希望龙能回到身边，期望祛灾除病，回到风调雨顺、六畜兴旺的太平日子。于是，每逢重大节庆时令，如二月二、六月六或九月九，或每遇大旱，苗家人便举行接龙仪式，龙司（苗族人举行接龙祭祀时的主祭人）就会主持举行祭祀仪式。祭雷神、敬祖先是第一道程序。伴着高亢的唢呐声与铿锵有力的锣鼓声，龙司摇着铜铃念唱巫词，表达对先祖的怀念和对雷神的祈求。龙司开始祭龙神，将龙请到苗山来；再作法，请龙下凡，祈求雷神不要同龙神作对，让龙能大显神威。此时，在龙司的指挥下，乐队吹打着节奏，人们便开始接龙，他们身着华丽的服装，站组队形接龙，然后踏着节奏，跳起欢快的舞蹈，祈求龙神显灵（见图7-15）。

图7-15 苗族的接龙舞

为了迎接龙的到来，苗家人挥舞手中色彩斑斓的彩旗，跳起优美、欢快的接龙舞。接龙舞的举行一般选在苗族赶秋节、"四月八"等节日里举行。届时，"苗族青年男女鲜衣彩装，手持花雨伞，足蹬一双绣花鞋，热情奔放地表演龙翻身、二龙抢宝、黄龙进门、关龙进门等动作"[①]。他们将伞与伞相接，形成龙形，人动伞动，恰似游龙腾云驾雾，场面蔚为壮观。湘西苗族世代相传的祭祀习俗演化成的接龙舞一直都是板栗村民非常喜爱的舞蹈，有着与苗家鼓舞、绺巾舞等民间舞蹈相同的地位。

接龙舞集祭祀、祈祷、庆祝等多种功能为一体，其舞蹈动作一直在演变与发展，内容也融合了绺巾舞、鼓舞等舞种的某些动作，甚至综合了苗族民间武术的一些特点，将形式与内容拔到了一个新的层面，呈现了苗族儿女对生活的热忱与对自己民族灿烂文化的热爱之情。

法国巴黎东方博物馆馆长班巴诺（Jacques Pimpaneau）先生于1993年春节来到板栗村，观看了大型的民间椎牛祭祖仪式及接龙舞传统文艺表演，并和国内外专家学者一起接受了采访。他们给予了接龙舞高度评价。班巴诺先生更是将观看苗族的椎牛、接龙舞节目称为其最难忘的艺术经历。因此，花垣每次举办苗族传统文化大型节目，板栗村都会被列为主角，率先拉开活动的序幕。例如，德夯风景区的系列大型对外活动，板栗村都被应邀参与担当演出主角。板栗村的接龙舞陆续参加过长沙的世界之窗开幕、凤凰的世界围棋巅峰对决的开幕，2006年山西晋中的中国第六届民间艺术节，同年再次被邀请到福建泉州演出，好评如潮。2014年板栗村在"中国武陵山区（湘西）土家族苗族文化生态保护节"中也亮相演出，受到褒奖。

---

① 武吉海：《传承·湘西民间技艺》，湖南美术出版社2013年版，第164页。

三　绺巾舞

板栗村以巫傩文化为代表的宗教历史文化在巴代的继承下，衍生了各种各样的苗族传统舞蹈，如绺巾舞、师刀舞、农耕舞等，以及上刀梯、踩铧口、吃碗、吞竹筷、椎牛等具有苗族特色的武术绝技。绺巾舞是在远古时代，湘西苗族的祖先在举行椎牛、接龙、还傩愿等祭祀活动时，苗族法师（巴代）跳的一种舞蹈。如今在湘西花垣、吉首、凤凰等苗区依然能见到他们的身影。仪式中，巴代头戴法帽，身着红色法袍，左手持法器——绺巾，右手握师公刀，先祭拜神灵祖先，然后跟随锣鼓的节奏起舞，依照内容，做出三拜"拜将""飞巾""扬尘""撒梅花""拜五云"等动作。这种古老的祭祀舞蹈，带有苗族巫傩文化的烙印，兼具镇邪、除灾、驱害、谢神、还愿的功能。绺巾舞要求巴代的动作庄重有力，刚柔并济。绺巾的做法是选用12—24条根长约50厘米，宽6—7厘米的绣花缎带或布巾，将其依次相连缝制在一根花布包裹的30余厘米木棒上，上端宽约3厘米，下端宽约7厘米，木棒作为手柄，绺巾连缀垂下，色彩十分鲜艳。绺巾分为飞巾和围巾，前者用于驱魔迎圣，后者用于斗妖除魔。一堂法事结束，户主需按习俗赠巴代一条绺巾作为答谢，这是对巴代法力的一种肯定。苗族绺巾舞具有庄重肃穆、古风浓郁的特点，节奏感非常强。巴代的动作随着音乐节奏或进或退、左旋右转、屈腿直步、躬身举手、转身舞动。每完成一轮上述动作舞动绺巾一次，极有规律（见图7-16）。巴代人越多，气氛越热烈。板栗村村民石山东是一位苗族法师，他举办过多场法事。苗族绺巾舞经过类似石山东这样的巴代文化传承人的继承发展，已经不仅是过去苗族巫师做法事时的仪式，同时作为苗族群众在节日庆典时的一种群体性表演继续发扬。绺巾舞是苗族非物质文化遗产民间舞蹈的典型代表，只要有苗民聚集的地方，就有绺巾舞的存在。

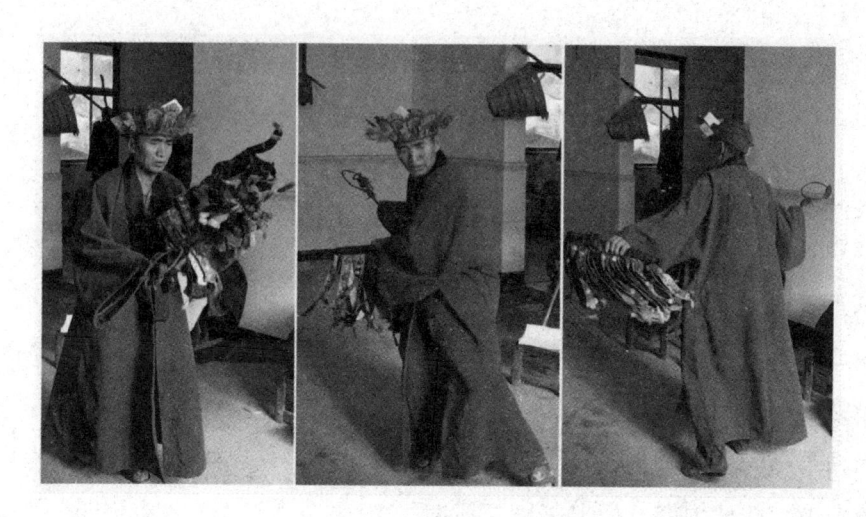

图7-16 苗族的绺巾舞仪式

第三节 口承类民俗艺术

一 苗歌

（一）苗歌概述

湘西苗歌，在苗语中又被称作"萨"，是湘西苗族人民生活中不可或缺的一部分。苗歌的美和生命力，其实就在于它的简单和纯粹，能唱出人们心中最真实的声音，表达和记录人们的种种感受。而劳动歌、情歌、礼俗歌和生活歌四类歌曲是湘西花垣苗族人民日常生活中最常传唱的，也是最具苗族风格的代表歌曲。花垣苗歌在农耕劳作、山谷狩猎等日常生活中得到发展，在巫傩祭祀、仪式表演中得到传承。

"你的山歌没有我的多，我的山歌似牛毛。唱了三年零三个月，还没有唱完一只牛耳朵。"正如这首苗歌所唱，苗歌种类繁多、浩如烟海，单从内容分类就有古歌、酒歌、礼俗歌、情歌等十余种。古歌又称天歌，一般应用于苗族当地的祭祀活动，由阅历丰富、地位较高且通晓苗族古史与音律的老阿公或古歌师演唱。苗族古歌曲调凝练稳重，节拍强劲有力，且表现为盘问对答的演唱程式。与其他类型苗歌不同，古歌在演唱过程中必须严格按照歌本演唱，没有即兴改编的惯例。酒歌，顾名思义就是在酒席上所唱的歌曲，主要是指在酒席上主客互相赞美劝酒、敬酒的歌，既有完整唱本的酒席短歌，又可即兴发挥，肆意欢唱。礼俗歌是苗族人民在婚丧嫁娶、贺生乔迁时所唱的歌。仅在湘西苗家便流传着哭嫁歌、谢茶歌、守灵歌等礼俗歌。这些苗歌往往与相关仪式同时进行并贯穿仪式的全过程，而且与天歌类似，须由专门的人负责演唱。情歌是苗族青年男女在爱恋中，互相倾诉好感、追求美满婚姻的一种独特的内心情感表达方式，也是苗歌中传播最广受欢迎的歌曲形式。情歌一般为韶唔唱腔，多为在室外山林演唱，歌词坦率且曲调昂扬，表达出苗族人们淳朴热情的性格与朴素的美学思维。苗族自古便有以歌传情、以歌做媒的文化传统与恋爱习俗，而情歌也在这种文化传统中得到繁衍与发展。就像这首苗歌中唱到的那样："苗家山歌万万千，苗歌就是小姻缘。恋爱不把苗歌唱，短棍打蛇难拢边。"同时，在苗族情歌中将姑娘比作鲜花，将年轻小伙子比作刚出土的竹笋等借代、比喻等修辞手法十分常见，多种修辞手法的叠加使得具有即兴性的苗族情歌富有生气。在苗乡，青年男女靠苗歌相知相识，是苗歌牵系起无数苗家的美满姻缘。

苗歌内容丰富，题材广泛，既有歌咏爱情的情歌、朴实严谨的古歌，又有热情洒脱的酒歌。苗歌来自苗族人民生活，不同的苗歌对应着不同的场合，而不同场合的苗歌也有不同的唱法，其中包括了高腔与平腔两种。苗歌唱腔的形成与苗族当时的生活环境与迁徙跋涉的经历密不可分。根据板栗村非物质文化遗产传承人吴海深所说："苗歌好像是站在高山上，看到一阵风吹来，那些树叶哗啦啦作响，突然风停止了，看到小河小溪开始缓缓而流，突然加速了，是这样一种调子，和大自然是同样的形态。那个调就是在心里很压抑、家庭很困难、生活很艰苦,苗族人坐在石头上,根据面前小溪流水的形态,哼出来的。"当时的苗族部落既要和山林中的虎豹夺食,又要抵抗外来的侵略,苗族的兄弟姐妹们一度生活在原始与恐怖中,在内心压抑了无穷的痛苦、悲伤、失落、无助与无奈。苗歌唱腔的产生正是他们观照自然并将内心的情感思想自发地从口中流露出来的结果。高腔苗语中又称"韶唔",这种腔调在花垣、吉首等地比较流行。一般以衬词"噢、咳、咿"等具有呼唤性的语气词做引腔,配合上下两个基本乐句及前后衬腔与尾腔形成完整的高腔乐段。其特点是"旋律起伏大,在旋律发展进行中时常做一个八度内的大跳进行"①,而且节奏自由洒脱,情绪饱满激烈。韶唔(高腔)一般在野外河边或山地演唱时使用,并配合苗语鼻腔共鸣与假声演唱。例如,《妹似彩虹挂山岭》《我化春风暖妹心》《苗家歌唱共产党》等就属于典型的韶唔。平腔,苗语中称为"韶萨"。韶唔一般以抒情性为主,而韶萨则是以叙事性为主,并且韶萨在板栗村及整个湘西苗族聚居区中都十分流行。韶萨旋律常作四五度内跳跃并以二三度音程行进,是一种与朗诵类似的叙事性歌腔。与韶唔类似,韶萨一般也以引腔为开篇,并根据歌曲及演唱地点的差别引腔长短也有相应变化,如在室内演唱的韶萨引腔一般较短,而在室外演唱时,引腔长度则与韶唔类似。比较著名的湘西苗族韶萨有《摘茶歌》《妹妹送到你们家》《见鱼没有网来撒》《苗家为什么爱唱歌》《为何苗家人人会唱歌》《急急忙忙来赶歌》等。

剑桥学派"神话—仪式学说"的创立者简·艾伦·哈里森(Jane Ellen Harrison)曾说过:"仪式是人类一个永远的需要。"② 那么,积淀着湘西苗族精神文化的苗歌,同样需要仪式——这种与苗歌相互依存并滋养着苗歌使其不断生长发展传承的文化载体。可以说,仪式也是苗歌的永远需要。

---

① 张建国:《湘西苗歌音乐初探》,《艺术探索》2002 年第 6 期。
② [英]简·艾伦·哈里森:《古代艺术与艺术》,刘宗迪译,生活·读书·新知三联书店 2008 年版,第 134 页。

离开与之依存的仪式及传统民俗文化活动，苗歌则成为一个仅有外在形式的空壳，其内部的苗文化与苗族审美诉求也就荡然无存。以花垣县为例，自2004年以来在花垣县政府的组织与牵头和各界学者与苗文化爱好者的积极活动下，花垣县分别举办了赶秋文化节、面具阳戏国外巡演、鼓文化节、"玛汝翠翠"全国青少年苗歌大奖赛等苗族文化活动，借用现代文化传播手段将苗文化及苗歌文化更好地保护与发扬。但是，随着花垣县锰矿、铅锌矿的开采，多个大型矿业集团的强势进驻，跃进式地推动了当地的经济发展，使一个以苗文化为主体的县城变为一个以经济为导向、以现代消费文化为主体的现代小县城。花垣等地的苗族传统仪式与民俗活动呈现出脱离其本身存在的实际意义，转而成为一种形式化与程式化的表演的趋势，传统的苗文化的价值理念与现代化的城镇似乎越发脱节。因此，寻找真正的苗歌，聆听纯粹的苗文化的诉求，迫使我们必须走入湘西的更深处，来到板栗村。板栗村地处湘西苗乡腹地，以传统农耕经济为主，保存着完好的从夫居宗族长老制的社会结构与传统湘西苗族的生活习惯，并且包括巴代等信仰仪式以及婚庆堂根文化，是为数不多的能保存湘西苗文化稳定性与传统社会结构完整性的村落。因此，同样一首苗歌由当地人唱出，其曲调韵味、演唱手法与内在审美文化的展现，更接近传统苗歌的神韵，更能体现湘西苗歌的民族特色与民族风格。进一步来讲，板栗村的苗歌更能还原与凸显真正的湘西苗文化。因此，本书的苗歌谱例，均采用板栗村当地常住村民及唱歌能手实际演唱作为原本，并在此基础上进行谱例整理与音乐分析。

(二) 板栗村苗歌

苗族人几乎在生活的各方面均会运用苗歌，无论是喜是悲、是福是祸，都会以歌唱的形式来表现，可谓是无时无处不歌唱。苗歌的美和生命力，其实就在于它的简单和纯粹，能唱出人们心中最真实的声音，表达和记录人们的种种感受。劳动歌、情歌、礼俗歌和生活歌四类歌曲是在湘西苗族日常生活中最常用、最具苗族风骨的代表歌曲。下面分四部分予以论述。

1. 劳动歌

劳动歌是从劳动中衍生而来，通常是在某种集体劳动方式熟练之后出现的，不仅来源于劳动，依附于劳动，更是劳动生产力达到高度发展的佐证。由于苗族人长期靠双手获取生存资源，劳动歌可谓是苗歌中的精髓之一。它不一定在歌词中清楚写明劳动行为或劳动过程，主要是传达一种劳动观念，并在劳动过程中起到协调劳动行为、激励劳动情绪的作用。它代表着苗族人的精神追求与审美意识，传达着苗族人民对劳动美德的赞扬、对劳动生活的热情。高腔歌曲《歌声阵阵像飞泉》算是其中比较具有代表性的作品（见谱例1）。

谱例1：

歌声阵阵像飞泉

苗族高腔
板栗村

作为一首抒咏性唱腔歌曲,这首歌曲风格豪迈大气,音调绵长婉转,整体感觉较粗犷。用真假声结合的方式进行演唱,歌唱时要求嗓音高亢嘹亮、情绪激昂饱满,发声时鼻音较重。在歌曲开端以长音"噢"为引子,唱这个音时对气息的控制要求非常之高,只有做到气息稳定灵活,才能保证长音的连续、流畅、自然,中间段的"噢"长音要求也是如此。第一个"噢"长音之后的一声"咳",作为长音结束的缓冲,要注重劳动情绪的表达,清脆而不失悠扬。在歌曲当中有三个短音"噢",运用了颤音和下滑音的技巧,在以直嗓演唱的整首歌曲中起到了画龙点睛的效果。韶唔通常是以一段曲唱多段词,是节奏较为平稳而旋律起伏较大的分节式山歌体。苗歌的曲式在民歌中算是相对特殊的一类,以乐句为单位,利用乐句的前、中、后之分来展开、划分段落,有一段体、二段体、三段体、多段体等结构,可分为偶句歌和奇句歌。《歌声阵阵像飞泉》是一首一段体的歌曲,其结构短小规整,旋律简单平缓,多有倚音及连音线,音域较窄且涉及的音较少,节奏相对自由、散而不乱(多用 2/4、3/4、4/4 拍,遵循强、弱、次强、弱的规律)。

在歌词结构方面,《歌声阵阵像飞泉》属于多声部苗歌,通常由起腔、歌句、间腔、尾腔组成,常以一人先朗诵歌词,随后一人作单声部领唱来起腔、二人作双声部合唱演绎主歌部分即歌句、间腔、尾腔。苗语有 35 个韵母(14 个介音),而歌曲中的各个韵脚无须完全相同,只要发音相近便可,如苗歌中用于押广韵的比较典型的五种韵母分类——i、en、ei、e;u、ao、o、ong;a、ang;eu、ou;an、ea。其余韵母则参照上述五种归入相应类别。各类归纳的韵脚虽有稍许差异,但由于声调极为相似,听起来几乎完全不会对音乐美感产生影响。《歌声阵阵像飞泉》的韵式为押韵两句式,很明显它所押的韵为上述第五类,即歌词韵脚"山"和"间"所押之韵为 an、ea(见谱例 2)。

谱例 2:

你的歌声飞上 山噢　　噢,

你的 歌声绕山 间噢。

七字句是苗歌用句的基础。湘西苗歌通常七言为一句,两句左右为一联,两联及两联以上为一首,通常曲调不长且无伴奏,此原则应用到歌曲中会根据需要适当增加或减少,如《歌声阵阵像飞泉》便是明显的七言为一句、两句为一联的无伴奏短歌。在七字句苗歌中,每句的第一、第三、第五字可声调随意,第二、第四、第七字以及第四字和第七字的声调须不同,各句中的韵脚则得同一声调,这种协和与不协和的统一是苗歌声调美感的来源以及歌曲衔接流畅的原因。《歌声阵阵像飞泉》中两句主歌词"你的歌声飞上山,你的歌声绕山间"便符合上述要求,以七个字串为一句,两句话便成一联,第一句中的第二字"的"、第四字"声"第七字"山"在歌唱时声调不同,第二句中的第二字"的"、第四字"声"、第七字"间"在歌唱时声调也不同,在差异中寻得了协和。同时,两句歌词的最后一个字分别是"山"和"间",韵脚押在了同一声调上,使整首歌曲听来有变有同而毫无违和感。《歌声阵阵像飞泉》只由两句歌词便构成了一首歌曲,结构简短,全曲无伴奏,是典型的湘西七字句苗歌(见谱例3)。

谱例3:

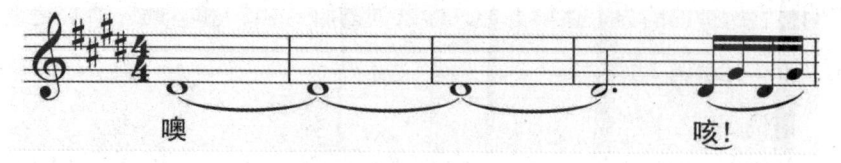

噢　　　　　　　　　　　　　咳!

在苗族歌曲中衬词的使用相当普遍，这些重要的语气词一般用作引子和结尾或加在主词后，当然也有用于歌曲中间的情况，常以长音或短音形式存在，可与主词同时出现，也可插入性出现，甚至可单独作为一个声部，虽形式简单却极大丰富了歌曲的和声性、表现力、立体感、苗家风韵，更好地传达出歌曲蕴含的思想情感。如"噢、噫、咳"等衬词均十分常见，其中尤以"噢"最常出现，《歌声阵阵像飞泉》便是极好的例子。在起始时以长音"噢"为引子来起腔，这种开门见山的方式体现出浓厚的苗家民族特色，结束时又以长音"噢"为收尾，前后呼应得体。中间亦掺杂了"噢"和"咳"的多次出现，配合连音线、倚音等元素的多次变化运用，使歌曲听来更为饱满完整，还加入了滑音、颤音等润腔技巧，起到装饰性效果，可展现出歌手的声乐能力并极大增强歌曲的渲染性。

《歌声阵阵像飞泉》虽然词句简单且并未清楚提及劳动内容，但依旧通过它自身特有的苗歌曲式、风格、演唱、歌词特征很好地展现出苗族群众在劳动中的激情和生活热情，以及对粮谷满仓的美好期望。

2. 情歌

在苗歌中，情歌由于其特殊的传情作用与象征意义，一直深受苗族人民的喜爱并广为传唱。人们利用情歌来表达情谊、求偶示爱（歌词以情爱为主题畅谈古今、向往未来），是人际交流、增进感情不可或缺的重要途径之一。苗族情歌可以分为多个类别，《妹有情来郎无意》在其中属相思类情歌，讲述了爱却不能成眷属但依然抱有美好希望的故事，描绘出情郎已娶妻因此苗家小妹倍感落寞的心理状态，以及对心上人爱而不得，便退而求其次愿与其仅做朋友的乐观情绪。在苗族男女相会时常以这首歌来传情（见谱例4）。

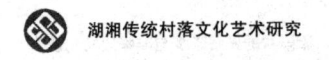

谱例 4：

妹有情来郎无意

苗族平腔
板栗村

ha lo ji zu ji za ni nei　ei wei wa o

ji qiang du ni　bei la cu o　a zu mo ei guo sa su

ta o kai guo lu　mei mu na wu ei

苗族情歌基本上是一个主调，然后以自身理解进行自由发挥，因而不同人可以唱出不同韵味，这也是其特色之一。《妹有情来郎无意》是一首典型的苗族情歌，常以单声部男女对唱的形式呈现，在演唱时要注意情绪的把控，一方面是对彼此间能相遇的感叹，二方面是一见钟情的喜悦之意，三方面是爱却不能与之相守的失落，四方面是只要能做朋友便觉得心满意足的心情。歌词大意为：我们相见时是陌生人，相遇在山坡的草地上，看到你我把歌儿唱，唱得再好你也已经有了妻子，我莫想能嫁给你，能做个好朋友也是很好的事。这首歌曲的歌词为押韵三句式，三句一联，两联一首，前一联韵脚押 en、ang，后一联韵脚押 i，且符合一三五字声调随意、二四七字声调不同的规律，以苗语唱来句句押韵、和谐顺口并富于旋律性和叙事性。而演唱技巧上，则需注意其中颤音和下滑音的表现，长音部分应保持气息稳定，且因连音较多而应对气息进行灵活处理，短音部分应干脆利落，结尾时要有声音渐弱的过程。由于苗歌自由性较强，因而曲谱只是参考，在这一基准上可适当延长或缩短节奏，加入适度停顿，甚至采用些许变音。另外，无论用苗语或汉语演唱，咬字吐词都十分重要，因其直接影响到歌曲的渲染性和感召力以及韵味和情绪的传达。

在曲式结构上《妹有情来郎无意》是以12356为音列的C宫调式，全曲采用4/4拍，节奏自由灵活，散而不乱，头短尾长，遵循强、弱、次强、弱的规律，以八分音符构成的节奏型为主，配合二分音符、四分音符、十六分音符的运用来增强、丰富歌曲的节奏性，且一段曲可配多段词重复演唱，自由发挥空间较大。结构为简短的一段体，上下乐句关系紧密，无引子，无伴奏，以长音为结尾。因它属于平腔，有着叙事性的特征，近似于说话，所以整体曲调平缓，音域较窄，跳动性不大，起伏不强，旋律进程基本保持二度或三度行进，偶尔的跳跃也会控制在五度内。颤音和下滑音的运用是为了加强多样性情感的表达，也是为了使歌曲有一定的变化性，从而更为饱满；长音结尾的运用则旨在表现彻骨缠绵的情思，以加深思念情绪的传达。

苗族情歌的另一首代表作品《你不喜欢我，我喜欢你》是一首纯苗语歌曲，歌曲借由男女一说一答的方式从侧面表现出湘西苗民们自由恋爱的爱情观，以及苗民勤奋、诙谐、奔放而又质朴的审美取向，同时展现了苗族姑娘含蓄美丽、醉人动听的歌声（见谱例5）。除了这首歌之外，苗族还有许多表达男女情意的情歌，如《定情歌》《讨物歌》等。情歌是苗歌中不可缺少的一员，是苗歌中一朵璀璨的奇葩。

谱例5：

你不喜欢我，我喜欢你
选段

板栗村苗歌

全曲歌词如下：

男：阿妹嗷，那个妹妹人人长得难看良心又丑，什么不像什么。你不喜欢我，我喜欢你。

女：嗷，我不好的呀你不晓得，嗷，好过我的人多呢。

男：大太阳天，我在你家玉米地里，我不怕蚊子咬羊儿笑，我悄悄地看见你美美的样子，我要听你的优美歌声。

女：嗷，我不漂亮呀你不晓得，嗷，我歌声好难听的。

男：每次你从我家院子走过，我心里就像烧着一团火。看着你匆匆走远，我不会眨眼睛了。你屋老人家很欣赏我，你弟弟是我最好的老庚。是人是众都说我最好，是人是众都讲你是我的。

女：嗷，我懒死懒咯啊你不晓得，嗷，烦躁见你啊你不晓得。

男：四五天你不在家，我看不见；菜饭再香我吃不下去。是麻雀也该下树了，是鱼儿也上岸了。我家谷仓都溢出来了，猪圈里的猪装不下了，干柴堆得比山还高，这些你好像都没看见。火坑里的柴火烧得旺旺的，炕上的肉在滴油，来不及吃的鸡蛋都出小鸡了，银子金子不知道拿来做什么，妹妹你来做女主人吧。

女：嗷，我像小孩不会做人的，嗷，我只会吃不会做的。

男：妹妹啊，你不喜欢我，我喜欢你。

女：嗷，我不漂亮啊你不晓得，嗷，我懒死懒咯啊你不晓得。

男：妹妹啊，你不喜欢我，我喜欢你。

《你不喜欢我，我喜欢你》的歌词较其他花垣苗歌而言更具特色，整首歌的歌词几乎不押韵，每句歌词的词数也没有按照传统苗歌的以五言或七言句式为主，整体呈一个自由的结构。并且从歌词可以看出，该首歌叙述性很强，主要以男方的叙述为主，歌词中基本上是大段的男方"独白"。就歌词而言，《你不喜欢我，我喜欢你》充分表现了湘西苗歌即兴创作的特点，也展现了花垣苗民不受拘束的创作方式。本曲属于以 12356 为基础音列的五声调式。它的曲式结构与歌词一样，形式非常自由。从节拍来看，全曲节拍不一，主要以 4/4 拍及 3/4 拍为主，经常出现前一乐句为 4/4 拍，后一乐句为 3/4 拍的情况，如谱例 6 所示。除节拍不一之外，该曲的节奏型也相当自由，每一乐段的节奏安排都不一样，这为全曲增添了一份生气。

谱例 6：

从旋律上看，该曲的男声旋律部分非常柔和，旋律变化小，音程跳跃幅度小，并且经常出现单音重复的现象（见谱例 7）。这种单音重复的旋律安排增加了整首歌曲的叙事性，好似在听男方讲述着热切追求苗家女孩的爱情故事。而女声部分旋律安排则比男声部分丰富，音程变化多，甚至出现了八度大跳，这能体现出苗家姑娘婉转动听的悠扬歌声，为全曲增添色彩。

谱例 7：

《你不喜欢我，我喜欢你》是一首男女对唱的苗歌，全曲采用了两种唱法——平腔和高腔，男声部分用平腔演唱，女声部分用高腔演唱。平腔通常用于演唱音高较低，旋律进行平稳，叙述性强的苗歌，这种唱法通常采用真声演唱，有时需要用到真假声结合，在演唱时，咬字要重且清晰，声音位置靠前，给人一种朗诵的感觉。高腔则用于演唱旋律起伏大，音域较宽的苗歌。这种唱法一般在高声区演唱，有时需要在超高声部分演唱，声音位置适当靠前，声音尖而响亮，音色坚实而有特色，在演唱长音时要平稳而不颤，吐字要清晰结实。在《你不喜欢我，我喜欢你》这首歌中，将两种唱法相结合，分别由男女声来演绎，也是本曲的一大演唱特色，男声用朴实的平腔在人们耳边诉说着自己渴望爱情的热烈之情及对苗家姑娘的喜爱，而女声则用响亮的高腔回应男方，让动人的歌声在远方回荡，令人沉醉。苗族情歌以现实中各类情感为主要题材，形式内容多样化且贴近生活，因其歌词韵味浓厚，旋律悠扬动听，节奏灵活多变，结构独特自由，情感丰富真切，民族色彩鲜明等特征，在当地极受欢迎，且作为一种民族特色与象征而被多个地区广为传唱和研究，其中有许多词曲、演唱方面的技巧值得我们学习借鉴。

3. 礼俗歌

礼俗歌即苗族人民在婚丧嫁娶、贺生乔迁时所唱的歌。哭嫁歌是礼俗歌中最具美感反差与个性的一首。哭嫁歌作为苗族婚礼仪式中不可或缺的存在，拥有着独一无二的音乐风格。作为历史时代的产物，哭嫁歌的产生在一定程度上是苗族人民婚姻制度与社会生活的产物。落后的婚姻制度、女性地位低下等旧社会封建陋习，使哭与悲成为封建婚姻中情感的主旋律。已到婚龄的新娘会因为难舍生养她的家乡，不愿离开朝夕相处的同伴姐妹，更不忍离开辛苦半生抚育自己成人的鬓白双亲，而这一切五味杂陈的情感只能融入那阵阵哭泣，以表达自己复杂的内心情感。哭嫁大致分为了四个阶段：第一个阶段，是在婚礼开始之前，新娘主要是跟闺蜜姐妹哭诉不舍之情。第二阶段也就是高潮阶段，是在婚礼当天，在双亲和亲友的陪伴下，新娘以哭嫁的形式来表达骨肉难舍之情。第三个阶段，是离家前，不仅要哭诉自己的不舍，更是要告知家里的祖先要离家了，除了要表达娘家人的祝福之外，也要得到先人的庇佑。第四阶段，是在去夫家花轿上的哭嫁，内容多以谩骂媒人为主。看似简单的一场哭嫁背后实则隐藏着太多历史的遗留，这种形式使女性能够真正表达自己内心的不满和对婚姻制度以及身份地位不公的抗议。

板栗村苗族哭嫁歌的风格包括悲伤、喜悦、歌唱三种特点。所谓"悲伤"就是哭泣的内在心理表征；所谓"喜悦"就是面对亲人的祝福，在哭泣之后就要笑逐颜开地接受祝福；所谓"歌唱"就是自由任意地抒发内心的深情实感，这正是花垣苗族的哭嫁歌的一大特点。哭嫁歌在演唱形式上大致分为两种，一种是人们拥簇在一起，齐声高唱，唱到情深之处可以用手做挥手状或是用手帕擦拭眼泪来表达自己内心的不舍与激动；另一种则是两人对哭的形式，这种演唱一般是新娘子先唱，之后再带动着周围亲朋好友一起唱，也可以伴之舞蹈，以表达内心的情感。哭嫁歌的气氛渲染在整首曲子中是最为重要的，悲切、忧伤的视听效果激起了听众强烈的内心共鸣，极具感染力。这便是哭嫁歌最大的音乐特点。哭嫁歌采用的是真声演唱的形式，这种唱法基本上是用胸腔呼吸，多以口腔共鸣为主，声音是明亮朴实、结实有力（见谱例8）。

谱例8：

新娘哭

花垣县板栗村

中速

我的妹（啊）姐姐我要出嫁了（哎）从此难顾这（呀）个家

代我孝敬爹和妈　　　　我的爹和娘（哎）

悲悲（哎）戚戚（哎）离开房　堂屋中间辞爹娘

从谱例8中我们不难看出，这首曲子音调不高，片段音域由小字组g到小字一组的g，没有超过一个八度，这也是苗族嫁女歌普遍的一个特点。从历史原因来看，苗族曾多次被迫迁移到交通闭塞的偏远山寨来逃避战乱，其中，苗族女性的地位更为低下，她们位卑言轻，甚至不敢将自己真实的内心情感流露出来，而只能寄托于用哭嫁歌来哭诉自己的不幸。

《新娘哭》是由1、2、3、5、6五音列组成的C宫调式，音程幅度跳动，多以二度、三度级进为主，并通常以主音为结束音，风格较稳定。在唱词上，花垣哭嫁歌同样有很多即兴创作的成分。另外，不同于传统的唱词，花垣哭嫁歌用生动明快的语言叙事，句式上也不拘泥于形式。在节奏上，由于哭嫁歌多为待嫁女子边哭边唱，因此节奏以不稳定性节奏为主，加上二拍子、四拍子、五拍子等拍子交错变化，使得演唱更加自由，也大大丰富了歌曲的艺术特性。

在第七小节中，哭者根据自己内心表达的需要而创造出"哭腔音型"的节奏和重复音（见谱例9），三个三连音连续出现，令总体节奏连接富有动感和推动性，更体现了待嫁女对爹娘的不舍与留恋。同时，倚音、滑音、波音、颤音等润腔是苗歌中经常用到的。如在这首《新娘哭》中主要运用了波音（见谱例10）。

谱例9：

谱例10：

同样为礼俗歌的《姐妹送你上家门》（见谱例11）与《新娘哭》有着较大的区别。《新娘哭》由新娘自己演唱，主要表达自己对父母的感恩与不舍，而《姐妹送你上家门》则是由新娘朋友、姐妹演唱，在唱词上有对新郎的调侃，更多的是对新娘新婚的祝福，所以演唱风格与《新娘哭》的悲痛不同，多为较欢快的演唱风格。其润腔形式主要为倚音（见谱例12、谱例13）和自由延长音，三连音等节奏型润腔也起着较大作用。另外，为了情感表达的需要，句尾常用下滑音，使得旋律更加流畅明快，同时更具地方特色。曲中的润腔增强了艺术感染力，同时体现了其"即兴性"。在衬词上，嫁女歌多以"噢""啊""哎""呀"等衬词为尾音，它们使演唱者更为自然地表达情感，同时突出了作品本身的特点和艺术风格。这些衬词经常被当作语气词出现在日常生活中，符合苗语方言，使得哭嫁歌更加贴近苗族人的生活生产。

谱例11：

姐妹送你上家门
（声萨当秋）

苗族接亲歌调
板栗村

中速 自由

噢　　　送亲噢来到哦
你贵村　噢　　泡卖　　咳龙啊
姐妹噢　送上你家门　噢
噢　到了噢你家噢
把猪宰　噢　噢泡卖
咳龙啊你们割肉一片有半斤　噢
噢　　我们高兴噢吃肉噢
把酒下噢　噢　噢
泡卖　　咳龙啊　我们夹肉筷子
忙　不　停　哦

谱例 12：

谱例 13：

哭嫁歌是演唱者发自内心的真情演唱，因此在歌词上会更加口语化，歌词也是长短不一，句式颇为自由，所以它的整体框架结构会更加通俗易懂。比如，上述谱例《新娘哭》中唱到的"我的妹（啊）姐姐我要出嫁了，从此难顾这个家，代我孝敬爹和妈……"这是多么淳朴纯真的内心独白，因为要嫁人的新娘无法再在家中继续照顾家人，便以哭嫁的形式演唱出来。与之类似的还有谱例 2《姐妹送你上家门》中的"送你上家门哦……你们割肉一片有半斤哦"等，这些朴实无华的歌词透露出婚嫁时的真实状态。

漫长的时间磨砺才形成了今天苗族民间特色文化的婚嫁歌曲，一场婚礼上演的种种形式正好反映着当地的婚俗，体现着一个时代更迭的缩影和生活面貌的转变。苗族哭嫁歌被称作"中国式的咏叹调"，因其独特的歌唱形式以悲传情，以情生歌，是我国民族艺术中别具一格的瑰丽瑾瑜。

4. 生活歌

生活歌是苗歌众多类型中的一种，主要以苗民的社会生活、历史事件和故事以及社会关系为内容。这类歌曲除了反映苗民的日常生活、节日习俗、生产生活之外，还从侧面反映苗族人民同恶势力做斗争的奋勇精神以及苗民们理解的生活哲理。代表性作品是流传于花垣县板栗村的《鼓声阵阵歌声响》（见谱例14），当地苗族人民又把它称为"声萨独哝"。这首歌主要描写苗族人民吃牛赶歌的生活，通常在赶秋歌会中表演。

谱例14：

鼓声阵阵歌声响
（声萨独哝）

苗族吃牛歌舞曲
板 栗 村

做客走到—你家来　噢哈噢—　吃牛赶歌—乐开怀啊　噢

噢　哈噢—　郎卖—鼓声阵阵—　歌　声　响啊　噢

噢　哈噢—　苗家—舞姿　乖　又　乖啊　噢

"吃牛"又称"椎牛"，是一种流行于湘西和黔东北地区的大型而隆重的苗族祭祀活动。在古时候，苗民们把患病及中年无子看作牛鬼作祟。为了祛病消灾，人们会请巫师进行许愿（见图7－17），又称"椎牛大愿"，在病愈或得子之后，苗民们会举行椎牛祭来还愿。在椎牛祭开始之前，苗民们会在一坪地中立上五彩神柱，让一头牛绕着神柱疾跑，尔后由杀手握着梭镖，朝着祭牛刺去；牛肉由同辈叔伯瓜分，数百名苗民饮酒达旦、跳舞对歌。这种祭祀活动始于清乾嘉时期（1736—1820年），但在 1931 年后已没有这类祀典，而由此演变来的"吃牛节"便成了这隆重的祭祀活动。

图 7-17 板栗村赶秋节上的椎牛仪式前巴代祈福

赶秋节是湘西花垣、泸溪等地的传统节日，又称秋社节、交秋节。在立秋之时，苗民们会停下农务，着盛装，结伴前行，在秋坡上进行各种娱乐活动，如打秋千、歌舞等。在活动结束后，人们会选出两位最有声望的人打扮成"秋老人"，向苗民们预祝丰收和幸福安康。《鼓声阵阵歌声响》诞生于板栗村人主要从事的农业生产活动中，又与当地苗民的日常生活及节日习俗有着密切的联系，是板栗村人生活中不可或缺的一部分。

从《鼓声阵阵歌声响》的歌词中可以看出其结构基本以七言句式为主，但由于苗族民歌具有即兴作词的特征，句式比较自由，因此歌词中出现了十言句式的现象，总体还是以七言句为主。与该曲有类似歌词结构的还有流行于湘西古丈县一带的《细细摘来细细收》："桐树结籽弯枝头啊，汝条条枝头满山沟。众人协同细摘啊，株细细摘来细细收。"在这两首曲目中，有"噢哈噢""噢""啊汝""啊株"这样强调情感的衬词，也属于即兴作词的一部分。除此之外，从每一句的末尾词中不难发现花垣苗歌歌词押韵的特点，如《鼓声阵阵歌声响》中第一、第二、第四句中"来""怀""乖"的押韵，以及《细细摘来细细收》的第一、第二、第四句中"头""沟""收"的押韵，都使得歌曲更加朗朗上口，悠扬动听。

从曲式结构上看，《鼓声阵阵歌声响》属于由"1235"构成的以F音为宫音的四声调式。由两个乐段组成，第一组乐段属于平行结构，由两组对应的乐句相构成。这种乐句的对应性主要体现在节奏型上，也是湘西苗歌中最基本的一种构成形式。由谱例15中可以看出两个乐句的节奏型基本相同。

谱例15：

除了基本的对应型结构，在湘西苗歌中，更多的是自由型结构（见谱例16）。这种结构顾名思义，采取自由的形式，乐句与乐句之间并不两两相对应，在节奏型上甚至有很大的差异。这在《鼓声阵阵歌声响》的第二组乐段（见谱例14、谱例15）中有很明显的体现。

谱例16：

从旋律上看，这首歌曲的旋律起伏比较柔和，多以二、三、四度为主，偶尔辅以五度的跳跃，丰富了旋律的变化。装饰音的使用也是花垣苗

歌的一大特色，其作用在于美化旋律色彩，增强旋律个性，要想完美地表达花垣苗歌的特征及风格，就不能少了这些装饰音的点缀。从整体上来看，《鼓声阵阵歌声响》属于非方整型结构，实际上大部分苗歌均属于这种结构，因为苗歌的创作大多是即兴的，苗民们在创作歌曲时不会多考虑音乐结构的规整性。他们的歌曲以抒发内心情感为主。正是由于这种丰富的结构以及曲调的变化，使得湘西苗歌更加富有生命力，也成了湘西苗歌独有的魅力。

《鼓声阵阵歌声响》中运用了丰富的倚音，而倚音有它独特的唱法。倚音主要依靠鼻腔共鸣，喉头须稳定在一个平衡的位置，然后用瞬间发出的重音做上下的音程运动来强调本音。除了浓厚的倚音特色之外，在花垣苗歌当中，演唱者经常在演唱过程当中加入衬词，在《鼓声阵阵歌声响》中，歌词里的"噢哈噢""噢"便是衬词，这些衬词主要出现在歌词主句的后面，让苗歌的风味以及语气有较大的改变，显现出花垣苗歌的独特风格以及个性。可见，在演唱这首歌时衬词的运用相当重要。将衬词灵活得表现，不仅可以增加歌曲的韵味，还可以使原曲变得更加灵活多变，生机勃勃。

《鼓声阵阵歌声响》描绘了一幅板栗村苗民在赶歌会中赶歌吃牛其乐融融的场景。而它作为一首集体农作的产物，表达的情感是积极向上的。板栗村苗民通过自己优美动听的歌声，向本地人表达着自己的思绪，向外来访客诉说着自己的文化习俗。作为多声部苗歌中的一员，《鼓声阵阵歌声响》是苗族民歌中的瑰宝，当地苗民应当将此曲发扬光大，代代相传，而音乐工作者及艺术工作者也应该让更多的人了解这首歌，了解更多的板栗村苗歌，让板栗村苗歌得到更广泛的传承与发展。

"百里不同风，千里不同俗"，在湖湘热土上生长繁衍着苗族、汉族、土家族、回族、壮族、维吾尔等50余个民族，在多民族之间文化的碰撞与渗透中，民族的独立性是本民族能否在文化大融合中维系自身发展的根本。苗族作为生存在湘西大地上众多少数民族中的一个，自炎帝、黄帝时期历经若干朝代至今，以缺少文字传承的局限仍能表现出蓬勃的活力。可见，苗歌对苗族文化、历史、伦理的传习作用，它也是苗族人们心中旋律的史诗。苗歌中既有包含伦理与常识教育意义的儿歌和礼俗歌，承载九黎苗族自强不息历史的古歌，也有体现苗民生活智慧与热烈情感的劳动歌与情歌。可以说，当地苗族人在椎牛祭、赶秋节、巫傩祭祀及日常生活中口耳传唱苗歌的行为，本身就是一种具有自觉性的民族文化历史的传承活动。

从文化发展的历史性与共时性角度分析，苗族文化传承与发展中出现的种种现状和困惑与苗族人民本身的民族性格缺陷必然有一定联系。正如沈从文先生曾在《湘西·题记》中论述："湘西到今日，生产、建设、教育、文化在比较之下，事事都显得落后，一般议论认为是'地瘠民贫'，这实在是一句错误的老话。老一辈可以借从解嘲，年轻人绝不宜用之卸责，20岁以下的年轻人更必须认识清楚：这是湘西人负气与自弃的结果！负气与自弃本来是两件事，两种弱点合而为一，于是产生一种极顽固的拒他性。"沈从文先生所讲的"拒他性"更多的是指经济发展与接受外来思想的相对迟延。但从苗族文化自身传承的角度分析，苗族人民对自身民族文化的坚守与自信，成为保护自身民族文化纯粹性的最后屏障。

岁月的变迁、时间的流逝、岁月的更迭、朝代的更替，板栗村的古歌师在变，巴代天师在变，村落中的阿公阿婆在变，不变的是在篱笆院落外依稀听到的苗歌。随着现代社会商业化的迅速蔓延，国内与国外的种种娱乐活动逐渐蚕食苗歌所剩不多的领地。在花垣县，歌厅、电影院、酒吧、KTV的灯红酒绿与纸醉金迷，让无数青少年流连忘返。现代娱乐方式的丰富与刺激是传统苗歌会及赶秋活动所难以超越的，以致在现在的苗歌节很难看到万人齐歌的盛况。苗歌好像逐渐成为老年人的"专利"了，年轻人到"歌场"来，要么匆匆走过，要么露出好奇的目光驻足片刻就回到熟悉的现代生活中了。想要在广场上听到纯粹的苗歌，也只能碰碰运气，有时还能碰到已人至中年的昔日歌王忙里偷闲唱上几首，也许再过些年当地最会唱苗歌的倒是一些苗族阿公阿婆了。

我们处在最好的时代，高速发展的经济使我们得以享受生活的便利与休闲娱乐的丰富。我们也在最坏的时代，种种传承千年的民族文化貌似逐渐枯萎，失去了往日的现实意义而成为一种形式存在。作为社会历史进程中的个人，我们经历、体会、抗拒的是社会发展规律的客观再现。我们虽在创造历史，但这样一种文明发展的样态是我们不得不接受的。正如美国人类学家J.凯因斯博士所说的："这些社会反映了我们数千代以前祖先的精神面貌。我们在肉体上和心灵上已经度过了与此相同的一些发展阶段，而我们之所以发展成这个样子，正是曾经有过他们的生活，他们的劳动和他们奋斗。我们的文明奇迹乃是千千万万无名的人们无声无息直孜孜努力的结果。就像英格兰白奎山崖是由无数带石灰壳的有孔虫合力造成一样。"①

对现代流行文化与快餐文化的抗拒，并不是一种刻板偏见的对现代的拒绝，而是一种文化自觉与文化自信的辩证统一。苗歌反映的民族文化是苗族区别于其他民族的文化特征，而这支撑苗族屹立于湘西大地的民族文化也是九黎先民及一代代苗族族人共同坚守的民族魂。在告别"种族主义""民族中心主义""现代中心主义"等各种主义时代，人类学家和各种文化学者回归到了对社会生活事实本身的描摹阶段，我们能做的或许就是促进这些异质文化间的和平共处，共同追寻和创造费孝通先生期望的"各美其美，美人之美，美美与共，天下大同"②的"多元一体格局"的文化氛围。

二 古歌

《楚辞》作为一部诗歌集，里面记载了古代人们生活的场景，饱含了先人的智慧结晶。苗族的古歌与《楚辞》之间具有千丝万缕的联系，我们

---

① J. 凯因斯博士，见《人类学》第1卷第2期，第233页。
② 费孝通：《文化与文化自觉》，群言出版社2010年版，第223—229页。

可以从《楚辞》中看到古人的生活，也可以从苗族古歌中听到原始苗民的故事。

楚人善讴，《楚辞》里有许多民歌性质的东西。楚歌在秦汉间是最流行的一种歌唱形式。屈原、宋玉之作，不乏民歌的影响。

在《楚辞》里最可注意的是《九歌》《大招》和《招魂》。《九歌》大部分是迎神送神和祝神的乐曲。朱熹说：

> 昔楚南郢之邑，沅、湘之间，其俗信鬼而好祀。其祀必使巫觋作乐，歌舞以娱神。蛮荆鄙俚，而其阴阳人鬼之间，又或不能无亵慢淫荒之杂。原既放逐，见而感之，故颇为更定其词，去其泰甚。

是朱氏承认《九歌》原为沅湘之间祀神的乐歌，屈原仅"更定其词，去其泰甚"而已。

《九歌》凡十一篇，"吉日兮辰良"的《东皇太一》疑是迎神之曲，恰好和《礼魂》的送神曲"成礼兮会鼓之长，无绝兮终古"相始终了。

《招魂》相传为宋玉之作。朱熹说："古者人死，则使人以其上服，升屋履危，北面而号曰：'皋！某复'。遂以其衣三招之，乃下以覆尸。此礼所谓复。……荆楚之俗，乃或以是施之生人，故宋玉哀闵屈原无罪放逐，恐其魂魄离散而不复还，遂因国俗，托帝命，假巫语以招之。"郑振铎认为，从《招魂》的语气来看，确实招生魂之作。其描写的层次，完全具有宗教仪式上必要的共同条件。后代的迎亲曲，以至僧徒的"放焰口"①、放生咒等，其结构都与此有些相同。②

《大招》不知何人所作，"或曰屈原，或曰景差"。其性质和《招魂》完全相同，估计是民间现实应用中的"招魂曲"，与《招魂》有异曲同工之处，或流行于另一地域的"招魂曲"而已。

---

① 焰口，佛教名词。古印度传说中一种饿鬼的名称。以身形焦枯、口内燃火，咽细如针而得名。佛教密宗有专对这种饿鬼施食的经咒和念诵仪轨，一般称为放焰口。
② 郑振铎：《中国俗文学史》，商务印书馆2009年版，第32页。

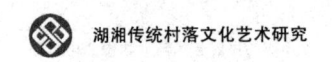

郑振铎先生曾将《招魂》和《大招》两篇"招魂曲"的内容列于一表进行了比较：①

	招　魂	大　招
序曲	"朕幼清以廉洁兮"以下为离去的魂的自白。 "帝告巫阳曰"以下为帝命巫阳去招魂	"魂魄归徕，无远遥只。魂乎归徕！无东无西无南无北只"
向东方招魂	东方有"长人千仞，惟魂是索"，又有"十日代出，流金铄石。"魂其归来，东方是"不可以托"的	东有大海。"魂乎无东！汤谷寂寥只"
向南方招魂	南方有吃人的蛮族，有吞人的蝮蛇、封狐，魂其归来，南方"不可以久淫"	南有炎火千里。蝮蛇虎豹极多，"魂乎无南，蜮伤躬只"
向西方招魂	西方有流沙千里，五谷不生，又无所得水。魂其归来	西有流沙，又有豕头纵目之物。"魂乎无西，多害伤只"
向北方招魂	北方有"增冰峨峨，飞雪千里，魂其归来，"不可以久"	北有寒山，代水深不可测。"魂乎无往，盈北极只"
向天上招魂	天上有害人的虎豹，有豺狼，有九首的人。魂其归来。否则恐危其身	
向幽都招魂	下方幽都有可怕的吃人的土伯。魂其归来，否则"恐自遗灾"	
以上叙魂的离去之危苦；下文叙魂的归来之乐		
反故居之乐1.	衣服之舒暖	饮食之美

---

① 郑振铎：《中国俗文学史》，商务印书馆2009年版，第33页。

续 表

	招 魂	大 招
反故居之乐 2.	宫室之华美，淑女之媚态	女乐之欢
反故居之乐 3.	饮食之美	宫室之丽
反故居之乐 4.	女乐之欢	功业之盛
终曲（乱曰）：	"魂兮归来哀江南"	

郑先生认为，《招魂》和《大招》两者内容虽略有不同，但结构却是完全相同的。《大招》不向天上及幽都招魂，可能是因为地域信仰的关系。《招魂》和《大招》均先示以各方的恐怖，继而力阐归来有无穷之乐。这完全是招魂的话。故它们当是病危时巫师应用的乐曲。[①]

古歌经历了数千年风雨变化传承至今，不仅是历代先民在漫长的实践过程中不断缔造和积累下来的，更是时代更迭的浓缩范本。古歌也被称为"古老话"，苗语直呼就是"古根"（见谱例14）。这是一种神化了的苗族史诗，叙述了苗族人民开天辟地、射日射月、长途迁徙的过程，从中可以详览古代苗人的宇宙观、发明历法、创造武器、群婚制到对偶婚制的发展、繁衍后代、氏族的形成、氏族战争和古代苗人的政治、历史、经济、文化、习俗等。苗族古歌篇幅宏大，气势磅礴，内容涉及万物起源、人类繁衍、历史文化、伦理道德、宗教信仰等多个领域，是苗族民间最独特的口碑文献，同时是苗族先民征服自然、改造自然的见证。它生动展示了苗族先民为生存发展而与自然搏斗的宏大场面。花垣苗族的著名长篇古歌产生于远古时代，随着时代的发展而逐渐丰富。湘西苗歌虽然是中华民族音乐艺术的精品之作，由于未能躲过多年来的人祸和灾害，现在大部分已经

---

① 郑振铎：《中国俗文学史》，商务印书馆2009年版，第33页。

失传。一部反映板栗村真实古歌传承的微电影《寂寨》，真实呈现了湘西苗族古歌这种近乎失传的现状和农村少数民族的生存现状，2015 年 3 月 4 日电影一首映便引起了全社会的广泛关注。

苗族古歌在演唱过程中通常包含歌骨、歌花、套句、插唱等部分，今旦曾在《苗族古歌》一书中说道："歌骨是表现一支歌的主题部分，在古歌中具体指问和答的内容。"[①] 歌骨其实就是主旨，它是揭示整体的关键所在。苗族古歌的演唱大致以两种形式表现：一种是在有喜庆节日到来之时，会有相邻村落之间的歌手彼此之间进行对唱；另一种是在闲时，歌手们之间也会相互串寨来进行对唱。古歌最重要的演唱形式就是对唱，这种对唱并不是简单的你方唱罢我方唱，而是双方之间要有一人先抛出问题，让另一人来回答，以这种形式来进行演唱。"歌花"是相对于"歌骨"的另一个概念，主要以制造周围环境、活跃气氛、激起真实情感为目的，常常并不是直接反映主题内容的。而在苗语里，套句似乎是以一定公式化形式存在的因为它不像歌骨、歌花那样由专门的词语来表述，有的套句是以一个组成部分或者作为承接句出现。插唱这部分又与我们前面提到的歌花和套句在演唱时不同：古歌的演唱大都以对唱的形式出现，歌花在对唱中是在对方歌者抛出问题，自己准备要解答之前，而套句则恰好相反，是在回答了对面歌者所提问题和引出自己的疑问之后。

苗族古歌的演唱从行腔上来说，其音调不是很高，多为平腔唱法，用真声来演唱。例如下面这个节选片段为女声演唱，声音细腻且自然，空旷而高远（见谱例17）。演唱者在演唱时面部表情庄重严肃并一直保持至演唱结束。这也是古老歌作为一种民族精神的载体，有别于苗族劳动歌、生活歌的一个显著特点。

[①] 今旦：《苗族古歌》，贵州民族出版社1998年版，第8页。

谱例 17：

古老歌

花垣县板栗村

中速

doub nis　ad roul nangd nex o____　nis roul xib ghangx nangd nius__

boub nangd deb_xongb nangd poubnangd niax　boub nangd deb_xongb nangd ned nangd mat

从谱例中我们可以看出，苗族古歌的音调并不是很高，笔者所选苗族古歌片段为五声宫调式，音程跳动幅度小，多为二级或三级级进，风格十分稳定。在旋律上，多为直线型旋律，更能体现苗族古老歌的庄严、神圣。在节奏上，多为规整的前短后长逆分型节奏，这又增强了苗族古老歌的语言性。在苗族古老歌中，常见的润腔形式为上波音（见谱例 18）。最常见的则为五级音的二度音程上波音，这为古老歌单调的旋律线增加了咏唱性，推动了旋律进程。

谱例 18：

谱例中的苗语译为汉语意思即"远方鸿蒙，混沌初开。吾辈苗人，五宗结队，六眷云集。沿水而行，攀木而觅，开疆拓土，花果缤纷"。众所周知，历史上的苗族是没有本民族文字的，而苗族先人们便只能凭借他们民族特有的服装挂饰、古歌古风等非文字的形式来传播继承。上述歌词为我们描述了苗族祖先的群居生活以及开拓疆土的史诗画卷。

在板栗村，古歌往往会与巴代仪式联系在一起。湘西"巴代"中的祭祀仪式歌曲，它的旋律多以三音列、四音列和五音列为主，一般是以

"do、mi、sol"或"la、do、mi"三个音为主干音，我们有时也会看到一些变化音，它们的出现以使得调式色彩更加浓郁。由于三音列的形式相对比较简洁，在演唱时也朗朗上口，所以在"巴代"仪式音乐中三音列结构的歌曲比较常见。"巴代"歌曲中的四音列乐音结构则是在三音列的基础上构成的，在"do、mi、sol"的基础上加入了"re"。最后，在"巴代"音乐中最常见的音乐结构就是五音列的。正是这三种乐音的构造组织形成了独特风格的"巴代"仪式音乐类型。

巴代经常用到的乐器有苗族唢呐和牛角两种。湘西苗族唢呐是用桐木管配以铜制喇叭制作而成的吹奏乐器，苗家接亲嫁女、红白喜事、戏剧表演及"椎牛""接龙"等祭祀庆典都会吹奏唢呐。牛角是一种别具风格的吹奏器乐，由古代行军号角演变而来，在湘西苗族地区广泛流传。在苗族歌舞活动中，牛角是不可或缺的民族吹奏乐器，无论是跳摆手舞还是跳八宝铜铃舞时，都要有牛角号声助阵兴势。①

无论是巴代文化还是苗族古歌文化都是苗族古文化发展脉络的缩影。每一段历史文化的兴起与繁荣，直至延续至今，都是经历了无数代人的探索与创新，任何存留下来的文化本身就带有很强的民族风格与人文气息。古代并不遥远，透过历史的大门我们可以看到更加质朴的过去。在时代变迁快速发展的今天，传统文化不仅是座历史文化宝库，更是我们探本溯源的基因库。

三　苗剧

苗剧（苗语称"戏雄"）起源于花垣县，在1982年的《湖南地方剧种志》中正式定名为"苗剧"，民间也曾称为苗戏、苗语剧等。苗剧主要以苗族民间故事、苗歌、苗族舞蹈与武术等为基础，在借鉴吸收了汉族戏曲艺术的形式与表演技巧上，逐渐发展而成。苗文化与汉文化在花垣地区的

---

① 汪发国：《魅力湘西》，湖南人民出版社2011年版，第59页。

碰撞与交融产生的民族文化积淀，为苗剧的产生提供了丰厚的文化土壤。

苗剧与苗族的"蚩尤戏"和"傩愿神戏"关系密切，苗族自古便有向傩神请愿祈福的宗教习俗。著名苗族学者石启贵在《湘西苗族实地调查报告》中记载："苗民因病痛、求嗣等还傩愿时必请歌师在神堂唱戏以乐神，谓之'傩愿戏'，又称苗傩戏。"以驱鬼、祀神和求福等法事仪式表演为主的傩愿戏既承载着苗族历史与苗巫文化，也是苗戏产生过程中的原始形态。1954 年由花垣县的"猴儿鼓王"石成鉴等人创作，讲述苗族青年贵来、贵卡、巴贵达惹等人率领众人战胜妖魔故事的历史上第一部苗剧《团结灭妖》（苗语"抱加嘎"）就是一个典型的例子。剧中苗族村落十寨九空，寨中人均被妖魔吃掉的情节与苗族自蚩尤与炎帝、黄帝战争时期开始，历经唐、宋、明、清的不断被封建王朝围剿与迫害的场景相类似。贵来等人的反抗最终战胜妖魔也符合苗族人民勇于反抗、追求自由的心理诉求。自《团结灭妖》的问世标志着苗剧正式产生以后，无数优秀的苗剧如雨后春笋般涌现出来，如三女戏《孟姜女》《龙王女》《庞氏王》，和《抱柳卡》《恰相》《八郎杀猪》《张三请师娘》《舞太子》《哈迈》《友蓉伴依》《黛娅与那卡》《带血的百鸟图》《逃犯审官》等。20 世纪 50 年代至 70 年代中期，花垣县文工团又陆续移植排演现代京剧《红灯记》《智取威虎山》等。

苗剧是苗族历史文化的承载，无论是历史故事、巫傩祭祀，还是家庭伦理、婚丧嫁娶等文化内容，都被吸收到苗剧中，并直接呈现于舞台。可以说，苗剧是苗族艺术文化与生活体验的融合，苗歌、苗舞、祭祀仪式、民间武术、生产劳动、苗族器乐都可以在苗剧中得到熟悉的再现。苗剧的唱腔主要以高腔、平腔和巫师腔为主，"喜悦时用高腔，愤怒时用平腔，悲哀的用'萨云'（哭腔），欢乐场合用'韶萨当秋'（接亲歌），反面人物则一般采用巫师腔"[①]。同时，在苗剧声腔创作中曾多次出现创腔的形

---

① 湖南省民委文化教育处：《苗戏——属于苗族人自己的戏剧》，《民族论坛》2012 年第 17 期。

式,即将多个同一类型的曲调糅合成一体,赋予原始唱腔新的活力。

苗剧的伴奏最早为苗族唢呐和木叶,后来逐渐加入芦笙、苗笛、双管竹唢呐、牛角、竹柝等苗族乐器,在移植京剧曲目时,偶尔会加入二胡、中胡、三弦等民族乐器。木叶是湘西人民取于自然的一种乐器。在湘西苗寨中,无论男女老少在林中摘下一片橘叶、柚叶或冬青叶,轻含嘴中,便可吹奏出悠扬的曲调。苗族唢呐与民族器乐中的唢呐形制类似,但音孔的开孔与制作方面一般为上密下疏。同时吹奏形式也有所区别,仅用于齐奏,并分正副手:正手吹奏高声部,副手吹奏低声部,当地也把这种吹奏形式称为"公母音"。芦笙(苗语称"阿佳格")是苗族非常流行的自制吹奏乐器,一般是将一排竹管编扎在一起并用芦苇叶做簧。芦笙常在苗族"吃牛"活动的晚上吹奏。苗笛(苗语称"果林斗"),横吹簧管震鸣乐器。音域较窄,一般只能发出5个音。多使用当地出产的管细节长的竹子制作,管身下部开有三、四、六或七个按音孔。演奏时,将笛身横置,嘴含首端簧片,以平缓气流吹吸均可发音,其音色柔美动听,并略带鼻音。一般采用一吹一吸的奏法,吹吸时虽音高不变,但音色有异,吹奏时明朗,吸奏则稍暗。双管竹唢呐是将两根竹管各开一个小孔装入簧片并捆在一起。双管竹唢呐如果单独吹奏则声音清脆,两管合吹则显得声音饱满和谐。牛角在湘西土家族和苗族中普遍流传,并作为板栗村巴代仪式中的重要乐器之一。湘西苗族的牛角乐器一般采用水牛角中的"龙门角",吹奏起来声音悠扬洪亮且铿锵撼人。竹柝(苗语称"熊"),在苗剧中将其作为打击乐器使用。竹柝用大的竹筒制成,以竹棒敲击发声。这种乐器发出的声音刚、脆、响。在板栗村古歌师演唱古歌时,也使用竹柝打击节拍,击节而歌。

作为一个新生剧种,早期苗剧的表演程式尚未固定,很多业余团体采用完全生活化的表演模式。随着苗剧的不断发展,专业剧团在一定程度上借鉴京剧的表演程式,并对苗族人民日常生产生活的体态进行提炼加工,进而形成了独具特色的苗剧表演程式。例如,苗族唱歌托腮的动作、妇女挎着竹篮采茶时的动作,都在被艺术加工后呈现于舞台。包括苗族巫师做法事时的步法,苗舞中扭腰、摆手的动作都被苗剧所吸收,并形成了一定的表演程式。在武戏方面,苗剧吸收了苗族武术中苗拳、苗刀、苗棍的技法并直接应用到苗剧的表演中。例如,在《团结灭妖》中便再现了苗族武术中苗拳的劈、砍、播、挑、勾、拦等手法,苗棍中的阴阳棍、莲花棍,苗刀中的护身刀等。

苗剧自1954年诞生以来,到如今也只有60多年的光景。它是一门年轻而又古老的艺术:说它年轻是因为苗剧是在中华人民共和国成立后诞生的,甚至没有完整的表演程式;说它古老,是因为苗剧根植于传承千年的傩愿戏中。在苗族人民心中,苗剧已成为包含本民族历史、艺术、信仰三重含义的特殊文化符号。苗剧也许在当代人眼中略显不成熟、不精巧,但在其粗糙而朴实的程式背后,显现的是湘西苗族人对自身文化的自信与骄傲。苗剧永远是苗族人心中的"戏雄"。

结语　湖湘传统村落文化艺术的当代发展与对策

第一节　湖湘传统村落文化艺术的当代发展

湘西土家族苗族自治州的一个古老村落——板栗村——毗邻十八洞村，是湖湘村落的一个缩影（见图8-1）。在浓浓的苗乡民族文化特色的浸染和新时代社会发展交织的背景下，传统村落文化艺术不可避免地显露出在现代环境下的生存和发展问题。诸如留守老人与留守儿童的问题、物质脱贫和精神扶贫、教育公平、全球化时代背景下的传统村落文化艺术保护与传承等问题的出现，让村落文化艺术的传承变得较为严峻。

一　留守老人与留守儿童的问题

随着经济社会的发展，中国农村与城镇的差距显得日益突出。和其他村落一样，板栗村的留守老人与留守儿童问题近年来也越发显现出来。这是我们在板栗调研中最深切的感受。综观整个板栗村，留在这个深山里的人们，大部分都是老人和孩子，有力气的年轻人都选择了外出工作。据板

图 8-1 大山深处有人家

栗村一村民说,"谁也不想背井离乡出去工作,但是不出去不行,留在村里是没有活路的:家中维持吃喝要花钱,孩子上学要花钱,老人病了要花钱,家里处处都要花钱,在村里赚不到什么钱,靠家里的几亩地是活不下去的。只有让家中的青年壮汉走出去,从外面赚了钱回来,我们才能维持生活。"还有村民说,"留在村子里能有什么出息?这里太落后啦,时代在发展,我们住在深山的人不知道外面发生了什么,不知道外面的世界出现什么新奇的东西,只有走出去了,学习新的知识,和外面的世界接轨,才不会落后,不会被时代所淘汰。"另外,还有村民透露,"外面的人根本不愿意嫁到村子里来,一般都是女儿嫁到外面去了,而儿子很难娶到外面的媳妇儿,所以这里的人都是本土纯苗乡的人,而且人口越来越少。"这些淳朴的板栗村村民说的话在无形中透露出浓浓的忧愁。

"城里有家,乡下有老家"——这是很多进城务工人员的梦想。我们似乎从以上三位农民工的想法就能知道农村留守老人与留守儿童问题形成的原因了。经济是此问题形成的根本原因。农村没有可以维持生计的工作,青年人只能出去打工，带不走老人和孩子，就形成了留守老人和留守儿童问题。需要学习先进的知识和文化也是一个重要的原因：一般来说，农村地理位置相对偏僻，想与外面的世界接轨就必须离开农村走出去，在这样的情况下，老人和孩子根本无法顾及了。

村落文化艺术需要保护和传承，而在本村经济难以发展只能外出谋生计的情况下，在只能外出打工才能改善生活的状况下，农村留守老人与留守儿童的问题越来越突出。代代传人，有人才有传承与发展，文化艺术需要人来传承与弘扬。

二 "贫穷不是社会主义"——关于农村扶贫与脱贫

农民的收入过低，不足以维持最低生活水平是任何一个农村的基本问题，城乡差距大、农民长期贫穷等问题成为我国实现全面建成小康社会的重大难关，也成为村落文化艺术继承与发展的拦路虎。邓小平说，"贫穷不是社会主义"，只有物质生活富裕了，人们才有时间、精力沉浸在传统文化当中。

板栗村是一个地理位置偏僻的小村落。在这个古村落里，传统的农林经济根本难以维系日常的生活开支，加上昂贵的医疗费用和教育支出，村民们不得不另想他法，而唯一的出路只有"走出去"，走出大山、走出农村，到大城市打工，谓之"劳务输出"。上述板栗村留守老人和留守儿童的问题的根源在于经济原因的劳务输出。板栗村的劳务输出致使其丧失了大量可以传承传统文化的村民。在板栗村与吴海深的访谈中提到过，20年的时间，村民的大量往外输出使得会说苗语的人减少了近乎一半，可想而知，再过20年会是什么样的情形。村落文化艺术的继承最基本的条件是"后继有人"，当人们都为了经济生活离开这样具有民族风味的大山，离开了板栗村，那么，板栗村的村落文化艺术由谁来继承呢？很多年以后，人们只会遗忘这里的一切文化习俗，在城镇一体化的建设中逐渐被同化，这何尝不是中华传统文化艺术的一大损失？所以，当务之急是解决农村的经济发展问题，这就涉及了农村的扶贫与脱贫。

"精准扶贫思想"是习近平主席于2013年11月赴湘西"十八洞村"考察时首次提出的，也是帮助农村实现脱贫和扶贫的重要指导思想。"精准扶贫"有别于"吃大锅饭式"的粗放式扶贫，是指针对不一样的贫困区域环境、不一样的贫困农户经济状况，给予不一样的帮助。例如，一对一的帮扶工作就是在粗放扶贫之外的精准扶贫，能切实帮助到最需要帮助的农民。精准扶贫的指导思想无疑具有非常重要的现实意义，至于如何实现精准扶贫，需要我们攻坚克难想办法解决扶贫。

精准扶贫中的"精准"二字是扶贫的切入点，在此切入点之下，相关工作人员应对当地村民的总体贫困水平进行整体调查，并对贫困户进行精准的定位，根据他们的实际情况进行具体可行的帮扶。这就需要对农村进行大规模的普查工作，并对贫困程度进行详细的界定、拉网式排查，以轻、中、重三个标准对农村全部村户的贫困度进行调查，依据不同的贫困程度对其进行不同层次的扶贫帮扶工作，并给予相应的资金扶助或者技术支持，帮助困难群众有效解决他们的生活困难。这样才能实现"全面建成小康社会""一个都不落下"。

人们只有物质生活富裕了，才能进行精神文化的思考。对于村民来说，只有物质生活富裕了，他们才有可能投入村落文化艺术的保护与传承当中去。但是，当人们在物质生活上富裕了，就能真正脱离贫困吗？

三 "有钱不等于脱贫"——关于农村精神文明脱贫

"有钱不等于脱贫"是相对于物质生活的精神生活的探讨，在现实生活中，除了物质贫穷，"精神贫困"同样不是社会主义。在农村，尽管有一些先富起来的村民在物质上相对富有，十分"土豪"，但是在"物欲横流"的奢靡之风下，他们独独缺少了对精神生活的追求。在一些乡村，也有一些衣食无忧、不愁柴米油盐的人，但他们无意顾及村落文化艺术的发展，而是沉醉于生活富裕带来的物质享受之中。所以，在解决经济难题的同时，要进一步加强村民的精神文明的建设。

农村出现"有钱而没脱贫"的现象,主要原因在于村民的受教育程度普遍不高,有的甚至没有上过学,不认识字。国内外各种研究表明,良好的教育有助于改善人们的素养。只追求物质享受的人并没有弘扬村落文化艺术的意识,因为从小就没有人告诉他们要这样做,这样做有什么意义。祖祖辈辈的言传身教代代相传下来,在精神世界里没有任何进步,所以他们像最简单的原始人一样,追求着最纯粹的物质享受。另一个原因在于村民的文化活动缺乏。农民的生活单调而乏味,尽管不像以往"日出而作,日落而息"地生活,但是村民的文化活动过于乏味,最多的日常活动是打牌赌博。这需要村组织在丰富村民的精神文化生活方面多下功夫,多策划一些村民喜闻乐见的文化活动。活动多了,村民感受到了参与文化活动的乐趣,感受到了审美的生活方式,自然能脱离精神贫穷的困境。

在当前形势下,如何让农民真正脱离贫困,不仅要从物质上入手,也应在精神文明建设上下功夫。如何加强精神文明建设,自然而然成为摆在我们眼前的又一重要课题。我们认为,农村在精神上的脱贫应从教育这个根源入手。这就涉及教育公平的问题。

四 文化艺术教育公平

教育一直以来是国家的百年大计,只有教育能够让农村人口真正脱贫。国家对教育也是极为重视的,近年来,国家对教育投入已超过当年GDP 的 4%。"教育公平"对欠发达地区显得极为重要,教育是脱贫致富的根本策略。在当代,我国从法律上明确规定了人人都有平等受教育的机会,并有九年义务教育制度的贯彻实行。国务院要求 2015 年全国实现义务教育基本均衡的县(市、区)比例达到 65%,但实际只完成了 36.02%。从微观的层面上来说,一些偏远农村的教育还是不公平的。这种不公平不在于"受教育机会"的不公平,而在于"如何受教育"的不公平。众所周知,农村的教育设施设备往往是比不上城市的,特别是在一些偏僻的山谷村落里，往往是教育资源匮乏，师资力量也很薄弱。一项权威调查显示，在乡村小学，国家规定课程开设不全、开设不足的现象还比较普遍，除了语文和数学外，思想品德、体育、美术、音乐、外语、综合实践活动及信息技术等课程开设率偏低。在板栗村这个小山村内，甚至没有一所小学。我们说再穷不能穷教育，再穷不能穷孩子，板栗村应在排碧乡党委、乡政府的支持与带领下，竭尽全力把义务教育办好，确保贫困家庭的孩子也能受到良好的教育，不要让孩子输在起跑线上。

关于如何实现农村的教育公平。我们认为，关键的还在于优秀乡村教师的培养。大学之大不在大楼而在大师，小学也一样，真正优秀的小学，必定有优秀的乡村教师留守。也就是说，农村教育公平的实现首先要从乡村教师入手。第一大难题便是解决如何为农村引进师资的问题。经过调查研究，我们发现，板栗村的孩子们所在学校的教师很少，因为乡村教师的薪资水平和生存环境都难以与城市教师相提并论。在很多人眼中，乡村教师没有什么地位可言，于是，没人多少人愿意来乡下吃苦。针对这样的情况，我们认为政府应对乡村教师进行物质补助和精神慰问。物质上，改善农村教师的住宿环境、提高生活水平是必须之策，确保农村教师的基本工资是最根本的保障。愿意留在偏远山村教学的教师本就不容易，乡下的住宿环境、生活水平相对城市普遍较低的现状一时还无法改变，但我们仍然要有努力改善的意识与行动。精神上，可以开展"最美乡村教师"的评选活动，采取和全国优秀教师一样的方式，在全县通报表扬，广泛宣传他们敬业爱生的优秀事迹，让留在农村的教师产生自豪之感，对待乡村教学更有热情和信心。

在留住教师后，接下来便是如何提高农村教师教学质量问题。经过调查发现，在板栗村周围的学校里，也存在对学生不负责的个别老师，这需要更加重视师风师德建设。真正优秀的教师应有严谨治学的态度和作风，并对学生的生活、学习积极关心，注重培养他们正确的世界观、人生观、价值观等。此外，教师教育方式也应该得到改变，在教学课堂上，我们不难发现，许多教师的教育方式往往是传统的"灌输式教学"，并没有真正从学生的角度出发进行互动式教学，教育应该是"创造式"的教育，尊重学生的思想，尊重他们的创造式思维，让同学们能真正学到做人的道理和有用的知识。

实现教育公平，确保村里的每一个孩子都有学上，都上得起学。同时，加大县里对乡村学校教育资金的投入，对于一些陈旧落后的教育设施进行翻修或者更换，并拓展学校的教育资源，如购进丰富的图书资源，兴建小学图书馆，为孩子们打造一个良好的文化环境。

五 民间传统艺术的传承与发展

全球化时代的来临让整个世界变得扁平化，传统手工艺往往被误认为是一种陈旧而落后的文化。工业化社会使得机器代替了手工，机器生产由于效率极高给传统手工艺带来了猛烈的冲击。人工的速度远远不如机器的速度，但是机器生产的产品缺乏人的温情，也导致产品的千篇一律。

传统手工艺是中国传统文化的重要组成部分，在前面的章节中，我们对板栗村的传统手工艺有精细的描述，银饰、苗绣、花带、印染等手工艺都在板栗村扎根已久。板栗村最具有风格和地方特色的传统工艺是花带编织技艺。它是远古劳动人民集体智慧的结晶，凝聚着他们长期以来的生活习惯和民族风俗，代表着板栗村人们对美的向往和追求，具有独特的审美价值。在板栗村，图案造型多样，颜色丰富多彩的花带常用于生活服饰的装饰或者家居室内的布置。精彩纷呈的花带飘扬在板栗村这个小山村内，具有浓郁的古朴气息和地方特色。

关于农村的传统手工艺之传承。一方面，物质上的贫穷是农村留守老人、留守儿童等问题存在的根源所在，而这些问题又导致了农村人口大量外流，加上农村还有许多精神上有待脱贫的人，还有许多的年轻人对传统工艺缺乏认同感，所以农村的传统手工艺面临着后继无人的窘困之境。另一方面，大量工业产品涌入农村，物美价廉，制作烦琐而复杂的手工艺品难以取得与其耗费精力和时间相对应经济价值，不得不"退居二线"。基于上述情况，自然，农村的传统手工艺的保护成为当前一个重大的课题，至于如何保护，我们理应对症下药。前面提到过，针对农村的物质贫困应以"精准扶贫思想"指导贯彻实施。不仅如此，还应该加强农村的人才培养，让农村优秀的传统工艺有优秀的人才来传承和发扬（见图8-2）。

图8-2　湘西花垣县的古村落

青年一代有理想、有担当，国家就有前途，民族就有希望，作为当代青年的先进代表，大学生更要主动承担社会责任，关心贫困人民的疾苦，运用自身所学帮助他们解决生活困难。大学生要将服务社会和提升自我相结合，将自身专业知识与传承传统村落文化艺术相结合，在帮助当地经济发展、传承优秀传统手工艺的同时提高自身的创新创业能力，在帮扶农村贫困人口脱贫的过程中锻炼和提高创业实战能力和素养，进一步丰富在校大学生的创业实战经验。

第二节　现代性与湖湘传统村落文化艺术的出路

一　现代性与传统村落文化艺术

现代性是一个全球化的理念，具有现代文明的特性。传统村落文化艺术当中存在着大量优秀的非物质文化遗产，是中国传统文化中重要的组成部分和精华部分，是中华文明发展的见证，是在历史的长河中逐渐沉淀下来的人文气息、地方特色和民族味道。"如果说中华民族历史五千年，这五千年都在农耕文明里。村落是我们农耕生活遥远的源头与根据地，至今至少有一半中国人还在这种'农村社区'里种地生活，生儿育女，享用着世代相传的文明。在历史上，当城市出现之后，精英文化随之诞生，可是最能体现民众精神本质与气质的民间文化一直活生生存在于村落里。"①

现今的世界是全球化的时代，各国联系日益紧密，科学技术越来越发达，互联网和多媒体的出现让全球各地发展成了一个"地球村"。在全球化的背景下，村落传统文化在网络的广泛传播中也越来越不被认同甚至逐渐消解。

由于生存环境的不同，不同的地域之内会产生不同的村落文化艺术。对于村落文化艺术的定义，在不同时期不同学科都有不同的答案。一般来说，村落文化是指生存在同一个村落，有着密切的血缘关系和很强利益关系的人们在长时间的生存和发展状态中催生的包括种种文化体制、行为、

---

① 冯骥才：《传统村落的困境与出路——兼谈传统村落是另一类文化遗产》，《民间文化论坛》2013 年第 1 期。

观念、心态等在内的人生观、价值观、世界观的意识。村落文化艺术中包含了村落的习俗、节日、信仰、制度、手工艺等，凝聚了他们深厚的历史文化（见图8-3）。在千百年的发展过程中，村落文化艺术代代传承下来，渗透在村落里本地居民生活的方方面面。村落文化艺术在遥远而漫长的时间里影响了数代人，村民的行为、观念、心态、人生观、世界观等都与这个村落融合为一体，逐渐形成了他们鲜明的民族特征。

图8-3 湘西花垣县的古村落一景

由此，传统村落文化艺术具有了稳定性、延续性和变异性等特点。其稳定性是指村落文化艺术在长时间的发展过程当中一旦形成就难以改变了，社会在发展，时代在变迁，而村落文化艺术并不会随之一起改变，而是在历史的沉淀中变得更加根深蒂固。其延续性是指在长时间的历史发展和变迁中，村落文化艺术也会新旧更替，因为新的时代总会出现新的事物，新的事物或多或少会影响到旧事物的存在。旧事物处于一个变化的过程当中，这变化包括了进步式的发展和落后式的后退，时间总能检验出一种文化是否落后。当落后的村落文化被时代感知时，它也许会随着时代而更新产生并不明显的微小变化，从而满足新时代中人们的生活需要，或因保守势力的顽固守旧而继续保持原样。其变异性是指村落文化艺术在时代的发展过程中发生突出的变化。经济基础决定上层建筑，任何文化艺术都与当时的经济条件、环境等息息相关，村落文化艺术在周遭环境发生剧烈变化的同时，在其稳定性和延续性的基础上也会发生变异性，即产生剧烈的变化。这种变化可能体现在其形式上的变化，也可能体现在其内容上的变化，总之，这种变化是适应当前的经济和环境的明显变化。村落文化艺术的稳定性、延续性和变异性体现了它们在长时间历史变迁中随着时代变化的痕迹和发展特征。

"地球村"的形成，使得传统村落文化艺术被扁平化，在网络环境下的传统村落文化艺术也会在世界多元文化当中进行自主吸收，一些符合新时代人们生存需求，更方便新时代人们生活的文化艺术也被村民所接受，并在潜移默化当中渐渐适应这些文化，摒弃原来的传统村落文化艺术，这就是"同质化"。农村中经济条件稍优越的人家都接上了互联网，家里有电脑，有网络，村民可以和城镇居民一样在家里用一台电脑便能接收来自世界各地的信息，也可以将自身周围环境的信息发送到互联网上。自智能手机出现以后，人们接收和发送信息变得更加方便，村落文化艺术在网络和多媒体的影响下逐渐被"同质化"，在发展的过程中被逐步传播和消解。诸如民俗特色文化、民俗艺术、苗族医药、武术等都已经具有了很长的历史，在发展的过程当中，优秀与否会在时代的大浪淘沙中被分辨出来。优秀的传统文化艺术值得传承和弘扬，而落后的封建迷信应该遭到批判和抛弃。例如，有些村落有信奉巫医的习俗，这种习俗危害到了他们的身心健康。有某个别村里小孩在生病的时候不是先送往正规医院进行治疗，而是被父母送去给有所谓神奇法术的江湖郎中去治疗，用"神奇"的巫术和药水代替科学的诊断和用药，轻者则延误病情，重者则会承受巨大的痛苦，甚至会失去生命。这是应该被抛弃的愚昧落后的习俗，也应该在全球化时代被扬弃和消解。

同时，在后工业化时代，农村一些古老的手工艺也面临"灭绝"的危机：机器代替了手工，充满机器气息的工业社会将古朴的传统村落文化艺术中的精华冲淡甚至"冲没"了。例如，代表着苗族民族特色的苗绣精致美丽，是苗族妇女千年来智慧的结晶，是我国传统刺绣文化不可分割的部分。然而，苗绣技艺高深复杂，学习和制作的时间都需要花费太多，与对应的经济收获不成正比。如今，传统手工苗绣正面临传承危机，传统村落文化艺术正遭受巨大的冲击。

全球化时代的传统村落文化艺术，在外来文化艺术的渗透中逐渐走入消解的过程，既遭受着前所未有的冲击，也在时代的进步和发展中剔除传统村落文化艺术中糟粕。一方面，对于优秀的传统村落文化艺术、传统村落应该采取保护的措施。这不仅需要当地政府工作人员的努力，如向国家申请文化遗产保护项目，也需要村民的共同努力，如村民对待外来的文化应该进行自主吸收，有辨别文化精华和文化糟粕的眼光，辩证对待外来文化。另一方面，对于落后的传统村落文化艺术，农村的知识青年和政府工作者应该率先接受先进的思想，并努力说服传统守旧的顽固者，做好思想工作，一起摒弃落后的村落传统文化。在传统村落文化艺术当中，各种文化盘根错杂，精华与糟粕并存，先进与落后同在。在迎合现代文化的浪潮中、在新时代中继续传承下来的，必然是传统村落文化艺术中的精华和先进部分。

二 我们对待传统村落文化艺术应有的态度

习近平指出："中华文明绵延数千年，有其独特的价值体系。中华优秀传统文化已经成为中华民族的基因，植根在中国人内心，潜移默化影响着中国人的思想方式和行为方式。"在现代性的社会中，真正优秀的文化应是可供全世界人类共赏的世界文化，应该是立足于本民族文化，表现人类对美的共同追求且为整个世界所共享的文化。传统村落文化艺术扎根已久，其中的精华部分代表了强烈的民族性，表现了人类共同的审美追求，是有望走向世界的地域特色民族文化。

在本书的前面章节中，对板栗村的非物质文化遗产有深入而详尽的描述。在本章中，对当代传统村落发展中遇到的一些问题，如留守老人、留守儿童、农村青壮年人口大量外流等现象，进行了一个整体的分析和总结。在全球化趋势的影响下，传统村落文化艺术正在遭受精神和物质上的双重冲击，面临着传统文化、民俗艺术等文化传承后继无人的尴尬局面。传统村落文化艺术不能在当代发展中消亡，其中的优秀和精华部分不仅需要进行传承和弘扬，还应该走出中国，成为世界性的文化。这就需要当地政府和人民的共同努力，保护传统村落文化艺术的任务任重而道远。

现代性不可阻挡，传统村落文化艺术便需要与现代性进行融合。人人都具有享受工业化和高科技的权利，人们对于新文化、新民居、新生活的追求并没有过错，我们并不能强制性地要求当地村民固守传统村落文化艺术，而应该鼓励他们在保护传统村落文化艺术的基础上走入现代性的生活。例如，对于乡土建筑的保护，可以购买先进的建筑设施设备用于乡土建筑的内部家居，方便村民的生活，而在建筑的外形上又保持当地传统村落建筑的民俗风情和地方特色。这就是一种现代性的融合，不仅迎合了当地村民对新时代新生活的追求，也在很大程度上保护了传统村落的乡土建筑。

以下再提出三点具体的措施。其一，建立健全保护传统村落文化艺术的法规和监督机制，保护传统村落的非物质文化遗产是首要。例如，对于村组织和县政府进行盲目开发的行为，应由各方人员一起严格监督和执法。其二，邀请专家加入传统村落文化艺术的保护当中来。例如，传统村落的建筑保护需要建筑专家策划出切实可行的实施方案。其三，建立当地村民对本民族文化的信心和热爱，要让本村村民所在村落文化艺术有一个深入的了解，明白他们的文化已经受到了国家或当地的重点保护，在具有了充分的自信之下才能激起他们保护本村村落文化艺术的热情。

当然，正如冯骥才所言，"传统村落保护刚刚开始，它有待于系统化、法治化和科学化；它需要相关的理论支持和理论建设，需要全民共识和各界支持，需要知识界的创造性的奉献，以使传统村落既不在急骤的时代转型期间被甩落与扬弃，也不被唯利是图的市场开发得面目全非。我们要用现代文明善待历史文明，把本色的中华文明留给子孙，让千年古树在未来开花"①。村落文化艺术研究要扎根现实生活的沃土，要直面这个经磨历劫、生生不息的现实中国，并在这个层次上做好传统文明精华的现代活化，以取得时代的创造性成果。

进一步而言，对于传统村落文化艺术来说，"不能简单地将之作为一种物质化形式静态地'抢救性'典藏下来，或利用多媒体手段'动态地'保留下来，也不应该谋求创建一个与世隔绝的、充满异邦想象的文化孤岛。文化是在现实生活中通过文化实践者不断创新、不断发展的。文化保护本身就应该包括创造在内，具有生命力的文化在延续的同时，也是在不断更新的。应该鼓励和正视基于本土文化道德观、价值观和审美观的文化创造。文化保护和延续应当建立在文化多样性的基础之上，着眼于文化多样性对于当前和未来人类社会生存与延续的价值。将文化保护和延续、经济发展与扶贫开发联系起来"②。在历史悠久而又广博的传统村落文化艺术当中，一定存在我们尚未发现的优秀和精华，这需要我们再去细细探索和追寻。保护和发展传统村落文化艺术的任务需要政府、各界有识之士以及当地村民一起联合起来，携手为中华民族灿烂的传统村落文化艺术贡献自己的绵薄之力（见图8-4）。

---

① 冯骥才：《传统村落的困境与出路——兼谈传统村落是另一类文化遗产》，《民间文化论坛》2013年第1期。
② 王克修：《民族文化：由保护到创造》，《党建文汇》2016年第1期（上），第36页。

图 8-4　大美河山 魅力花垣

参考文献

［美］丹尼尔·哈里森·葛学溥：《华南的乡村生活——广东凤凰村的家族主义社会学研究》，周大鸣译，知识产权出版社2011年版。

［美］克利福德·格尔茨：《地方知识——阐释人类学论文集》，杨德睿译，商务印书馆2014年版。

［美］克利福德·格尔茨：《文化的解释》，韩莉译，译林出版社2014年版。

［美］孔飞力：《中国现代国家的起源》，陈兼、陈之宏译，生活·读书·新知三联书店2013年版。

［美］孔飞力：《叫魂：1768年中国妖术大恐慌》，陈兼、刘昶译，上海三联书店2014年版。

［美］F.普洛格、D.G.贝茨：《文化演进与人类行为》，邓勇译、黄坤坊审校，辽宁人民出版社1988年版。

［美］托达罗：《经济发展与第三世界》，印金强、赵荣美译，中国经济出版社1999年版。

［美］克莱德·M.伍兹：《文化变迁》，何瑞福译，河北人民出版社1989年版。

［德］卢安克：《是什么带来力量：乡村儿童的教育》，中国致公出版社2014年版。

［美］保罗·韦斯·冯·沃格特：《宗教与艺术》，何其敏、金仲译，四川人民出版社1999年版。

［德］格罗塞：《艺术的起源》，蔡慕晖译，商务印书馆1984年版。

［德］黑格尔：《美学》，朱光潜译，商务印书馆1979年版。

［美］博厄斯：《原始艺术》，金辉译，贵州人民出版社2004年版。

［日］田仲一成：《中国的宗族与戏剧》，钱杭、任余白译，上海古籍出版社1992年版。

［英］爱德华·泰勒：《原始文化》，连树声译，广西师范大学出版社2005年版。

［德］马克斯·韦伯：《经济与社会》（第一卷），阎克文译，上海人民出版社2010年版。

［荷兰］范丹姆：《审美人类学：视野与方法》，李修建、向丽译，中国文联出版社2015年版。

［法］谢和耐：《中国社会史》，耿昇译，江苏人民出版社1995年版。

［美］杜赞奇：《文化、权力与国家》，王福明译，江苏人民出版社1994年版。

曾国荃等：《湖南通志》，光绪十一年重修刻本。

张天如等：《永顺府志》，乾隆二十八年刻本。

李龙章等：《永顺府志》，同治十三年抄本。

《周礼·仪礼·礼记》，岳麓书社1989年版。

田仁利：《湘西苗族婚俗》，岳麓书社1996年版。

吴荣臻主编：《苗族通史》（1—5卷），民族出版社2007年版。

石启贵：《民国时期湘西苗族调查实录》（1—8卷），民族出版社2008年版。

瞿同祖：《中国法律与中国社会》，中华书局2003年版。

张冬梅：《艺术产业化的历程反思与理论诠释》，中国社会科学出版社2008年版。

张鸣：《乡村社会权力和文化结构的变迁（1903—1953）》，陕西人民出版社 2008 年版。

瞿明安等：《象征人类学理论》，人民出版社 2014 年版。

周大鸣：《中国田野大调查》，社会科学文献出版社 2009 年版。

胡彬彬：《长江流域民俗文化与艺术遗存》，湖南大学出版社 2013 年版。

习近平：《摆脱贫困》，福建人民出版社 1992 年版。

陶思炎：《中国都市民俗学》，东南大学出版社 2004 年版。

毛泽东：《毛泽东农村调查文集》，人民出版社 1982 年版。

周大鸣：《凤凰村的变迁——〈华南的乡村生活〉追踪研究》，社会科学文献出版社 2006 年版。

李银河：《我的社会观察》，中华工商联合出版社 2013 年版。

王铭铭、王斯福：《乡土社会的秩序、公正与权威》，中国政法大学出版社 1997 年版。

高丙中：《中国人的生活世界：民俗学的路径》，北京大学出版社 2010 年版。

李济：《中国民族的形成》，江苏教育出版社 2005 年版。

许倬云：《说中国》，广西师范大学出版社 2015 年版。

郑振铎：《中国俗文学史》，商务印书馆 2005 年版。

易中天：《艺术人类学》，上海文艺出版社 2001 年版。

邹加勉等：《中国少数民族图案与配色》，大连理工大学出版社 2010 年版。

刘道广：《中国蓝染艺术及其产业化研究》，东南大学出版社 2010 年版。

徐扬杰：《中国家族制度史》，武汉大学出版社 2012 年版。

瞿同祖：《中国封建社会》，上海人民出版社 2012 年版。

于怀岸：《巫师简史》，中国青年出版社 2015 年版。

麻明进:《苗族装饰艺术》,湖南美术出版社1987年版。

李敬民:《杠天神仪式音乐研究》,上海社会科学院出版社2012年版。

吕思勉:《中华民族源流史》,九州出版社2009年版。

郑英杰:《文化的伦理剖析:湘西伦理文化论》,贵州民族出版社2000年版。

陆群:《民间思想的村落:苗族巫文化的宗教透视》,贵州民族出版社2001年版。

周明阜等:《湘西风土志》,中央民族大学出版社2012年版。

王连海:《中华传统吉祥图案知识全集》,气象出版社2015年版。

左汉中:《湖湘传统纹样》,湖南美术出版社2010年版。

左汉中:《湖湘图腾与图符》,湖南美术出版社2012年版。

邹敏讷:《湖湘刺绣》,湖南美术出版社2009年版。

武吉海:《传承·湘西民间技艺》,湖南美术出版社2013年版。

田特平等:《湘西苗族银饰锻制技艺》,湖南师范大学出版社2011年版。

乌丙安:《民俗学原理》,辽宁教育出版社2001年版。

花垣县民族事务委员会、花垣县政协文史委员会:《花垣苗族》,内部资料,1993年版。

中国人民政治协商会议花垣县委员会文史资料研究委员会:《神奇的花垣》(风景篇),内部资料,2005年版。

中国人民政治协商会议花垣县委员会文史资料研究委员会:《神奇的花垣》(情歌篇上),内部资料,2011年版。

中国人民政治协商会议花垣县委员会文史资料研究委员会:《神奇的花垣》(地名篇),内部资料,2010年版。

中国人民政治协商会议花垣县委员会文史资料研究委员会:《神奇的花垣》(情歌篇下),内部资料,2012年版。

中国人民政治协商会议花垣县委员会文史资料研究委员会:《神奇的

花垣》（人物篇），内部资料，2008 年版。

张庭硕等：《民族文化与生境》，贵州人民出版社 1992 年版。

花垣县志编纂委员会：《花垣县志》，生活·读书·新知三联书店 1993 年版。

石邦本、石兴正：《花垣文史资料》（第一辑），花垣县政协文史资料研究委员会，1986 年。

国家统计局：《中国的女性与男性》，中国统计出版社 1995 年版。

李湘树、李立芳：《湖湘刺绣：湘绣卷》，湖南美术出版社 2008 年版。

费孝通：《乡土中国生育制度》，北京大学出版社 1998 年版。

费孝通：《江村经济》，江苏人民出版社 1986 年版。

苗族简史编写组：《苗族简史》，贵州民族出版社 1985 年版。

马本立等：《湘西文化大辞典》，岳麓书社 2000 年版。

姚金泉：《婚俗中的人伦》，贵州人民出版社 2000 年版。

伍新福、龙伯亚：《苗族史》，四川民族出版社 1992 年版。

凌纯声、芮逸夫：《湘西苗族调查报告》，民族出版社 2003 年版。

那仲良、罗起妍：《中国人的居家文化》，新星出版社 2012 年版。

柳肃：《湘西民居》，中国建筑工业出版社 2008 年版。

刘忠传：《木制品生产工艺学》（第二版），中国林业出版社 1993 年版。

张柠：《土地的黄昏：乡村经验的微观权力分析》，东方出版社 2005 年版。

中共中央马恩列斯编译局：《马克思恩格斯选集》（第 1 卷），人民出版社 1995 年版。

钟福民：《中国吉祥图案的象征研究》，中国社会科学出版社 2009 年版。

邓启耀：《衣装秘语——中国民族服饰文化象征》，四川人民出版社 2005 年版。

邓小平：《邓小平文选》（第 2 卷），人民出版社 1994 年版。

郑樵：《通志·氏族略》，中华书局 1995 年版。

龙宁英：《古苗河风情》，湖南人民出版社 2001 年版。

张庭硕等：《民族文化与生境》，贵州人民出版社 1992 年版。

张祥龙：《〈尚书·尧典〉解说》，生活·读书·新知识三联书店 2015 年版。

刘黎光：《湘西歌谣大观》（上下册），湖南文艺出版社 1990 年版。

李廷贵等：《苗族历史与文化》，中央民族大学出版社 1996 年版。

潘空智：《苗族古歌》，贵州人民出版社 1997 年版。

黄能馥、陈娟娟：《中国服饰史》，上海人民出版社 2004 年版。

王恒富：《苗装》，人民出版社 1992 年版。

张永国、史继忠等：《民国年间苗族论文集》，1983 年版。

王毅：《中国民间艺术论》，山西教育出版社 2000 年版。

伍新福：《湖南民族关系史》，民族出版社 2006 年版。

赵杏根：《历代风俗诗选》，岳麓书社 1990 年版。

刘路平、胡炳章：《湘西文化揭秘》，作家出版社 2006 年版。

沈从文：《湘行散记》，北京十月文艺出版社 1999 年版。

岳永逸：《都市中国的乡土音声：民俗、曲艺与心性》，中国人民大学出版社 2014 年版。

任祥：《传家：中国人的生活智慧》（春夏秋冬四册），新星出版社 2011 年版。

范亚昆：《地道风物·湘西》，中信出版社 2016 年版。

唐镜等：《湘西读本》，湖南人民出版社 2011 年版。

衣俊卿：《文化哲学十五讲》，北京大学出版社 2004 年版。

章军华：《中国傩戏史》，上海大学出版社 2014 年版。

叶朗：《美学原理》，北京大学出版社 2009 年版。

章海荣：《生态伦理与生态美学》，复旦大学出版社 2005 年版。

胡必亮：《中国村落的制度变迁与权力分配》，山西经济出版社1996年版。

瞿明安：《隐藏民族灵魂的符号——中国饮食象征文化论》，云南大学出版社2001年版。

瞿明安、郑萍：《中国祭祀文化象征》，四川人民出版社2005年版。

朱祖希：《营国匠意——古都北京的规划建设及其文化渊源》，中华书局2007年版。

金泽：《人类学学术史纲要》，中国社会科学出版社2010年版。

康保成：《傩戏艺术源流》，广东高等教育出版社2011年版。

胡经之：《文艺学美学方法论》，北京大学出版社1994年版。

陈江：《明朝中后期的江南社会与社会生活》，上海社会科学院出版社2006年版。

陈勤建：《文艺民俗学导论》，上海文艺出版社1991年版。

董晓萍：《田野民俗志》，北京师范大学出版社2003年版。

潘鲁生：《民艺学论纲》，北京工艺美术出版社1998年版。

王杰：《审美幻象与审美人类学》，广西师范大学出版社2003年版。

徐艺乙：《物华工巧——传统物质文化的探索与研究》，天津人民出版社2005年版。

薛艺兵：《神圣的娱乐——中国民间祭祀仪式及其音乐的人类学研究》，宗教文化出版社2003年版。

张士闪：《艺术民俗学》，泰山出版社2000年版。

郑元者：《美学心韵》，上海人民出版社2000年版。

陈素娥：《诗性的湘西——湘西审美文化阐释》，苗族出版社2006年版。

李廷贵等：《苗族历史与文化》，中央民族大学出版社1996年版。

熊晓辉：《楚韵巫风之谜——湘鄂渝黔边区民族民间音乐文化研究》，大众文艺出版社2007年版。

张子伟：《中国傩》，湖南师范大学出版社 1994 年版。

熊玉有：《苗族文化史》，云南民族出版社 2003 年版。

隆名骥：《苗族婚姻家庭》，线装书局 2010 年版。

夏建中：《文化人类学理论学派》，中国人民大学出版社 1997 年版。

阎云翔：《私人生活的变革：一个中国村庄里的爱情、家庭与亲密关系：1949—1999》，上海书店出版社 2006 年版。

郭于华：《仪式与社会变迁导论》，社会科学文献出版社 2000 年版。

刘廷新：《湘西民族民间音乐》，湘西文化书院 2002 年版。

湘西州编写组：《湖南民族民间舞蹈集成》，湘西印书社 1985 年版。

司马云杰：《文化社会学》，中国社会科学出版社 2003 年版。

隆名骥：《苗学探微》，民族出版社 2005 年版。

龙生庭等：《中国苗族民间制度文化》，湖南人民出版社 2005 年版。

冯天瑜等：《中国文化史》，上海人民出版社 2006 年版。

胡萍、蔡清万：《武陵地区非物质文化遗产及其文献集成》，民族出版社 2008 年版。

冯增俊：《教育人类学教程》，人民教育出版社 2005 年版。

陆群：《湘西巫蛊》，民族出版社 2006 年版。

文镛盛：《中国古代社会的巫觋》，北京华文出版社 1999 年版。

文军：《承传与创新：现代性、全球化与社会学理论的变革》，华东师范大学出版社 2004 年版。

周宪：《文化现代性精粹读本》，中国人民大学出版社 2006 年版。

冯骥才：《中国传统村落立档调查田野手册》，文化艺术出版社 2014 年版。

李银河：《生育与村落文化》，中国社会科学出版社 1994 年版。

梁漱溟：《中国文化要义》，山东人民出版社 1990 年版。

徐勇：《中国农村村民自治》，华中师范大学出版社 1997 年版。

庞朴：《文化的民族性与时代性》，中国和平出版社 1988 年版。

龙文懋、崔永东：《传统文化的沉思》，内蒙古人民出版社 2001 年版。

王利华：《中国烹饪史略》，江苏科学技术出版社 1987 年版。

秦永洲：《中国社会风俗史》，山东人民出版社 2000 年版。

阴法鲁、许树安：《中国古代文化史》，北京大学出版社 1991 年版。

郭沫若：《中国古代社会研究》，中国华侨出版社 2007 年版。

Edward Friedman, Paul G. Pickowicz, *Chinese Village*, Socialist State, Yale University Press, 1991.

Chalmers A. Johnson, *Peasant Nationalism and Communist Power: The Emergency of Revolutionary China* 1937 – 1945, Stanford University Press, 1962.

Ping – ti Ho, *The Ladder of Success in Imperial China: Aspects of Social Mobility*, 1368 – 1911, New York: Columbia University Press, 1962.

Lillesand, Kiefer, Chipman, *Remote Sensing and Image Interpretation*, John Wiley & Sons, 2004.

Tinku Acharyaand Ajoy K. Ray, *Image Processing: Principles and Applications*, John Wiley &Sons, 2005.

Larry Gross and John Stuart Katz, *Image Ethics in the Digital Age*, Regents of the University of Minnesota, 2003.

R. Kenny and J. McMillan , *Myrone M. British Folk Art*, Tate Gallery Publishing Limited, 2014.

E. Kaur, "Gupta I. Phulkari and Bagh folk art of Punjab: A Study of Changing Designs from Traditional to Contemporary Time", *American International Journal of Research in Humanities, Arts and Social Sciences*, No. 5, 2014.

A. C. F. B. Melo, "André B. P. Brazilian Folk Art as A Possibility of Multicultural Teaching of the Visual Arts", *Vertices*, Vol. 2, No. 18, 2016.

T. Winter, "A fascination with folk art. Modernism and avant – garde in Munich, Prague and Moscow around 1913", *Umění (Art)*, No. 3, 2016.

S. V. Koldayeva, "Mythological Images of The Russian Folk Art at the Lessons of Applied Composition in Children's Art School", *Pedagogy & Psychology. Theory and practice*, No. 2, 2017.

A. C. Covell, *Folk Art and Magic: Shamanism in Korea*, Hollym International Corporation, 1986.

B. Moeran, *Folk Art Potters of Japan: Beyond an Anthropology of Aesthetics*, Routledge, 2013.

W. R. Ferris (Ed.) , *Afro – American Folk Art and Crafts*, Univ. Press of Mississippi, 1983.

E. L. Horwitz, *Contemporary American Folk Artists*, Lippincott Williams & Wilkins, 1975.

EliBartra, ed. , *Crafting Gender: Women and Folk Art in Latin America and the Caribbean*, Duke University Press, 2003.

AlisonHilton, *Russian Folk Art*, Indiana University Press, 1995.

后　　记

　　本书为湖南省社会科学成果评审委员会课题"湖湘艺术的文化传播及创意再生产研究"（XSP17YBZZ138）和湖南省社会科学基金重大项目"记住乡愁——湖南十村十记"（14WTA45）的成果之一，并被列入《2018年中南大学哲学社会科学学术成果文库》。

　　湘西土家族苗族自治州花垣县排碧乡板栗村有着得天独厚的自然人文资源、民俗文化和民俗艺术。2015年7月，笔者带领研究团队对板栗村进行了艰苦细致的田野调查。在充分掌握第一手材料的基础上，参考和吸收了前人和当代有关对村落文化研究的学术著作和研究成果，用科学实证的方法，对板栗村的各个方面进行了比较深入的研究，为本书的撰写奠定了坚实的基础。本书是对板栗村传统村落文化的综合性系统研究，重"记"重"研"，"记""研"并举，既兼顾整体，又突出重点。比如，我们在考察板栗村的传统村落文化时，着重论述了板栗村的民俗文化和民俗艺术。在本书撰写过程中，我们始终强调对板栗村传统村落文化的图像记录、文字记述和文化记忆，并借助交叉学科的视野与手段，对板栗村的传统村落文化展开了有广度和深度的系统研究，兼顾了学术性与可读性的统一。

　　在板栗村调研过程中，得到了花垣县民族中学刘旭老师、湖南艺术职业学院花垣苗族小伙子吴勇同学的大力帮助。他们跟我们一起，顶着炎炎烈日，上山下乡，穿村访寨，充当我们的向导、地陪和翻译，着实令我们感动。此外,板栗村吴海深、石山东、龙登高、龙志长等人的热情接待、耐心讲解、提供资料等,为我们调研及后续工作的开展提供了有益的帮助。我的研究生廖航云、李婧超、黄轶、朱鹏云、刘俐君以及艺术学理论专业的程思静、高铭远等研究生为本书出版做了大量辅助工作,在此向他们表示衷心的感谢!

本书得到了中南大学科研部、中南大学中国村落文化研究中心、中南大学建筑与艺术学院的大力支持。此外,还得到了花垣县人民政府、排碧乡人民政府、板栗村村委会、湘西州博物馆、花垣县文化局、花垣县图书馆等单位和个人的支持和帮助,在此一并表示感谢。

此外,由衷感谢中国社会科学出版社郭晓鸿编审、席建海编辑认真细致地校稿。正因为有了她们的辛勤付出,本书才得以顺利付梓。

由于笔者的研究团队第一次对传统村落进行全方位整体性的文化研究,很多方面还是探索性的尝试,因而,书中不足之处在所难免,恳请读者批评指正。最后,希望本书可以让更多的人了解板栗村,让更多的人热爱传统村落文化艺术,保护传统村落文化艺术,记住难以忘怀的乡愁。